Betrifft: Geschlecht

Diskussionsbeiträge junger Wissenschaftlerinnen

herausgegeben von:

Maria Bitzan, Doris Knab,
Susanne Maurer, Gabriele Stumpp

Band 1

"Bewegung in Widersprüchen – Widersprüche in Bewegung bringen"

Vorschläge für eine bewegungspädagogische Arbeit mit Mädchen

Nicole Augustin/Karoline Gscheidel

Centaurus Verlag & Media UG 1998

Zu den Autorinnen:

Nicole Augustin, Jahrgang 1966, Diplompädagogin, ist in der sozialen Gruppenarbeit mit Mädchen sowie in der teilstationären Jugendarbeit tätig.

Karoline Gscheidel, Jahrgang 1968, Diplompädagogin, ist in der offenen Jugendarbeit (Schwerpunkt Mädchenarbeit) tätig und leitet Selbstbehauptungs- und Selbstverteidigungskurse für Mädchen.

Die Deutsche Bibliothek – CIP-Einheitsaufnahme

Augustin, Nicole:
"Bewegung in Widersprüchen – Widersprüche in Bewegung bringen" :
Vorschläge für eine bewegungspädagogische Arbeit mit Mädchen /
Nicole Augustin/Karoline Gscheidel. – Pfaffenweiler : Centaurus-
Verl.-Ges., 1998.
    (Betrifft: Geschlecht ; 1)
    ISBN 978-3-8255-0202-7   ISBN 978-3-86226-302-8 (eBook)
    DOI 10.1007/978-3-86226-302-8

ISSN 1434-744X

© CENTAURUS-Verlagsgesellschaft mit beschränkter Haftung, Pfaffenweiler 1998

Satz: Vorlage der Autorinnen

EDITORIAL

Mit dieser Reihe eröffnen wir jungen Wissenschaftlerinnen ein Forum für aktuelle Forschungsbeiträge.

Bislang kann das Potential, das zum Beispiel in Abschlußarbeiten steckt, kaum genutzt werden, denn diese Arbeiten verschwinden in den Archiven von Prüfungsämtern und Institutsbibliotheken. Von einigen dieser Arbeiten gehen jedoch wichtige neue Fragen aus; hier werden bisherige Diskussionen kritisch bilanziert, hier wird gelegentlich Experimentelles gewagt, werden Schreib- und Darstellungsweisen ausprobiert, die die "trockene Sprache der Wissenschaft" mitunter lustvoll, manchmal auch schmerzhaft mit neuem Leben füllen.

Gerade im innovativen Arbeitsgebiet der Frauen- und Geschlechterforschung haben Qualifikationsarbeiten Forschung und Theoriebildung in feministischer Perspektive immer wieder vorangetrieben.

Die Reihe will solche Beiträge in ihrer Bedeutung würdigen und einer breiteren Diskussion zugänglich machen. Historische Arbeiten, theoretische Analysen und empirische Studien werden die vielfältigen Facetten feministischer Wissenschaft sichtbar machen und zeigen, was sie zu einem tieferen Verständnis von gesellschaftlichen Strukturen, Existenzweisen und Veränderungsstrategien unter Bedingungen der Geschlechterhierarchie beitragen kann.

(Die Herausgeberinnen)

„Wär ich schon so,
    wie es in mir werden will,
    dann ritt ich stehend auf zwei Gäulen
    und spränge dazu durch den Reif."

„Das gelob ich vor Dir,
    daß ich nicht mich will zügeln lassen,
    ich will auf das Etwas vertrauen,
    was so jubelt in mir,
    denn am End ists nichts anders,
    als das Gefühl der Eigenmacht."

Bettine von Arnim:
        Clemens Brentanos Frühlingskranz

Inhaltsverzeichnis

EINLEITUNG

Der Wunsch, Widersprüchliches in Bewegung zu bringen, stand am Beginn unserer Arbeit. In den verschiedenen Bereichen Sport, Tanz und Theater sowie bei unserem theaterpädagogischen Praktikum hatten wir die unterschiedlichsten bewegungspädagogischen Methoden und Ziele kennengelernt. Diese wollten wir sowohl aufgrund unseres wachsenden Interesses an einer feministisch orientierten Pädagogik als auch im Hinblick auf unsere praktische Tätigkeit in der Mädchenarbeit in neuen Zusammenhängen denken. Wir fragten nach den - allzu oft unbenannten und/oder ungehörten - Bewegungswünschen von Mädchen und danach, wie eine an den Bedürfnissen und Lebenslagen von Mädchen orientierte Sport- und Bewegungspädagogik gestaltet sein sollte.

Zunächst näherten wir uns dem Thema inhaltlich von drei Seiten:

- Wir befragten anthropologische und ästhetische Theorien zu den Erfahrungsmöglichkeiten, die in Bewegung liegen - immer auch unter Berücksichtigung der Frage, inwiefern und in welcher Form diesen Theorien und der Bewegungskultur, auf die sie sich beziehen, geschlechterdifferenzierende Zuschreibungen zugrunde liegen.
- Wir setzten uns mit Theorien zur Identitätsentwicklung von Mädchen sowie zu den Sozialisationsbedingungen, in denen Mädchen aufwachsen auseinander.
- Wir beschäftigten uns mit verschiedenen bewegungspädagogischen Konzepten, mit Grundsätzen und Methoden einer feministisch orientierten Pädagogik sowie mit Konzepten feministischer Bewegungspädagogik.

In Auseinandersetzung mit der vorgefundenen Literatur zum Bewegungverhalten von Mädchen fiel uns auf, daß Mädchen mit ihren Bewegungswünschen und -bedürfnissen selbst kaum zu Wort kamen - auch nicht in bezug darauf, wie sie Bewegung in ihr Leben und in ihren Alltag 'einbauen'. Vielmehr wurde das Bewegungsverhalten der Mädchen weitgehend von *außen* beschrieben und dargestellt. *An eben den Wünschen der Mädchen aber und an ihren Lebenslagen sollte unserer Meinung nach eine bewegungspädagogische Arbeit mit Mädchen ansetzen. Daher stellten wir die Frage danach in den Mittelpunkt unserer Arbeit* und interviewten *jugendliche* Mädchen im Alter von 12-18 Jahren zu diesem Thema.

Wir befragten die Mädchen nicht nur zu ihren sportlichen Erfahrungen, sondern auch zu Bewegungswünschen und -erfahrungen aus dem Alltag und zu expressiven Bewegungsformen wie Tanz und Theater. Ein in dieser Weise gefaßter Bewegungsbegriff - wie er der vorliegenden Arbeit durchgehend zugrundeliegt - läßt unseres Erachtens die Möglichkeit offen, quer zu denken bezogen auf 'traditionelle' Bewegungsformen und -kulturen.

Eben dies war uns ein Anliegen, weil wir die Bewegungs*wünsche* von Mädchen *neu* verstehen wollten. Die Interpretation der Interviews entwickelte sich in einem Prozeß, in dem sich Empirie und Theorie - die von uns bearbeitete Literatur - immer wieder neu erhellten. Auf der Grundlage der Interviewergebnisse haben wir abschließend Vorschläge für eine veränderte Bewegungspädagogik entwickelt.

Im ersten Kapitel fragen wir nach den Erfahrungsmöglichkeiten, die in Bewegung liegen, sowie nach Bedeutungen von Bewegung für die Identitätsentwicklung. Diesen Fragen nähern wir uns aus anthropologischer, kunst- und kulturtheoretischer Sicht und stellen die bewegungspädagogischen Konzepte dar, die mit diesen verschiedenen Ansätzen verknüpft sind. Wir beziehen die einzelnen Ansätze jeweils auf das von Klaus Hurrelmann erarbeitete Modell zur Identitätsentwicklung, diskutieren sie in ihren Grenzen und Möglichkeiten und grenzen sie voneinander ab.

Kapitel II befaßt sich zunächst mit den Sozialisationsbedingungen, unter denen Mädchen aufwachsen - sowohl mit Blick auf die Dimension Geschlecht als auch auf die Dimension Lebensalter. Deutlich wird, daß Mädchen in unserer Gesellschaft mit widersprüchlichen Anforderungen von Autonomie und Bindung leben. Auf der Grundlage von Jessica Benjamins Theorie zur Identitätsentwicklung von Mädchen und Frauen zeigen wir im weiteren, wie dieser Widerspruch schon in der frühkindlichen Entwicklung von Mädchen grundgelegt werden kann. In einem gesonderten Abschnitt setzen wir uns mit der Körpersozialisation von Mädchen und Frauen auseinander, denn dieses Thema ist in unserem Zusammenhang von zentraler Bedeutung - schließlich findet Bewegung über den Körper statt. Auf der Grundlage der dargestellten Sozialisationsbedingungen und der Identitätsentwicklung von Mädchen diskutieren wir dann Ziele und Methoden feministischer Mädchenarbeit.

In Kapitel III stellen wir die vorgefundene Literatur zum Thema 'Mädchen und Bewegung' im Hinblick auf folgende Fragen dar: Wie bewegen sich Mädchen? Welche Zusammenhänge werden zwischen dem Bewegungsverhalten und der Sozialisation von Mädchen vermutet? Welche bewegungspädagogischen Konzepte entwerfen die Autorinnen vor diesem Hintergrund? Wir lesen die verschiedenen Ansätze zu diesen Themen kritisch und zeigen auf, daß sie teilweise - auch gegen ihre Absicht - in einem Defizitdenken gegenüber Mädchen verankert sind. Zudem ist der verwendete Bewegungsbegriff häufig auf den der 'traditionellen' Sportkultur reduziert.

Kapitel IV beinhaltet die Auswertung der Interviews. Die Aussagen der Mädchen zu ihren Bewegungswünschen und dazu, wie sie Bewegung in ihr Leben einbauen, haben wir im Hinblick auf die folgenden Themen dargestellt und untersucht:

- Veränderungen in der Pubertät
- Bewegungserfahrungen, Bewegungswünsche und Bedeutungen von Bewegung
- Spontaneität, Disziplin und Kontinuität
- FreundInnen (Bedeutung von Freundschaft)
- Koedukation.

Anknüpfend an die Aussagen der Mädchen und an unsere Interpretation ihrer Aussagen entwickeln wir in diesem Kapitel Vorschläge für eine bewegungspädagogische Arbeit mit Mädchen.

I. BEDEUTUNGEN VON BEWEGUNG FÜR DIE IDENTITÄTSENTWICKLUNG UND BEWEGUNGSPÄDAGOGISCHE KONSEQUENZEN

Im Mittelpunkt des ersten Kapitels steht die Frage nach der Bedeutung körperlicher Bewegung für die Identitätsentwicklung und damit nach den Ansprüchen an eine bewegungspädagogische Arbeit, die identitätsbildend wirken will. Dabei soll es nur am Rande um die Betrachtung der frühkindlichen Entwicklung gehen; vor allem soll dargestellt werden, welche Bedeutung Bewegung im Jugend- und Erwachsenenalter hat und haben kann.

Dies wurde bisher vor allem aus anthropologischer, sportpädagogischer und soziologischer Sicht untersucht. Die Sozialisationsforschung hat in der Vergangenheit körperliche Entwicklungsprozesse erstaunlicherweise kaum als integralen Bestandteil der Sozialisation verstanden. Im Rahmen der neueren Diskussion um die Zusammenhänge zwischen Gesundheit und Sozialisation rückt dieser Aspekt aber auch dort stärker in den Vordergrund, so beispielsweise in dem von Klaus Hurrelmann erarbeiteten interaktionistischen und handlungsorientierten Sozialisationsmodell der "produktiven Realitätsverarbeitung"[1].

Im folgenden wollen wir dieses Modell in seiner grundlegenden Theorie zur Identitätsbildung kurz darstellen und auf die Bedeutung eingehen, die darin der Bewegung und - als deren Voraussetzung - der Leiblichkeit zugeschrieben wird. Dies bietet sich an, weil die anthropologisch ausgerichteten Theorien von Ommo Grupe und Christine Bernd sowie die kultursoziologische Untersuchung von Rainer Treptow, die wir im Hinblick auf die Frage nach der Bedeutung von Bewegung im Anschluß an Hurrelmann darstellen wollen, unserer Meinung nach alle auf das Modell der produktiven Realitätsverarbeitung bezogen werden können.

---

1   Hier und im folgenden beziehen wir uns auf diesen Begriff, der bei Hurrelmann 1986, S.64 eingeführt wird.

I.1. Bewegung als Verarbeitung innerer und äußerer Realität

Ziel der Persönlichkeitsentwicklung ist nach dem *Modell der produktiven Realitätsverarbeitung* der Aufbau von *Handlungsfähigkeit*. In das Handeln fließen sozialstrukturelle (äußere Realität) und psychophysische Gegebenheiten (innere Realität) ein, "die von einem produktiv die Realität verarbeitenden Subjekt interpretiert, mit Bedeutung versehen und mit den eigenen sowie den antizipierten Handlungsplänen der Interaktionspartner abgestimmt werden" *(Hurrelmann 1986, S.68)*. Der subjektive Faktor ist ausschlaggebend dafür, daß von Handeln im Sinne Hurrelmanns gesprochen werden kann.

Voraussetzung der Handlungsfähigkeit ist der Aufbau von *Handlungskompetenz*. Dazu gehören sprachliche, moralisch-ethische, soziale, kognitive, ästhetische, motorische und emotionale Kompetenzen. Diese verschiedenen Dimensionen werden nur aus analytischen Gründen unterschieden, in der Realität beeinflussen sie sich gegenseitig. Es wird davon ausgegangen, daß die Kompetenzen grundlegend im Kindes- und Jugendalter aufgebaut, später aber noch differenziert und ausgeweitet werden. Handlungskompetenz bildet sich in der Auseinandersetzung mit der äußeren und inneren Realität und dient zu deren Verarbeitung.

Eine weitere Voraussetzung von Handlungsfähigkeit ist die Herausbildung von *Selbstbild* und *Identität*. Sie bauen auf die Handlungskompetenz auf. Das Selbstbild setzt sich zusammen aus Resultaten der Selbstwahrnehmung, der Selbstbewertung und der Selbsreflexion über Kompetenzen und Verhaltensweisen. Es bildet wiederum die Grundlage der Identität, verstanden als Kontinuität des Selbsterlebens, das Erleben des Sich-Selbst-Gleichseins. "Eine Person muß sich mit sich selbst identisch erleben, wenn sie zum Handeln fähig sein will" *(Hurrelmann 1986, S.170)*.

Identität ist allerdings kein Status quo, sondern in ihrer Kontinuität verändert sie sich doch auch ständig in der Auseinandersetzung des Subjekts mit seiner inneren und äußeren Realität. Identität muß verstanden werden als ein "Koordinationsprozeß" *(Hurrelmann 1986, S. 173)*, in dem mit den Spannungen umgegangen werden muß, die notwendigerweise aus der Diskrepanz zwischen individuellen Bedürfnissen und Fähigkeiten und sozialen und materiellen Anforderungen entstehen.

Die Möglichkeiten zum Aufbau von Handlungskompetenz, Selbstbild und Identität - also eigener Handlungsfähigkeit - und damit zur Entfaltung der eigenen Persönlichkeit sind maßgebend gesellschaftlich und sozial reguliert. Nach Hurrelmann erschweren in unserer Gesellschaft verschiedene gesellschaftliche Faktoren eine gelingende Identitätsbildung. Dazu gehören die zunehmende "Ausdifferenzierung der Sozialstruktur [sowie der] ... Prozeß der Entinstitutionalisierung von Lebensübergängen bei Enttraditionalisierung von Werten und Normen" *(Hurrelmann 1986, S.177 f)*.

Identität und Selbstbild sind nach Hurrelmann nicht ohne ein Konzept des eigenen Körpers entwickelbar. Eine körperliche Identität entwickelt sich in Wechselwirkung mit anderen Identitätsbereichen und Kompetenzen. Das Bild, das das Subjekt von seinem eigenen Körper hat - wie es ihn wahrnimmt, welche emotionale Einstellung es zu ihm hat und wie es sich reflexiv auf ihn bezieht - nimmt einen wichtigen Platz innerhalb des gesamten Selbstbildes ein. Das Modell der produktiven Realitätsverarbeitung geht im weiteren davon aus, daß das Subjekt seine Leiblichkeit nicht nur nach individuellen Vorstellungen gestaltet, sondern ebenso gemäß sozialer und kultureller Werte und Normen. Insofern sind Körper auch soziale Gebilde. Jede Veränderung der Umwelt - der ökologischen wie der sozialen - aktiviert die Anpassungsfähigkeiten des Menschen auch im körperlichen Bereich. Sie muß also - als äußere Realität - identitätsbildend auf der körperlichen Ebene verarbeitet werden.

Der Sportanthropologe Grupe spricht in diesem Zusammenhang von einem "Ich-Leib-Welt-Verhältnis"[2], was besagt, daß die Beziehung des Subjekts zur Welt einerseits und zu seinem Körper andererseits miteinander in Verbindung stehen. "Mit unserer Leiblichkeit verändert sich unser Weltverhältnis, mit der Veränderung von Weltbeziehungen wandelt sich unsere leibliche Situation. Es handelt sich jedoch nicht um ein Verhältnis von Ursache und Wirkung, sondern um ein jeweils neu auszubalancierendes und zu vollziehendes Verhältnis" *(Grupe 1982, S.59f)*.

---

2   Hier und im folgenden beziehen wir uns auf Grupe 1982, S. 58, wo dieser Begriff verwendet wird.

Welche spezifische Bedeutung kommt nun der Bewegung innerhalb der Persönlichkeitsentwicklung zu? "Durch Bewegung erlernt der Mensch sozial definierte Bedeutungen der Umwelt (den Gebrauchswert von Gegenständen, den ideellen Wert und materiellen Wert, Eigentumsverhältnisse usw.) und natürlich auch des eigenen Körpers" *(Hurrelmann 1989, S.27).* Bewegung bildet zudem eine Voraussetzung für die Ausbildung kognitiver, interaktiver und sprachlicher Fähigkeiten. Auch bei Grupe ist Bewegung zuallererst Vermittlung des Subjekts zur Welt sowie Wahrnehmung der Welt und des Selbst. Sie ist einerseits individuell geprägt, andererseits ist sie aber auch an Werte kultur- und schichtspezifischer sowie geschlechtsspezifischer Art gebunden *(vgl. Grupe 1982, S.72).* Bewegung ist also ein umfassender Teil des Ich-Leib-Welt-Verhältnisses. "Auf der einen Seite ist sie dabei bestimmt von physiologischen und neurophysiologischen Mechanismen und Regulationen, von biomechanischen Gesetzmäßigkeiten, auf der anderen Seite von situativen Anforderungen und normativen Bedingungen; aber innerhalb dieser wird sie vollzogen, ... erhält ihre jeweiligen Bedeutungen angesichts äußerer Bedingungen aufgrund innerer Entscheidungen verliehen" *(Grupe 1982, S.73).*

Bezogen auf das vorgestellte Sozialisationsmodell kann gesagt werden: Bewegung ist eine spezifische, durch den Leib vollzogene Art der Verarbeitung äußerer und innerer Realität; sie trägt deshalb in spezifischer Weise zur Persönlichkeits- und Identitätsbildung bei.

Im folgenden soll dieser Spezifik nachgegangen werden. Dazu werden die Theorien von Grupe, Bernd und Treptow im Hinblick auf die Frage nach der Bedeutung von Bewegung für die Identitätsbildung dargestellt sowie die pädagogischen Konsequenzen, die die AutorInnen aus ihren Überlegungen ziehen. Die Auswahl der genannten Theorien scheint uns deshalb sinnvoll, weil darin jeweils von verschiedenen pädagogischen Bereichen aus gedacht wird, in denen Bewegung eine bedeutende Rolle spielt: gemeint sind die Sportpädagogik (Grupe), die Tanz- und Theaterpädagogik (Bernd) sowie der Bereich der sozialpädagogisch orientierten Kulturpädagogik (Treptow).

I.2. Anthropologische und sportpädagogische Grundannahmen zur Bedeutung von Bewegung

I.2.1. Bedeutungen von Bewegung in der Alltagswirklichkeit

In seinen sportanthropologischen Überlegungen fragt Grupe nach den Bedeutungen, die Bewegung in der Alltagswirklichkeit des Menschen bekommen, bzw. die ihr aufgrund individueller Einstellungen und sozialer Regeln zugeschrieben werden können *(vgl. Grupe 1982, S. 67-107)*. Er unterscheidet systematisch zwischen der *instrumentellen*, der *explorativen*, der *sozialen* und der *personalen Bedeutung*, wobei meist mehrere dieser Bedeutungen gleichzeitig vorliegen.

Im folgenden werden die verschiedenen Bedeutungsdimensionen nach Grupe kurz dargestellt. An einigen Stellen werden zusätzlich auch Arbeiten anderer TheoretikerInnen zur Verdeutlichung hinzugezogen. Die personale Bedeutung von Bewegung wird dabei nicht gesondert ausgeführt, da der identitätsbildende, personale Aspekt im Zusammenhang mit den anderen Bedeutungen von Bewegung dargestellt wird und dabei im Mittelpunkt steht.

I.2.1.1. Die instrumentelle Bedeutung

Die grundlegendste Bedeutung von Bewegung im Alltag ist nach Grupe die instrumentelle. Dabei geht es um den Bezug zwischen Handlung und Bewegung. Der Mensch setzt Bewegung funktional als Mittel und Instrument ein, um zu handeln. Im Alltag geschieht der instrumentelle Einsatz von Bewegung meist nicht bewußt. Erst Grenzsituationen (z.b. Ermüdung oder Krankheit), aber auch Übungssituationen lenken das Bewußtsein auf die Bewegung als "Bedingung der Möglichkeit von Handlung" *(Walthes 1991, S.39)*.

Grupe spricht im Zusammenhang mit der instrumentellen Bedeutung von Bewegung, von der beherrschten Bewegung, von der Beherrschung und Objektivierung des eigenen Körpers, die "zum Modell der 'Beherrschung des Kosmos' "*(Grupe 1982, S.86)* wird. "In der Beherrschung seiner Bewegung erkennt sich der Mensch selbst als 'Ursache' und damit zugleich als von der Welt Getrenntes, ihr auch Gegenüberstehendes" *(ebd)*. Im instrumentellen Einsatz von Bewegung manifestiert sich also ein bestimmtes Leibverhältnis und ein bestimmtes Weltverhältnis des Ich. Das Ich bildet sich nach Grupe - entwicklungspsychologisch gesehen - auch erst durch dieses Leibverhältnis: "Indem das Kind deshalb lernt, seine Bewegung zu beherrschen, bildet es sein Ich aus" *(ebd.)*. Dies soll aber nicht im Sinne des alten Leib-Geist-Dualismus verstanden werden, denn an anderer Stelle weist Grupe darauf hin, daß das, was als Kontrolle oder Steuerung auftritt, *in* der Bewegung selbst wirksam wird; "Das Ich ist in diesem Sinne nicht mit einem von der Bewegung isolierbaren psychischen Apparat zu vergleichen, sondern stellt gleichsam das die Bewegung begleitende Bewußtsein dar" *(Grupe 1982, S.102)*.

Insofern sich also das Subjekt *in* der instrumentellen Bewegung handelnd verwirklicht, sich selbst als Handelndes erfährt in bezug auf seine Umwelt und Bewegungskompetenzen ausbildet, hat Bewegung einen identitätsstiftenden Charakter. Dabei gibt es unserer Meinung nach große Unterschiede, in welchem Maße in einer Bewegungshandlung jeweils eine Verwirklichung oder auch eine Erweiterung des Subjekts in seiner Auseinandersetzung mit der äußeren und inneren Realität stattfinden kann. Auf die Tatsache, daß die Beherrschung des Leibes in der modernen Gesellschaft einen geradezu identitätsbedrohenden Grad angenommen hat - und dies zeigt sich deutlich auch in der Bewegung - soll in Abgrenzung von Grupe noch näher eingegangen werden.

I.2.1.2.   Die wahrnehmend-explorierende Bedeutung

Bewegung hat zudem im Alltag des Menschen häufig eine "wahrnehmend-erfahrende" bzw. "erkundend-explorierende" *(Grupe 1982, S.88)* Bedeutung. Bewegung und Wahrnehmung sind in der menschlichen Entwicklung regelkreishaft aufeinander bezogen. Sie vollziehen sich in einem "zirkulären Prozeß" *(Walthes 1991, S.36)*:

Bewegen   Wahrnehmen

Dabei wird Wahrnehmung als "aktiver Prozeß des Unterscheidens" *(Walthes 1991, S.37)* von Selbst und Fremd in zunehmend differenzierter Weise nach beiden Seiten verstanden. Dieser Prozeß ist mit dem Erreichen einer bestimmten Entwicklungsstufe nicht abgeschlossen. So wird etwa aus den Berichten von Menschen, die wegen eines Unfalls in ihrer Bewegungsfähigkeit eingeschränkt sind, deutlich, wie stark dies auch ihre Wahrnehmungsfähigkeit beeinträchtigt *(vgl. ebd.).*

Erkunden, Wahrnehmen und Erfahren in der Bewegung findet nach Grupe auf drei Ebenen statt: In bezug auf den eigenen Leib, auf die materiale und auf die soziale Umwelt - wobei die Erfahrung des Leibes von der Erfahrung der sozialen und materialen Umwelt in der Realität nicht zu trennen ist, denn jede Wahrnehmung vermittelt sowohl etwas über den/die WahrnehmendeN als auch über die Welt.

Leibliche Erfahrung

In der Bewegung kann der Körper in verschiedensten Befindlichkeiten erfahren werden: in Spannung und Entspannung, im Können und Nichtkönnen, in seiner Sensibilität und auch in seiner Leistungsfähigkeit. Der Körper kann wahrgenommen werden in seinem Zusammenhang mit Gefühlen und auch in seiner Beziehung zur Umwelt. "Über solche leiblichen Erfahrungen und Einsichten entwickelt sich ein Bild des eigenen Körpers, so etwas wie Körpergefühl oder auch leibliche Identität" *(Grupe 1982, S.90).*

Helgard Lange, Karl-Heinz Leist und Jürgen Loibl sprechen vom Körper-Ich, dessen sich das Individuum in der Bewegungserfahrung in seinen Grenzen und Möglichkeiten bewußt werden kann *(vgl. Lange, Leist u. Loibl 1986, S.68f).* Bewegung kann verstanden werden als "ein weit ausgreifendes Suchen nach dem Körper und seinen Möglichkeiten. ... Was wir dabei in Erfahrung bringen, ist das eigene 'Selbst'" *(Leist u. Loibl 1986, S.45f).*

Materiale Erfahrung

In der Bewegung kann auch eine materiale Erfahrung stattfinden. Sie erschließt verschiedene Eigenschaften von Gegenständen und Möglichkeiten des Umgangs mit ihnen. Sie ermöglicht auch die Erfahrung der Natur; Umwelt kann dabei erforscht werden als "Handlungsgelegenheit" *(Leist u. Loibl 1986, S.45f).* Insofern ist materiale Erfahrung auf die Erkenntnis der materialen und funktionalen Bedingungen von Handlung bezogen.

In der Bewegung können die Umwelt und die Gegenstände in ihr als persönlich bedeutsam erfahren werden - denn die Erfahrung der Umwelt ist dabei verbunden mit der Erfahrung des Leibes, eigener Befindlichkeiten, des Selbst. Rolf Oerter beschreibt dies folgendermaßen: "Wer mit Skiern Hänge hinunterfährt, wer Berge besteigt, wer Landschaften durchwandert, lernt seine Umwelt neu und anders kennen. Das Wissen, das er aufbaut, ist kein geographisches-wissenschaftliches Wissen, es gründet vielmehr in einer Erkenntnis, die für menschliche Maße und menschliche Möglichkeiten besonders adäquat ist. Das 'Erfühlen' und 'Erleben' und die damit verbundenen Affekte bedeuten oft tiefe Erfahrungen, die in ein Wissen münden, das nun nicht mehr eine gleichgültig-neutrale Struktur besitzt, sondern mit der persönlichen Identität verbunden ist" *(Oerter 1989, S. 49)*.

Soziale Erfahrung

Schließlich kann neben der materialen auch soziale Erfahrung in der Bewegung stattfinden. In der Bewegung kann sich etwas vermitteln "von sozialer Distanz und Nähe, von Regeln und Werten, von Überlegenheit und Unterliegen, von Rollen ..., von der Bedeutung von Normen ..., der Verläßlichkeit von sozialen Bindungen und ihrer Instabilität, von Vertrautheit und Fremdheit zwischen Menschen; diese Erfahrungsdimensionen sind gleichsam Grundtypen sozialer Beziehungen. Ohne Bewegungen würden wir nur wenig von alledem bemerken" *(Grupe 1982, S.91)*, denn soziale Beziehungen sind grundlegend sinnkörperlich und in Bewegung verfaßt - wenn dies auch nicht immer bewußt sein mag.

I.2.1.3.   Die soziale Bedeutung

In der Bewegung liegt nicht nur die Möglichkeit sozialer Erfahrung, sondern sie ist selbst Medium sozialer Beziehungen; über Bewegung stellt sich soziale Wirklichkeit her. Als Mittel sozialer Beziehungen wird Bewegung sowohl "interaktional-kommunikativ" eingesetzt als auch "expressiv-ausdrückend" und "darstellend-rituell" *(Grupe 1982, S.92)*. Die sozialen Bedeutungen von Bewegung werden in einer spezifischen Kultur erlernt und *in* der Bewegung erworben. Die Kenntnis sozialer Bedeutungen von Bewegung und die Flexibilität im Umgang mit ihnen machen einen Teil sozialer Handlungskompetenz aus.

Grupe sieht eine der zentralen Aufgaben von Sportpädagogik in der Ermöglichung von Wohlbefinden - verstanden als ein "Wohlbefinden ..., das aus der aktiven Gestaltung des Verhältnisses zu sich selbst, zum eigenen Leib und zur Umwelt entsteht" *(Grupe 1982, S.198)*. *Wohlbefinden* steht insofern in direktem Zusammenhang mit Persönlichkeitsentwicklung im Sinne Hurrelmanns, verstanden als Auseinandersetzung mit innerer und äußerer Realität in Handlung und Erfahrung. Die spezifische Möglichkeit von Sportpädagogik, Wohlbefinden zu fördern, liegt für Grupe - in Abhebung von kognitiven und intellektuellen Wegen - darin, Wahrnehmung, Erfahrung und Handeln zu ermöglichen. Dies scheint von besonderer Bedeutung in einer Zeit, in der sinnkörperliches Erleben im Alltag nur noch wenig Raum hat. Wahrnehmung, Erfahrung und Handeln sind im Sport - entsprechend den verschiedenen Bedeutungen von Bewegung - auf der körperlichen, der materialen, der sozialen und der personalen Ebene möglich.

Welche didaktischen Konsequenzen lassen sich aus dieser Zielformulierung für die Sportpädagogik ziehen? Wenn Erfahrung im Mittelpunkt von Sportpädagogik stehen soll, so setzt dies *"erfahrungsoffenes Lernen"*[3] voraus. Bezogen auf die soziale Erfahrung könnte dies heißen, daß Spiele nicht nur auf Überbietung und Vergleich angelegt sein sollten, sondern auch Raum gegeben werden sollte für die Erfahrung verschiedenster sozialer Beziehungen *(vgl. Leist u. Loibl, S.53f)*.

Erfahrung und Erweiterung des Körper-Ich in der Bewegungspädagogik hat zur Voraussetzung, es überhaupt erst einmal in den didaktischen Überlegungen zu berücksichtigen. Das heißt zum Beispiel, dessen gewahr zu sein, daß Individuen mit ganz unterschiedlichen 'Bewegungsbiographien' beim Sport möglicherweise auch unterschiedliche Erfahrungen suchen werden. Nicht zufällig kommt es im Sport immer wieder zum Abbruch von Lernbemühungen, um die eigene Identität zu schützen, wenn die Grenzen des Körper-Ich zu wenig Beachtung finden.

Materiale Erfahrung in der Sportpädagogik erfordert offene Erfahrungsspielräume, in denen die Umwelt phantasievoll erforscht werden kann. Wichtig ist auch, daß der Erfahrung von Umwelt als "eigenständige sinnliche Qualität" *(Leist u.*

---

3   Leist u. Loibl 1986, S.45 (Hervorhebung durch uns); vgl. dazu auch Scherler 1976, S.98.

Loibl 1986, S.52) in den didaktischen Überlegungen Platz eingeräumt wird. Denn, "so wie die Sinneseindrücke 'warmer Sand unter den Füßen', 'wärmende Sonne auf dem Rücken' oder 'Schneeflocken im Gesicht' als Körpererfahrungen mit bestimmten Qualitäten verbunden sind, so gilt dies gleichermaßen für Körpererfahrungen im Sport, etwa wie ein Hang sich mir auftut beim Skifahren, der gefühlvolle Paß über große Distanz im Fußball, der rasante Durchbruch mit weichem Korbleger im Basketball" *(Leist u. Loibl 1986, S.52)*.

1.2.3. *Kritik der anthropologischen Perspektive*

Bewegungen sind nach Grupe immer auch sozial geprägt. Welche spezifische Bedeutung nimmt dann Bewegung im Alltag des modernen Menschen ein, welche Rolle spielt sie für dessen Identitätsentwurf? Diesen Fragen geht Grupe nur am Rande nach. Sie scheinen aber von besonderer Bedeutung zu sein für die Frage nach einer Bewegungspädagogik, die identitätsbildend wirken will; denn Identitätsentwicklung findet immer in einer konkreten Gesellschaft statt.

Im folgenden sollen einige Gedanken zur Stellung der Körperlichkeit in der modernen Gesellschaft zusammenfassend dargestellt werden. Dabei beziehen wir uns zunächst auf den Sportsoziologen Volker Rittner. Im Anschluß daran wollen wir kurz einige Fragen anreißen, die sich auf diesem Hintergrund an die von Grupe beschriebenen Ziele von Bewegungspädagogik stellen.

Norbert Elias hat den Prozeß der Zivilisation hin zur modernen Gesellschaft als Prozeß der zunehmenden *Körperbeherrschung und -distanzierung* beschrieben, womit eine wachsende Trieb-, Affekt- und Bedürfnisbeherrschung einhergeht *(vgl. Elias 1976)*. Dies drückt sich nicht zuletzt auch in der "Pazifizierung der ... Bewegungsbedürfnisse" *(Rittner 1986, S.141)* im modernen Alltag aus. Folge ist, daß die damit eng zusammenhängende "Identitätsbildung in der Sphäre neuer Körper-Selbst-Verhältnisse komplizierter und störanfälliger geworden ist" *(Rittner 1986, S.141)*, denn in jeden Lebenslauf muß die Körperbeherrschung aufs neue 'eingeschrieben' werden. Als Reaktion auf die wachsende Körperdistanzierung in modernen Gesellschaften ist andererseits eine zunehmende *Körperthematisierung und*

-aufwertung zu beobachten. Sie findet parallel zur Körperbeherrschung und meist in davon abgrenzbaren Sinnsystemen statt und entwickelt sich zu einem Akt der Identitätsarbeit.

So unterschiedlich die zahlreichen Phänomene der 'neuen Körperlichkeit' auch sind - etwa im Sport, in der Körpertherapie, im Aufkommen veränderter Körperideale oder in der Wandlung des Gesundheitsbegriffs -, so scheinen ihnen doch gemeinsame Suchbewegungen zugrunde zu liegen: Die Kritik an der abstrakten Gesellschaft wird verbunden mit der Suche nach authentischem Erleben, nach Natürlichkeit, körperlicher Nähe und dem Gefühl der Selbstübereinstimmung. Es geht um den Wunsch der Überwindung einer im Alltag allzu dominant gewordenen Distanz zum eigenen Körper und den eigenen Gefühlen, zur sozialen und gegenständlichen Umwelt.

Gleichzeitig wird aber an vielen Orten der 'neuen Körperlichkeit' der Körper erneut zum Objekt gemacht: "Attribute der Fitness, der Sportlichkeit, der Schlankheit und Attraktivität - alles Tugenden im Sinne veränderter Körper-Ideale - sind sichtbar und erlebbar. Sie lassen sich als in eigener Regie bewirkte Erfolge einordnen und genießen. Zumindest im Körperbereich kann jedermann zum erfolgreichen Unternehmer und 'glücklichen Kapitalisten' werden" *(Rittner 1986, S.151)*. Vor diesem Hintergrund sind die pädagogischen Ziele Grupes unseres Erachtens folgendermaßen zu erweitern:

Leben zwischen Körperdistanzierung und -thematisierung bedeutet unserer Meinung nach auch Leben im Widerspruch. Sportpädagogik sollte folglich miteinbeziehen, daß sinnliche Erfahrung nicht *nur* die Möglichkeiten des Zugangs zur Welt erweitert, sondern daß sie auch eine zu anderen Lebensbereichen widersprüchliche Erfahrung darstellt. Angesichts der Trennung unserer Gesellschaft in verschiedene Sinnsysteme ist dies (vorläufig) anders kaum möglich.

Es ist unserer Meinung nach allerdings eine wichtige Aufgabe von Sportpädagogik - wenn sinnliche Erfahrung im Mittelpunkt stehen soll -, diesen Widerspruch bewußt zu machen, um einen reflektierten Umgang damit und möglicherweise auch eine Kritik an dieser Trennung zu ermöglichen. Denn der reflektierte Umgang mit Widersprüchen ist (in der modernen Gesellschaft) generell eine wichtige Voraussetzung für Handlungsfähigkeit.

Grupe sowie verschiedene andere von uns zitierte SportwissenschaftlerInnen[4] messen der subjektiven Erfahrung im Sport große Bedeutung bei. In diesem Zusammenhang sollte unserer Meinung nach auch thematisiert werden, daß in vielen Sportbereichen - wie Rittner dies beschreibt - eine Objektivierung und Instrumentalisierung des Körpers stattfindet, und daher nur sehr einseitige Erfahrungen möglich sind.

Mit möglichen Folgen einer Ausblendung subjektiver sinnlicher Erfahrungs- und Ausdrucksmöglichkeiten beschäftigt sich Christine Bernd. Sie hat außerdem deutlich gemacht, daß Bewegung nicht nur ein geeignetes Medium für sinnliche Erfahrung darstellt, sondern darüber hinaus auch für die *Verarbeitung* subjektiver Erfahrung von Welt. Wir möchten daher im folgenden auf ihre Theorie näher eingehen.

I.3.   Symboltheoretische Grundannahmen zur Bedeutung von Bewegung und deren pädagogische Konsequenzen

Die 1988 von der Sportwissenschaftlerin und -pädagogin Christine Bernd veröffentlichte Dissertation "Bewegung und Theater" untersucht spezifische, in der modernen Gesellschaft weitgehend verkümmerte und verdrängte Qualitäten von Bewegung. Dabei bezieht sie sich auf symboltheoretische, anthropologische, kultur- und theatertheoretische Grundlagen. Vor diesem Hintergrund entwirft Bernd Vorschläge für eine veränderte Sport- und Bewegungspädagogik.

I.3.1.   Bewegung als subjektnahe Verarbeitung von Welterfahrung

Wie Hurrelmann und Grupe sieht Bernd die anthropologische Bedeutung von Bewegung in ihrer Funktion als Medium des Welt- und Selbstbezugs. Am sportlichen Bewegungsmodell generell kritisiert Bernd jedoch, daß es zu stark auf die instrumentelle Bedeutung von Bewegung ausgerichtet sei, wogegen die expressive Be-

---

4   Vgl. vor allem Lange, Leist u. Loibl.

deutung vernachlässigt werde. Diesen beiden Bedeutungen von Bewegung liegen nach Bernd unterschiedliche Welt- und Körperbezüge zugrunde. In der instrumentellen Bewegung werden sowohl der Körper als auch die Außenwelt zum Objekt des handelnden Subjekts. Der Körper wird eingesetzt, um auf die Welt einzuwirken, ein äußeres Ziel zu erreichen.

Die expressive Bewegungsgestaltung hingegen "trägt ihr Ziel in sich selbst und ist ihrem Wesen nach auf nichts zweckmäßig ausgerichtet" *(Bernd 1988, S.18)*. In ihr geht es gerade um eine Annäherung zwischen Erkenntnissubjekt und 'dem anderen'.

Bernd begreift die expressive Bewegungsgestaltung als eine Form von Symbolbildung; als einen Prozeß also, in dem das Individuum die zunächst ungeordnet einströmenden Eindrücke aus seiner Umwelt und seiner eigenen Befindlichkeit sinnbildend verarbeitet. Dieser Prozeß bildet die Voraussetzung für den Aufbau einer Distanz gegenüber dem unmittelbaren Erlebnis. Erst aus dieser Distanz heraus erwächst die Möglichkeit, "selbstbewußt und reflektiert in die Wirklichkeit eingreifen, sie gestalten zu können" *(Bernd 1988, S.25)*.

Im Unterschied zu diskursiven, sprachlichen Symbolen faßt Bernd die expressiven Bewegungsgestaltungen als *Formen präsentativer Symbole*. Letztere sind das spezifische Medium, um subjektive Erfahrungen und Gefühle in Form von sinnlich erfahrbaren Gestaltungen zu verarbeiten und auszudrücken. In dieser Funktion sind sie durch sprachliche Symbole nicht ersetzbar. Entwicklungspsychologisch erklärt sich dies folgendermaßen: Ab der Zeit nach der Auflösung der Mutter-Kind-Dyade stellen die sinnlich-symbolischen Transformationen "die erste symbolische Auseinandersetzung des Kindes mit seiner Umwelt dar" *(Bernd 1988, S.32)*. Sie weisen somit eine besondere Nähe zu den Gefühlen, zur Sinnlichkeit und zu den Trieben auf und ermöglichen deren Vermittlung zum Bewußtsein. Die sinnlich-symbolische Interaktion bildet daher die Basis der Selbstverfügung und der Persönlichkeitsbildung des Individuums. Im Gegensatz zur diskursiven Interaktion findet die sinnlich-symbolische notwendig im und durch den Körper statt, ist an dessen Präsenz gebunden.

Durch die Anerkennung präsentativer Symbole als Formen der Weltverarbeitung kann vieles dem Bereich der Vernunft zugeordnet werden, was gemeinhin in den Bereich der Emotionen oder Intuitionen verlegt wurde. Die Bildung expressiver, präsentativer Bewegungsformen, wie sie beispielsweise im Tanz oder im Theater stattfinden kann, beruht in der Regel auf einem intensiven, durch den Leib vollzogenen Prozeß der Auseinandersetzung mit Welterfahrung.

Was ist nun in diesem Prozeß von Bedeutung, damit im erklärten Sinne von präsentativer Symbolbildung gesprochen werden kann? Wichtig ist die gegenseitige Durchdringung *mimetischer* und *konstruktiver* Elemente in der Annäherung an, in der Verarbeitung und in der Umsetzung von Welterfahrung - damit einerseits dem subjektiven Ausdruck Raum gegeben werden kann, andererseits das je Subjektive aber auch gestaltbildend verarbeitet werden kann, ohne es dabei auszulöschen.

Zunächst soll auf die Bedeutung der *mimetischen Erkenntnis* näher eingegangen werden: Sie ist "Erkenntnis qua Sympathie ... man erkennt etwas, indem man es sich innerlich nachbildet" *(Bernd 1988, S. 82)* mit dem Vermögen der Einbildungskraft. Das Subjekt begreift das andere, indem es ihm in gewisser Weise gleich wird und so das andere an sich selbst erfährt. Die mimetische Annäherung geschieht im und durch den Leib. Sie kann sich in einem Tanz, einer Rollengestaltung im Theater oder in einem Bild ausdrücken, aber auch im Alltag; beispielsweise wenn ein Kind einen hinkenden Menschen nachahmt, um das Hinken am eigenen Leib zu verstehen. Am Beispiel der Rollenannäherung in der Schauspieltheorie Grotowskis macht Bernd die spezifische Form der leiblichen Anwesenheit in der mimetischen Annäherung deutlich: Die eigentliche Kunst im Stadium der Improvisation zu einem bestimmten Thema besteht bei Grotowski im Zulassen der leiblichen Impulse, dem nachzuspüren und nachzugeben, was sich im Körper regt *(vgl. Bernd 1988, S. 97)*. Wichtig ist, daß das Bewußtsein seine gewohnte Kontrolle aufgibt und statt dessen wacher Beobachter des Geschehenlassens wird.

Der instrumentalisierte Körper des modernen Menschen hält die für die mimetische Annäherung notwendigen affektiven Regungen in aller Regel zurück. In der modernen Gesellschaft ist aber die Sehnsucht nach mimetischem Ausdruck nicht einfach verschwunden; sie ist vielmehr verdrängt worden in die Reservate von Kunst und Kindheit und taucht wieder auf in der "Produktion von Irrationalität" *(Bernd 1988, S.99)*. Denn "das Verdrängte verfällt der Desymbolisierung" *(ebd.)*. Es kann nicht mehr artikuliert und ausgedrückt werden. Sobald aber die Kontrollmechanismen nicht mehr aufrecht erhalten werden können, wächst die Gefahr, von dem Bedürfnis nach mimetischer Annäherung überschwemmt zu werden.

Wir möchten darauf hinweisen, daß die Verdrängung des mimetischen Vermögens unserer Meinung nach auch in Zusammenhang steht mit der Geschlechterpolarisierung in unserer Gesellschaft und der damit einhergehenden Verdrängung von Weiblichkeit, wie sie Jessica Benjamin beschreibt. Denn die maskuline Haltung entspricht "einer radikalen Dichotomie zwischen Subjekt und Objekt ... . Die Welt dort draußen, der/die andere, ist stets das Objekt" *(Benjamin 1993, S.183)*. Erfahrungen der Verschmelzung und der Identifikation werden daher in einer an männlichen Maßstäben orientierten Gesellschaft gemieden und bekämpft.

Das *konstruktive Element* im gestaltbildenden Prozeß ist von Bedeutung, um das je Subjektive überschreiten zu können, ohne es dabei zu zerstören. Nachdem beispielsweise bei einer Tanzimprovisation der subjektive Ausdruck, die individuelle Bewegung zu bestimmten Themen gefunden worden ist, soll es darum gehen, die leiblichen Äußerungen mit Hilfe konstruktiver Elemente - etwa bestimmter Bewegungsregeln - zu formen. Dadurch können sie objektiviert werden. Die konstruktive Phase ermöglicht es dem Subjekt, Distanz zu den eigenen Erfahrungen einzunehmen und sie zu verarbeiten.

Wird das Berndsche Konzept auf die Bedeutung von Bewegung für die Identitätsbildung hin befragt, so zeigen sich zwei interessante Zusammenhänge:

Zum einen könnte die Förderung des gestaltbildenden Vermögens im Sinne Bernds identitätsbildend und -stützend wirken. Die menschliche Fähigkeit, sich Symbole zu schaffen, ist ja "die Basis für bewußtes Handeln schlechthin" *(Bernd 1988, S.24)*. Im Sinne Hurrelmanns kann hier von einer spezifischen, die Subjektivität einbeziehenden Art der Verarbeitung innerer und äußerer Realität als Grundlage von Handlungsfähigkeit gesprochen werden. Denn die mangelnde Kultivierung mimetischer Impulse kann durchaus identitätsbedrohende, irrationale Formen annehmen, die das Individuum sowohl nach innen als auch nach außen richten kann; letzteres beispielsweise in Form von Gewalt oder etwa auf dem Weg einer irrationalen Vergötterung eines Menschen oder einer Gruppe.

Zum anderen kann die Auseinandersetzung im gestaltbildenden Prozeß aber immer auch zu einem Infragestellen der Grenzen der eigenen Identität führen. Dies zeigt sich besonders deutlich am Beispiel des Schauspiels. In der mimetischen Annäherung an eine Rolle werden "die Barrieren der Ich-Identität ... geöffnet, zwischen dem eigenen und dem fremden Lebensentwurf finden Verschmelzungen statt. Das Ich als eindeutig Ausmachbares, Identifizierbares gibt es - für eine gewisse Zeit - nicht mehr. Die Vielschichtigkeit des Selbst wird dadurch entfaltbar" *(Bernd 1988, S.149).*

So scheint die gelungene Auseinandersetzung im gestaltbildenden Prozeß über ein immer wieder neu auftauchendes Sichinfragestellen hin zu einer Stärkung personaler Identität zu führen. Daß auf einem solchen Weg die individuellen Grenzen der Spielenden Beachtung finden müssen, ist - in pädagogischen Zusammenhängen - eines der wichtigsten Postulate.

I.3.2. *Bewegungspädagogische Konsequenzen*

Die zuvor beschriebenen Zusammenhänge um die Bedeutung gestaltbildender, verkörpernder Bearbeitung von Welterfahrung lassen für Bernd die Notwendigkeit deutlich werden, solche Prozesse gerade auch in der Bewegungspädagogik zu fördern. Dabei hebt sie sich von der herkömmlichen ästhetischen Erziehung im Sport kritisch ab, deren Vorstellung von Ästhetik in der Regel entweder am formalen Schönheitsbegriff orientiert ist, oder aber im rein subjektiven Sich-Ausdrücken stecken bleibt.

Soll die Möglichkeit zur subjektnahen Verarbeitung von Welterfahrung gegeben werden, so müssen sich im gestaltbildenden Prozeß mimetische und konstruktive Annäherungsweisen gegenseitig durchdringen. Eine dem verpflichtete Bewegungspädagogik "hat daher die Aufgabe, Techniken als subjektiv bedeutsame symbolische Formen erfahrbar zu machen ...; im bloß spontanen Improvisieren zu verbleiben, hieße, die Chance erkenntnisbildender Auseinandersetzung nicht zu nutzen" *(Bernd 1988, S. 107).*

Mit Techniken sind bestimmte Regeln oder auch Widerstände gemeint, die den Spielenden etwa im Tanz oder im Schauspiel an die Hand gegeben werden können: So beispielsweise bestimmte Improvisationsthemen, szenische Ideen, Rollenfiguren, Texte, Bewegungsformen usw. Die Auseinandersetzung mit etwas Widerständigem macht es oft erst möglich, die zivilisationsgeschichtlich und biographisch angeeigneten Kontrollmechanismen des Bewußtseins zu überschreiten.

Wichtig ist, daß die Widerstände nicht allzu leicht einzuordnen sind, damit sich das Subjekt an ihnen abarbeiten kann. In einer so gearteten Begegnung mit dem anderen kann dann das Eigene - "wie in einem Brennglas fokussiert" *(Bernd 1988, S. 196)* - neu entdeckt werden, und dem anderen kann ein subjektiver Sinn verliehen werden, ohne daß es dadurch völlig zerstört oder einverleibt würde. Die Fremdheit des Widerstands muß allerdings wohl dosiert sein. Dies soll noch einmal am Beispiel des Schauspiels verdeutlicht werden: Einerseits sollten Improvisationsaufgaben über das pure Nachspielen eigener Erlebnisse hinausführen, andererseits wäre es auch nicht sinnvoll, einer Spielerin oder einem Spieler eine Rolle nahezulegen, die die Grenzen des subjektiven Identitätskonzepts sprengt. Die Fähigkeit, geeignete Widerstände an die Hand zu geben und die Lernenden an ein Bewußtsein heranzuführen, das eine mimetische Annäherung an den Widerstand zuläßt, ist also von entscheidender Bedeutung für die pädagogische Kompetenz im beschriebenen bewegungspädagogischen Zusammenhang. Auf der Basis solcher Fähigkeiten könnte dann eine Lehre möglich sein, die Subjektivität herausfordert und belebt.

Feministische Bewegungspädagogik sollte unseres Erachtens dessen gewahr sein, daß Mädchen traditionellerweise der Zugang zur mimetischen Erfahrung von Welt eher zugeschrieben bzw. zugestanden wird. Dies ist aber verbunden mit der Abwertung einer solchen Erfahrungsweise. Möglicherweise ist es deshalb für Mädchen wichtig, Gegenerfahrungen zu machen und eher die instrumentelle Bedeutung von Bewegung zu erfahren. Andererseits könnte es für Mädchen aber auch von besonderer Bedeutung sein, den Ausdruck von Subjektivität zu kultivieren und Erfahrungen gestaltbildend zu verarbeiten; einen Raum zu haben, in dem *ihrer* Erfahrungsweise Wert beigemessen wird. Zudem sollten in einer feministischen Mädchenarbeit mit Mädchen mögliche (unbewußte) Zuschreibungen der oben benannten Art aufgegriffen und thematisiert werden.

I.4.   Zur Bedeutung von Bewegung für die Jugendkultur

Im Gegensatz zu den zuvor dargestellten Arbeiten von Grupe und Bernd untersucht die Habilitationsschrift Rainer Treptows weniger den Menschen allgemein betreffende, anthropologisch begründete Zusammenhänge zwischen Bewegung und Identitätsbildung. Vielmehr stellt sie die Bedeutung der Aneignung und Inszenierung von Bewegung für die Herausbildung einer eigenständigen Jugendkultur dar. Treptow zeigt auf: Jugendkulturell relevante Ereignisse sind bewegte Ereignisse.

Von Bedeutung für die vorliegende Arbeit sind seine Untersuchungen insofern, als deutlich wird, daß sich jugendliche Identitätssuche oft weniger auf sprachliche Interaktion denn auf bewegte Ereignisse richtet *(vgl. Treptow 1993, S. 277f)*. Allerdings untersucht Treptow nicht *die* Jugendkultur schlechthin. Vielmehr steht im Mittelpunkt seines Interesses die Darstellung und Deutung technisch-kommerzieller Bewegungsweisen, wie sie vorwiegend von Jugendlichen bildungsferner Schichten aufgesucht werden. Unserer Meinung nach ist diese Jugendkultur zudem männlich dominiert. Dennoch meinen wir, daß Treptows Untersuchung dazu beitragen kann, das Bewegungsverhalten und -interesse jugendlicher Mädchen zu verstehen - wenn dies auf dem Hintergrund einer Auseinandersetzung mit den spezifischen Lebenslagen und Wünschen von Mädchen geschieht.

Nun liegt Treptows Bewegungsbegriff im Vergleich zur vorliegenden Arbeit eine weiter gefaßte Definition zugrunde. Er zeigt auf, daß sich jugendliches Interesse an "Bewegungssouveränität"[5] "nicht allein in vielfältigen Formen aktivitätsorientierter eigener Leibbewegungen äußert (Selbstbewegungen)" - wie beispielsweise im Discotanz - sondern auch gerichtet ist auf das "Erleben von Formen ästhetisch-imaginärer Bewegungskonstrukte ... wie sie in Musik, Film, Video usw. zur Anschauung gebracht werden" *(Treptow 1993, S.11)*.

Obwohl diese umfassende Definition eine theoretische Grundannahme der Arbeit darstellt, von der aus es gelingt, eine übergreifende ästhetische Theorie von

---

5   Hier und im folgenden beziehen wir uns auf diesen Begriff, der bei Treptow 1993, S.14 ff verwandt wird. Treptow schreibt: "Wer über die Gestaltung und das Erleben von Bewegungen selbst verfügt, besitzt Bewegungssouveränität" *(a.a.O., S.15)*.

Jugendkultur zu entwerfen, so scheint es doch auch sinnvoll, die Ergebnisse wiederum auf spezielle Bereiche von Jugendkultur zu beziehen - in der vorliegenden Arbeit auf die von Treptow so benannten Selbstbewegungen.

I.4.1.   Bewegung als jugendrelevantes Erlebnis

Warum und in welcher Form spielt Bewegung eine zentrale Rolle für die Jugendkultur und damit einhergehend für die Identitätssuche Jugendlicher?

Jugendrelevante Ereignisse sind - wie Treptow zeigen kann - "krasse Ereignisse" *(Treptow 1993, S.149)*. Die Bewegungsstruktur, die ihnen zugrundeliegt, zeichnet sich aus durch Schnelligkeit, Plötzlichkeit, Überraschung, Schock. Immer wieder aufs neue werden Momente inszeniert, die kraß abweichen vom bis dahin fortgesetzten Bewegungsverlauf *(vgl. Treptow 1993, S. 184)*. Gesucht wird das Erleben des unmittelbaren Jetzt, des Dionysischen, dem eben im Bereich der Bewegung, der elementaren sensorischen Wahrnehmung so viel mehr an Raum geboten ist als in der sprachlichen Interaktion *(vgl., Treptow 1993, S.228)*. Trotz aller Merkmale von "Diskontinuitäten, abrupten Beschleunigungen, jähen Langsamkeiten, ... Fragmentierungen, Abbrüchen, Unvollendungen" *(Treptow 1993, S.145)* und Widersprüchen ist doch eine den Bewegungsverläufen zugrundeliegende einheitliche Struktur zu entdecken. Denn Gegenwartsereignisse müssen sich einordnen lassen und eindeutig sein. Nur so können sie unmittelbar und dennoch auf sicherem Boden erlebt werden. Gesucht wird in der Bewegung daher anscheinend die "Regelmäßigkeit von Ausnahmen" *(Treptow 1993, S.149)*.

Treptow begreift die Vorliebe Jugendlicher für die so beschriebene Bewegungsstruktur als *eine Variante der modernen "Vergesellschaftung von Zeiterleben und Wahrnehmungsgewohnheiten"* *(Treptow 1993, S.228; Hervorhebung von uns)*. Moderne Wahrnehmungsgewohnheiten weisen ebenfalls die Strukturelemente von Plötzlichkeit und Kontinuität auf. Sie werden sowohl durch technische Produktionsformen als auch durch die "Prinzipien der individuellen Durchsetzung in der Konkurrenzgesellschaft" *(ebd.)* geprägt. Über die Bewegungsformen, auf die sich jugendliches Interesse richtet, werden sie angeeignet, wiederholt, gleichzeitig aber auch abgelehnt und zurückgewiesen.

Die Suche Jugendlicher nach dem Erleben von Plötzlichkeit kann so einerseits als eine Bewegung gegen das relativ gleichmäßige Zeiterleben Erwachsener verstanden werden. Andererseits aber bildet sie auch eine Möglichkeit für Jugendliche, selbst einzugreifen und zu überraschen, statt in der passiven Rolle zu verharren und überrascht zu *werden*, wie sie dies in ihrem Alltag häufig erleben *(vgl. Treptow 1993, S.212)*. Ebenso eignen sich Jugendliche in der Suche nach Kontinuität und Verläßlichkeit vergesellschaftetes Zeiterleben einerseits an, andererseits drücken sie in dieser Suche aber auch Widerstand dagegen aus. Die erkennbaren Widersprüche in den Bewegungsweisen Jugendlicher repräsentieren letztlich "die Widersprüche, die ... im Konflikt zwischen subjektiver Anpassungsleistung und vordiktiertem Tempo der Modernität angelegt sind" *(Treptow 1993, S.228)*.

In Verbindung mit den veränderten ökonomischen und technischen Verhältnissen beeinflußt unserer Meinung nach auch die gesamtgesellschaftlich gestiegene *Erlebnisorientierung* - wie sie der Soziologe Schulze in seinem Buch "die Erlebnisgesellschaft" *(Schulze 1992)* beschreibt - modernes Zeiterleben und Wahrnehmungsgewohnheiten. Gemeint ist mit Erlebnisorientierung, daß die "existentielle Problemdefinition" *(Schulze 1992, S.67)* des modernen Menschen immer mehr um die "innenorientierte" Frage nach dem Sinn des Lebens und immer weniger um die "außenorientierte" *(Schulze 1992, S.35)* Sicherung des Lebens kreist. Der existentielle Imperativ des modernen Menschen lautet: "Erlebe dein Leben" *(Schulze 1992, S.59)*.

Nun ist Erlebnisorientierung zum einen mit dem Gefühl von Unsicherheit verbunden, da Erlebnisse in ihrer Wirkung auf das Subjekt immer unberechenbarer sind als das Erreichen äußerer Ziele. Zum anderen ist die Möglichkeit der Enttäuschung relativ groß, denn bei Wiederholung von Erlebnissen sinkt die Erlebnisfähigkeit in der Regel ab *(Schulze 1992, S.60 ff)*. Folglich gerät der moderne Mensch in ein Dilemma: Die Angst vor Verunsicherung verlangt nach festen Strukturen, Kontinuität, Verläßlichkeit und Wiederholung, während die Enttäuschungsgefahr dadurch gesteigert wird. Die Bewegungssuche Jugendlicher nach stabilen Strukturen und Flüchtigkeit zugleich könnte als eine Form des Umgangs mit diesem Dilemma verstanden werden.

Erlebnisbefriedigung zu suchen stellt für den modernen Menschen generell eine weitreichende Aufgabe von Identitätsarbeit dar. Um so mehr für Jugendliche, die sich "immer weniger auf das Konzept einer in sich stimmigen, konsistenten Identität beziehen" können *(Treptow 1993, S.278)*. Statt dessen verharren sie in der Aneignung von altersgruppen- und schichtspezifischen Erlebnisstilen, deren Spezifik nicht zuletzt in deren Bewegungsstruktur angelegt ist.

I.4.2.   Pädagogische Konsequenzen

Wenn jugendliche Identitätssuche in hohem Maße mit der Aneignung von Bewegungssouveränität verbunden ist, dann besteht eine wichtige Aufgabe von Jugendarbeit darin, den Jugendlichen die dafür nötigen Experimentierräume zur Verfügung zu stellen. Eine darauf ausgerichtete Pädagogik sollte nach Treptow zum einen das "Interesse Jugendlicher an der Beharrung auf teilkulturelle Orientierungen" *(Treptow 1993, S.257)* und Bewegungsformen ernst nehmen, zum anderen aber auch "dem Interesse an einer Erweiterung, Veränderung eingespielter Praktiken" Raum geben *(Treptow 1993, S.257)*.

Die erstgenannte Forderung ist dem Prinzip der Alltagsorientierung in der Sozialpädagogik verpflichtet. Eine *alltagsorientierte Bewegungspädagogik* könnte Jugendlichen beispielsweise Räume zur Verfügung stellen, in denen sie die in ihrer Teilkultur bevorzugten Tänze üben können; dies gleichsam als Unterstützung ihrer teilkulturellen Selbstbehauptung - denn Bewegungsformen sind immer auch Ausdruck von Lebensstil und Gruppenidentität. Zum anderen könnte eine alltagsorientierte Bewegungspädagogik Themen aus dem Alltag der Jugendlichen aufgreifen und sie etwa mit den Mitteln des Tanzes oder des Theaters umzusetzen suchen. Im Sinne der zweiten von Treptow benannten Forderung sollten Jugendlichen aber auch *Differenzerfahrungen* zu den von ihnen bevorzugten Bewegungsformen und -strukturen ermöglicht werden. Dabei müssen die Differenzen zum Gewohnten nicht abschreckend groß sein. Denkbar wäre etwa, in einer Tanzwerkstatt vom völlig ungebundenen Discotanz dazu überzugehen, Körperbewegungen mit den jeweiligen Bewegungsabläufen eines Musikstücks zu koordinieren, etwa unter Bezug auf Elemente des Jazz-Tanzes oder des Ausdruckstanzes.

Zugleich liegt auch in der Reflexion von Bewegungserlebnissen eine mögliche Differenzerfahrung. Die Reflexion könnte sich zum einen auf das subjektive Erleben richten, zum anderen könnten auch kulturelle und historische Hintergründe

von Bewegungsformen beleuchtet werden - so beispielsweise in einer Kampf-
kunstwerkstatt, in der über verschiedene philosophische Hintergründe unterschiedlicher Kampfsportrichtungen gesprochen werden könnte.

Eine im beschriebenen Sinne ausgerichtete Bewegungspädagogik, die Jugendlichen sowohl alltagsorientierte als auch differente Erfahrungen ermöglichen will,
könnte "eine Schnittfläche von teils affirmativen, teils gegenkulturellen Erlebnismöglichkeiten" *(Treptow 1993, S.261)* darstellen. Dabei könnte sie Jugendlichen
sowohl unterstützend als auch durch ein Aufzeigen differenter Wege, die möglicherweise schon in deren eigenen Präferenzen angelegt sind, zur Seite stehen.

I.5.   Zusammenfassung und Ausblick

Deutlich wurde, daß Bewegung als Verarbeitung innerer und äußerer Realität im
Hinblick auf die Entwicklung verschiedener Persönlichkeitsbereiche bedeutend ist.
Grupe zeigt, daß sie bei der Ausbildung instrumenteller und sozialer Handlungskompetenz und auch für die sinnliche Erfahrung der Welt und des Selbst eine zentrale Rolle spielt. In Abgrenzung zu Grupe betont Bernd die grundlegende Bedeutung, die Bewegung als Prozeß der Symbolbildung für die Identitätsentwicklung
erhalten kann. Deutlich wurde, daß sich Bewegung in spezifischer Weise als Medium der symbolbildenden Verarbeitung von Gefühlen, Erfahrungen und Erlebnissen eignet, denn in ihr ist eine Annäherung an die Welt und an das Selbst möglich,
die Subjektivität nicht verdrängt, sondern gerade thematisiert.

Daß über Bewegung auch eine Auseinandersetzung Jugendlicher mit vergesell-
schaftetem Zeiterleben und Rhythmusgestaltung stattfindet, hat Treptow dargestellt. Jugendliche eignen sich über kulturelle bewegte Ereignisse 'Alltagsrhythmen'
an, stellen sie in Frage und entwickeln 'Gegenrhythmen'. Darin liegt eine grundlegende Voraussetzung von Handlungskompetenz. Auch die Erlebnissuche Jugendlicher richtet sich auf bewegte Ereignisse. Über Bewegung eignen sich Jugendliche
Erlebniskompetenz und -souveränität an. In einer Gesellschaft, in der die Menschen
existenziell auf Erleben ausgerichtet sind, ist diese Aneignung grundlegend für die
Identitätsbildung.

Bewegungspädagogik sollte unserer Meinung nach die vielfältigen Möglichkeiten, die in Bewegung liegen, berücksichtigen und nutzen. Nur so kann eine einseitige Persönlichkeitsbildung, wie sie beispielsweise im Schulsport kultiviert wird, umgangen werden. Natürlich können niemals alle Möglichkeiten gleichermaßen ausgeschöpft werden, sondern es sollten Schwerpunkte gesetzt werden. Dies begründet sich schon allein aus der Tradition der verschiedenen Bewegungsmetiers - des Sports, des Tanzes usw.. Dennoch sind Grenzüberschreitungen sinnvoll und notwendig. Deutlich wird dies am Beispiel des "Theatersports"[6]. Nicht nur, daß hier ganz unterschiedliche Persönlichkeitsbereiche der Spielenden angesprochen werden. Zudem können über die Einbeziehung sportlicher Elemente auch Jugendliche für Theater begeistert werden, die sich andernfalls kaum dafür interessieren würden.

Ansatzpunkt für die Bewegungspädagogik sollten die Bewegungserfahrungen und -wünsche derjenigen Menschen sein, an die sie sich wendet. Bewegungspädagogik kann deren Bewegungsweisen stärken, andererseits aber auch Differenzerfahrungen zum Gewohnten ermöglichen. Genau dazu kann das Wissen um die beschriebenen *verschiedenen* persönlichkeitsbildenden Möglichkeiten, die in Bewegung liegen, hilfreich sein.

---

6   Theatersport ist eine von Keith Johnstone entwickelte Form des Improvisationstheaters. Dabei treten - wie in sportlichen Wettkämpfen - zwei Gruppen von SchauspielerInnen gegeneinander an. Maßgebend für den Erfolg der Gruppen sind ihre Improvisationsideen. Es gibt TrainerInnen und GruppenleiterInnen auf der Bühne, das Publikum bildet die Jury.

II. MÄDCHEN ZWISCHEN AUTONOMIE UND BINDUNG

Das Bewegungsverhalten und die Bewegungswünsche von Mädchen können vor dem Hintergrund der Sozialisationsbedingungen und der Identitätsentwicklung von Mädchen erst in ihrer Vielschichtigkeit verstanden werden.

Deshalb werden wir zum einen darstellen, daß Mädchen mit spezifischen, widersprüchlichen Anforderungen zwischen Individualisierung und Bindung in unserer Gesellschaft aufwachsen, und zum anderen, wie Mädchen diese Anforderungen in unterschiedlicher Weise in ihr Leben einbauen.

Wie tiefgehend der Konflikt zwischen Autonomie und Bindung in der Identitätsentwicklung von Mädchen verinnerlicht werden kann, erörtern wir daran anschließend. Denn im Zusammenhang mit einer pädagogischen Arbeit erachten wir es als grundlegend, diesen Konflikt von der Subjektivität der Mädchen her zu begreifen.

In einem weiteren Abschnitt nähern wir uns dem Thema Bewegung, indem wir uns in gesonderter Weise mit Untersuchungen und Theorien zur Körpersozialisation von Mädchen auseinandersetzen.

Der letzte Abschnitt dieses Kapitels beschäftigt sich mit dem Aufwachsen von Mädchen aus pädagogischer Blickrichtung. Dargestellt werden Ziele und Methoden feministischer Mädchenarbeit, ausgehend von den beschriebenen Sozialisationsbedingungen und der Identitätsentwicklung von Mädchen.

II.1. Sozialisationsbedingungen von Mädchen

Die gesellschaftlichen Bedingungen, unter denen Mädchen und Frauen in der Bundesrepublik Deutschland aufwachsen, bilden den Rahmen für deren Sozialisation und Identitätsbildung. Deshalb sollen im folgenden Aspekte, die für die Bewegungssozialisation und das Bewegungsverhalten von Mädchen wichtig sein können mit Blick auf zwei Dimensionen betrachtet werden: die *Dimension Geschlecht* und die *Dimension Lebensalter*.

II.1.1.   Die Dimension 'Geschlecht'

Die gesellschaftliche Situation von Frauen ist durch Widersprüche gekennzeichnet. Einerseits stehen sie noch immer unter dem Einfluß alter Rollendefinitionen und Erwartungen, andererseits brechen trotzdem immer mehr Frauen - und zwar oft radikaler als Männer - aus ihrer traditionellen Geschlechterrolle aus. Ein Individualisierungsschub im Sinne einer Freisetzung aus traditionellen Normen, sozialen Bindungen und Lebensformen fand und findet statt. Die gegenwärtige Situation ist somit durch die Gleichzeitigkeit von altem und neuem, von Konstanz und Wandel gekennzeichnet.

Entscheidend wirkt sich auf die Sozialisations- und Lebensbedingungen von Mädchen und Frauen das kulturelle System der Zweigeschlechtlichkeit aus. Um dieses System zu begreifen, soll kurz auf die Ausführungen der Soziologin Carol Hagemann-White *(1984)* eingegangen werden.

Noch immer existiert die alltagstheoretische Grundannahme, "daß die Existenz von zwei und nur zwei Geschlechtern eine Naturtatsache sei" *(Hagemann-White 1984, S.78)*. Diesen zwei Geschlechtern wurden und werden jeweils bestimmte Eigenschaften bzw. 'Geschlechtscharaktere'[7] zugeordnet. Emotionalität und Passivität gelten demnach als 'weibliche' Eigenschaften und werden vorwiegend Frauen zugeschrieben, Rationalität und Aktivität dagegen Männern. Die historische Betrachtung macht deutlich, daß die Entwicklung dieser Eigenschaftszuschreibungen eng mit der Industrialisierung und der damit verbundenen Arbeitsteilung zusammenhängt.[8]

Die Idee der Zweiteilung sollte nach Auffassung Hagemann-Whites viel eher durch die Idee eines 'Kontinuums' ersetzt werden, da zwischen den Geschlechtern zum einen Zwischenstufen morphologischer Art vorhanden sind, zum anderen

---

7   Diese 'Geschlechtscharaktere' sind nicht biologisch gegeben, vielmehr wurden bestimmte Charaktereigenschaften wie z.b. 'schwach, zart, emotional' oder 'stark, mutig, rational' jeweils einem Geschlecht zugeordnet. Diese kulturell bestimmte Zuordnung wurde dann biologisiert und als eine dem jeweiligen Geschlecht 'natürlich gegebene' Tatsache (allerdings nicht unumstößliche Tatsache) dargestellt.

8   Vgl. Chopra und Scheller 1992, Hausen 1978 und Weber-Kellermann 1974.

Zwischenstufen, die die Eigenschaften und das Verhalten betreffen. Die bestehenden Verhaltensunterschiede innerhalb eines Geschlechts sind letztlich größer als die Differenzen zwischen den Geschlechtern. Diese Aussage bezieht sich auf Unterschiede im Sozialverhalten wie auch auf Unterschiede in kognitiven Fähigkeiten. Größere Unterschiede zwischen den Geschlechtern wurden überwiegend nur *nach der Pubertät* festgestellt und können somit als 'sozial erlernt' betrachtet werden *(vgl. Hagemann-White 1984, S.12)*.

Auch eine streng biologische Geschlechtsdefinition ist nicht möglich. Weder das Chromosomen-, das Keimdrüsengeschlecht, der Körperbau oder das Hormongeschlecht, noch Besonderheiten im Gehirn bestimmen eindeutig die Geschlechtszugehörigkeit *(vgl. a.a.O., S.33f.)*. So stellt sich die Frage, welche Kriterien zur Bestimmung der Geschlechtszugehörigkeit eigentlich verwendet werden. Ausschlaggebend für die Definition der Geschlechtszugehörigkeit ist anscheinend vor allem der Penis. Hat eine Person einen Penis, wird sie als Mann definiert, hat sie keinen, so wird sie als 'Nichtmann', als Frau definiert. Die Geschlechtsorgane der Frauen sind für die Geschlechtsbestimmung weniger maßgebend *(vgl. Hagemann-White 1984, S.82)*. Dies kann natürlich auch massive Auswirkungen auf den Umgang der Mädchen mit ihrem Körper und ihrer Sexualität haben.

Die Feststellung, daß die Variation des Verhaltens innerhalb eines Geschlechts größer ist als die Differenz zwischen den Mittelwerten für jedes Geschlecht, und die Nichtexistenz zweier biologisch unmißverständlich voneinander trennbarer Geschlechter zeigt unseres Erachtens deutlich, daß die Trennung in zwei eindeutig definierte, sich gegenseitig ausschließende Gruppen eine "kulturelle Setzung" *(Hagemann-White 1984, S.78)* und nicht eine biologische Determinante ist.

Dieses kulturelle System der Zweigeschlechtlichkeit wirkt sich auf Frauen und Männer aus: Sie müssen schon in ihrer Kindheit lernen, daß es zwei Geschlechter gibt, denen jeweils bestimmte Eigenschaften und Verhaltensweisen zugeordnet werden. Sie müssen dies tun, um sich in einer Welt zurechtfinden zu können, in der die Geschlechtszugehörigkeit in enger Verbindung mit der Identitätsbildung steht. Frauen müssen zudem erfahren, daß die private häusliche Welt, für die sie sich meistens zuständig fühlen und fühlen müssen, der öffentlichen Welt untergeordnet ist.

Aufgrund der Geschlechtscharaktere bzw. der 'Geschlechtsstereotype'[9] wird oft allein durch die Zugehörigkeit zu einem Geschlecht auf bestimmte charakteristische Eigenschaften und Merkmale geschlossen. Geschlechtsstereotype können somit die Fremdwahrnehmung, aber auch die Selbsteinschätzung von Personen beeinflussen. Diese Suggestion kann negative Folgen für Männer und - in stärkerem Maße - für Frauen haben.[10]

Die Erkenntnis, daß die traditionellen Normen und Ansprüche - und mit ihnen auch die Geschlechtsstereotype - kulturell beeinflußt und geformt sind, ist unseres Erachtens grundlegend für feministische Mädchenarbeit allgemein (und somit auch für feministische Bewegungsarbeit mit Mädchen). Denn dies bedeutet, daß diese Normen, Ansprüche und Geschlechtsstereotype veränderbar sind! Dieses Wissen kann sich feministische Mädchen- und Bewegungsarbeit zunutze machen.

Gesellschaftlichen Einfluß haben neben dem kulturellen System der Zweigeschlechtlichkeit auch Prozesse der Individualisierung.

Der Soziologe Ulrich Beck[11] sieht unsere Gesellschaft in den letzten Jahrzehnten durch einen Individualisierungsschub gekennzeichnet *(vgl. Beck 1986, S.116 und S.118f)*. Er definiert Individualisierung als einen Prozeß[12] der Freisetzung von Individuen aus traditionellen Normen, sozialen Bindungen und Sozialformen. Mit dieser Freisetzung entsteht eine neue Form von *Vergesellschaftung.*[13] Beck erwähnt außer der 'Freisetzungsdimension' und der neuen Form von Vergesellschaftung auch den "*Verlust von traditionalen Sicherheiten* im Hinblick auf Handlungswissen, Glauben und leitende Normen" *(Beck 1986, S.206; Hervorhebung im Original).*

---

9   Vgl. Rustemeyer 1988. Heute ist meist bekannt, daß sogenannte Geschlechtseigenschaften
     nicht biologisch bestimmt sind. Trotzdem existieren noch Zuschreibungen, die die Sozialisa-
     tion von Mädchen und Jungen beeinflussen können. Diese Zuschreibungen werden von Ru-
     stemeyer als Geschlechtsstereotype bezeichnet.

10   Vgl. Rustemeyer 1988.

11   Vgl. Beck 1986 und Beck 1983.

12   Zum *Prozeß* der Individualisierung vgl.: Beck 1986, Diezinger 1991 und Bilden 1989.

13   Vgl. Beck 1986, S.206 und Bilden 1989, S.21.

Welche Bedeutung hat nun die Individualisierung für Frauen?[14] In den letzten 30 Jahren veränderte sich die sogenannte weibliche Normalbiographie. Es entstanden für Frauen Wahlmöglichkeiten hinsichtlich ihrer Lebensplanung, wenn auch in eingeschränktem Maße *(vgl. auch Beck-Gernsheim 1983, S.308).* So hat die Institution *Familie* zwar nicht ihre Dominanz, aber ihre Monopolstellung eingebüßt.[15] Frauen können und müssen heute zwischen einer neuen Vielfalt von Beziehungsformen[16] wählen. Diese Wahlmöglichkeit bietet Frauen eine größere Reichweite an Gestaltungsmöglichkeiten, aber es entsteht damit für sie gleichzeitig ein Gestaltungsdruck *(vgl. Diezinger 1991, S.71).*

Im Bereich der *Bildung*smöglichkeiten konnte in den sechziger Jahren durch die Bildungsexpansion das Chancengefälle zwischen Jungen und Mädchen beinahe aufgehoben werden *(vgl. Beck-Gernsheim 1983, S.311f).* Nicht zuletzt deshalb entwickelten Mädchen und Frauen zunehmend ähnlich hohe Erwartungen und Ansprüche bezüglich ihrer Berufstätigkeit wie Jungen und Männer.

Auch in bezug auf den *Beruf*sbereich sind die räumlichen Grenzen des Lebenszusammenhangs von Frauen in Bewegung geraten. Viele Frauen verdienen nicht mehr 'nur' einen Zusatzverdienst zum Gehalt des Mannes, sondern sie haben eine eigene Berufsausbildung und sind eigenständig in ihrem erlernten Beruf erwerbstätig.[17] Auch steigt nach Beck die Zahl der Frauen an, die während ihrer Ehe und als Mutter erwerbstätig sind *(vgl. Beck 1986, S.126).* Unterstützt werden diese qualitativen Änderungen der Frauenerwerbstätigkeit unter anderem durch folgende Entwicklungen: Die Verlängerung der Lebenszeit führt dazu, daß Mutterschaft nicht mehr ein Leben ausfüllen kann, wodurch Mutterschaft eher zur Übergangsphase

---

14 Im folgenden beziehen wir uns außer auf Ulrich Beck auch auf die Darstellungen von Angelika Diezinger, die sich in ihrem Buch "Frauen: Arbeit und Individualisierung" *(Diezinger 1991)* sehr differenziert mit dem Ansatz von Beck auseinandersetzt.

15 Vergleiche Diezinger 1991, S.58 und Beck 1986, S.163ff.

16 Zum Beispiel: nicht eheliche Lebensgemeinschaften, Leben in Wohngemeinschaften, lesbische Beziehungen, alleine Leben, Ein-Elternteil-Familie u.a. *(vgl. Bilden 1991, S.297).*

17 Trotzdem erhält jedoch noch immer die Mehrheit der berufstätigen Frauen - im Vergleich zu vielen der erwerbstätigen Männer - einen geringeren Lohn und hat einen geringeren Anteil an Machtpositionen.

wird. Auch wird die Zahl und der Zeitpunkt der Geburten prinzipiell wählbar. Hierzu haben sowohl die Entwicklung der Verhütungsmittel und der erleichterte Zugang zu ihnen beigetragen als auch die relative Möglichkeit, eine Schwangerschaft zu unterbrechen. Zudem garantiert die Ehe heute - die gestiegene Zahl der Scheidungen macht das deutlich - den Frauen offensichtlich keine lebenslange Versorgung mehr *(vgl. Diezinger 1991, S.24).*

Der in den drei Bereichen Familie, Bildung und Beruf[18] erfolgte Wandel betraf und betrifft zwar auch Jungen und Männer, aber er bedeutet im Rahmen des Lebenszusammenhangs von Frauen einen viel stärkeren Umbruch. Für letztere ist die Individualisierung im beschriebenen Sinne etwas anderes und neues, denn die damit verbundenen Entwicklungen und Veränderungen förderten eine (Teil-)Herauslösung der Frauen aus der ihnen zugeordneten Familienarbeit. Infolgedessen gewann die Erwerbsarbeit und mit ihr auch die "Arbeitsmarkt-Individualisierung"[19] für sie an Bedeutung. Dies bedeutet für Frauen aber auch, daß sie sich oft 'auf sich selbst' gestellt erleben, denn ihnen fehlen Vorbilder im Sinne eines von Frauen vorgelebten selbstverständlichen Umgangs mit der Individualisierung. Sie müssen selbst versuchen, Lösungen, Umgangsformen und Orientierungspunkte zu finden *(vgl. Beck-Gernsheim 1983, S.323 und S.334).*

Gleichzeitig bestehen aber aufgrund *gesellschaftlicher Anforderungen* für Frauen die alten Strukturen weiter. Der geschlechtsspezifisch geteilte Arbeitsmarkt bleibt bestehen, er wird u.a. auch durch die Arbeitsmarkt-Individualisierung aufrechterhalten. Die Entkoppelung der Alltagsarbeit von der Berufsarbeit "bot bisher das 'Unterfutter' für einen Individualisierungsprozeß, aus dem soziale Bindungen ausgeblendet werden konnten" *(Diezinger 1991, S.25).* Würden Frauen[20] sich ebenfalls ganz an diese Entwicklung anpassen, wäre die Basis der Gesellschaft in Frage gestellt. Die Gesellschaft wäre dann eine "vollmobile Single-Gesellschaft"[21]

---

18 Die spezielle Bedeutung dieser Bereiche für Mädchen werden in Kapitel II.1.2. genauer behandelt.

19 Hier und im folgenden beziehen wir uns auf einen Begriff, der in Beck 1983, S.45 und Beck 1986, S.131 verwandt wird.

20 Die wenigen Hausmänner, die es gibt, seien hier ausgeklammert.

21 Beck 1986, S.199.

mit einzelnen, aus persönlichen Abhängigkeiten befreiten Menschen. Da aber Bindungen eine wesentliche Voraussetzung für die Reproduktion der Gesellschaft sind, ist ohne sie der Fortbestand von Gesellschaften existentiell bedroht.[22]

Somit werden durch das geschlechtsspezifische Muster der Individualisierung widersprüchliche Anforderungen an Frauen gestellt: Einerseits sollen auch sie im Sinne der Arbeitsmarkt-Individualisierung durch Erwerbsarbeit Eigenständigkeit und Eigenverantwortlichkeit entwickeln, andererseits sollen sie für die Familie da sein und die Verantwortung für die private Alltagsarbeit übernehmen. Die familiäre Arbeit soll jedoch nach wie vor Vorrang gegenüber der Erwerbsarbeit haben, so daß viele Frauen trotz der gesellschaftlichen Entwicklung ein Leben in persönlicher Abhängigkeit führen. Es können also Widersprüchlichkeiten bezüglich der Entscheidungen für die eine oder andere Lebensführung entstehen.

Frauen selbst wollen meist beides, also Beruf und Familie *(vgl. Bilden 1989, S.32)*. Hierin wird auch ein gesellschaftlicher Zwang deutlich, denn nur wenige Frauen können es sich heute leisten, nur im Beruf oder nur in der Familie tätig zu sein. Aber es ist eben nicht nur Zwang, sondern auch der Lebenszusammenhang von Frauen, der ihr *Interesse* "an ihren privaten Bindungen und Verpflichtungen als einem wichtigen Teil ihrer sozialen Identität und Lebensgestaltung festhalten läßt"[23] *(Diezinger 1991, S.27)*. Genauso ist es im allgemeinen nicht nur der Zwang zur Existenzsicherung, der Frauen berufstätig sein läßt. Frauen haben erkannt, daß Berufstätigkeit ein Ausbrechen aus familiärer Isoliertheit ermöglicht und zudem ein Machtzugewinn durch selbstverdientes Geld sein kann.

Für die Auseinandersetzung mit den Anforderungen der Arbeitsmarkt-Individualisierung können andererseits soziale Beziehungen, familiäre, freundschaftliche und nachbarschaftliche Netzwerke für Frauen eine wichtige *Ressource* darstellen. Viele Frauen haben in der Regel aufgrund ihrer Sozialisation und ihrer Lebenswelt

---

22 Diese Arbeit der Aufrechterhaltung von Bindungen (vor allem der Mutter-Kind-Bindung, aber auch der PartnerInnen-Bindung) wurde lange Zeit als 'Privatsache' an die Frauen delegiert.

23 Auch für Männer spielen im Prozeß der Identitätsbildung private Bindungen eine Rolle, aber meist eine geringere als für Frauen. Das hat seinen Ursprung in der geschlechtsspezifischen Arbeitsteilung.

einen anderen Zugang zur Vernetzung als Männer. Angesichts der geringen materiellen Ressourcen, die vielen Frauen ansonsten zur Verfügung stehen, sind sie
häufig mehr als Männer auf diese Form der Ressource angewiesen *(vgl. Diezinger
1991, S.30)*. Ein ausschließliches Konzept sozialer Bindungen wäre jedoch zu ein-
seitig und zu eingeschränkt. Genauso wichtig für Frauen sind Unabhängigkeiten,
da im Kontext der Individualisierung persönliche Bindungen gleichzeitig sowohl
eine Aufwertung erfahren als auch eine Gefährdung enthalten. "Je mehr sich die
und der einzelne auf ihr/sein eigenes Arbeitsmarkt-Schicksal als Lebenssicherung
verlassen muß, desto stärker erscheinen Bindungen als Behinderung[24] individueller Gestaltungsspielräume" *(Diezinger 1991, S.27)*.

Zusammenfassend läßt sich feststellen, daß der Individualisierungsschub, der nach
dem zweiten Weltkrieg einsetzte, Frauen in anderer Weise betrifft als Männer. Die
Individualisierung der Männer ist hauptsächlich vom Arbeitsmarkt abhängig. Dagegen ist die Individualisierung vieler Frauen geprägt von einem Konflikt zwischen
der Freisetzung aus traditionellen Lebensnormen - z.B. aus der Norm des 'Nur-
Hausfrauen' Daseins - und dem Weiterleben der traditionellen Normen und
Sozialformen. In Anlehnung an Helga Bilden möchten wir diesen von vielen
Frauen erlebten und gelebten Widerspruch als einen *"Konflikt zwischen Individua-
lisierung und Bindung[25]"* bezeichnen *(Bilden 1991, S.298)*.

Historisch sich entwickelnde gesellschaftliche Bedingungen und neuere Anforderungen der Individualisierung wirken jedoch nicht nur auf die Biographie von
Mädchen und Frauen, sondern die 'neuen, teilweise aktiv entwickelten Biographien'
können ebenfalls auf die Gesellschaft zurückwirken. Je nachdem, ob Mädchen und
Frauen bei der (Aus-)Bildung von 'Ich-Stärke', Selbstreflexion, Handlungsfähigkeit
und sozialer Kompetenz gefördert wurden oder nicht und ob sie gesellschaftlich
bedingte Widersprüche erfahren und erkennen konnten, haben sie mehr oder
weniger die Möglichkeit, verändernd (oder aktiv stabilisierend) auf die

---

24   Zum Beispiel: Einschränkung der Mobilität.

25   Hervorhebung von uns.

vorherrschenden Strukturen Einfluß zu nehmen. Dadurch entsteht für sie auch die Chance, *ihre* Erfahrungen, Bedürfnisse, Wünsche und Ansprüche sowohl in die verschiedensten Praxisfelder und die Politik als auch in den Privatbereich hineinzutragen.

An der Konfrontation mit Widersprüchen und an der Förderung der 'Ich-Stärke', der Selbstreflexion, der Handlungsfähigkeit und der sozialen Kompetenz von Mädchen und Frauen kann (bewegungs-)pädagogische Arbeit ansetzen. Hier bleibt wichtig, daß die geschilderten gesellschaftlichen Bedingungen, in denen Mädchen aufwachsen, mit berücksichtigt werden. Daran anschließend stellt sich überdies die Frage, inwiefern diese gesellschaftlichen Bedingungen speziell auf die Lebenslage jugendlicher Mädchen wirken.

II.1.2. *Die Dimension Lebensalter: Jugend als eigenständige Lebensphase*

Im folgenden sollen drei der von Klaus Hurrelmann in seinem Buch "Lebensphase Jugend" *(Weinheim und München 1994)*[26] genannten sozialen Lebensbereiche Jugendlicher unter der Fragestellung, welche spezielle Bedeutung diese Lebensbereiche für *jugendliche Mädchen* haben können, betrachtet werden.

Die für jugendliche Mädchen in spezifischer Weise wichtigen Lebensbereiche sollen angesehen werden, um zu ermitteln, inwiefern feministische Bewegungsarbeit sie berücksichtigt und auf sie eingeht. Des weiteren stellt sich die Frage, welchen Beitrag feministische Bewegungsarbeit leisten kann, um Mädchen in diesen Lebensbereichen zu stärken und ihnen eine Identitätsbildung zu ermöglichen. Das eher 'klassisch' orientierte Buch von Hurrelmann *(1994)* schließt Mädchen allerdings teilweise ganz aus dem Jugendbegriff aus, bzw. stellt Unterschiede zwischen Jungen und Mädchen bezüglich der einzelnen Lebensbereiche nicht differenziert

---

26 Wir beziehen uns im Hinblick auf die Lebensbereiche Jugendlicher auf das Buch "Lebensphase Jugend" von Klaus Hurrelmann *(Hurrelmann 1994)*, da es sich hierbei um eine relativ aktuelle und umfangreiche Auseinandersetzung mit dem Thema Jugend handelt.

genug dar. Deshalb berücksichtigen wir bei der Ausführung der von Hurrelmann benannten Lebensbereiche vorwiegend 'feministisch orientierte Literatur' (wie z. B. Texte von Helga Bilden, Angelika Diezinger und den 6. Jugendbericht).[27]

II.1.2.1. Der soziale Lebensbereich Bildung und Beruf

Seit Mitte der siebziger Jahre sind Mädchen, zumindest in den allgemeinbildenden Schulen, zahlenmäßig gleich stark vertreten wie Jungen *(vgl. 6. Jugendbericht 1984, S.18)*. Auch bezüglich der Lehrinhalte fand eine Angleichung statt. Forschungsarbeiten (sowohl Schulbuchanalysen als auch empirische Untersuchungen, *vgl. Hagemann-White 1984, S.63ff)* ergaben allerdings, daß Mädchen im Schulunterricht noch immer auf ihre Geschlechterrolle verwiesen werden. Dies zeigt sich u.a. in dem unterschiedlichen Umgang der Lehrenden mit den Mädchen und Jungen: So werden Mädchen z. B. wesentlich häufiger als Jungen für ihr Wohlverhalten gelobt. Getadelt werden sie meist für schulische Mißerfolge, Jungen dagegen für das Stören des Unterrichts.[28] Mädchen lernen hierbei leider, ihre Mißerfolge in der Schule als Ausdruck ihrer Fähigkeiten zu deuten und nicht als Aufforderung zu neuen Bemühungen *(vgl. Hagemann-White 1984, S.70)*.

Trotzdem setzen viele Mädchen hohe Erwartungen sowohl in die Bildung als auch in die Berufsausbildung und die Erwerbstätigkeit. Die meisten wollen einen Beruf ergreifen, denn Erwerbsarbeit bietet Mädchen u.a. die Möglichkeit und die

---

27   'Ältere' 'feministisch orientierte Literatur' - wie beispielsweise der 6. Jugendbericht - differenziert häufig nicht zwischen 'den' Mädchen. Dabei leben Mädchen in verschiedenen Zusammenhängen und entwickeln unterschiedliche Interessen und Wünsche. Texte sollten jedoch in ihrem jeweiligen Kontext betrachtet werden. So mußte in den beginnenden 80er Jahren erst ein öffentliches Bewußtsein für unterschiedliche Sozialisations- und Lebensbedingungen von Mädchen und Jungen geweckt werden. Bilden schreibt: "Die Frage nach geschlechtsspezifischer gleich geschlechtstypischer Sozialisation war vor 10, 15 Jahren für die Frauenbewegung eine sinnvolle Frage, notwendig für die Selbstaneignung und Selbstverständigung der Frauen" *(Bilden 1991, S.279f)*.

28   Ein häufiges Stören des Unterrichts durch Jungen bedeutet für diese ein nicht zu unterschätzendes Mehr an erhaltener Aufmerksamkeit, sowohl von seiten der Lehrenden - in Form von Tadel - als auch von Seiten der Gleichaltrigen in Form von Anerkennung.

Legitimation, 'eigene Wege' zu gehen, weg von der elterlichen Kontrolle. Beim Übergang vom Bildungssystem in den Arbeitsmarkt werden jedoch die sozialen Benachteiligungen der Mädchen deutlich.[29] Ihnen stehen trotz gleicher Qualifikation wesentlich weniger Ausbildungsstellen bzw. Arbeitsstellen zur Verfügung als Jungen. *"Die Schere zwischen individuellen Ansprüchen und Realisierungschancen vergrößert sich rapide" (Bilden/Diezinger 1984, S.199f, Hervorhebung im Original).*

Nicht wenige Mädchen hoffen, über höhere Bildungsabschlüsse ihre Chancen auf dem Arbeitsmarkt zu verbessern. Dies führt jedoch eher zu einer Abwertung der Bildungszertifikate und zu erhöhten Zugangsvoraussetzungen als zu besseren Berufschancen. Die Ausbildungsstellensuche erfordert von Mädchen oftmals auch eine Anpassung an ein begrenztes, auf typische Frauenberufe zugeschnittenes Angebot. Diese "Erfahrungen bei der Ausbildungsplatzsuche bewirken bei vielen Mädchen einen Einbruch ihrer Selbstsicherheit und Selbstdefinition, der Identitätskrisen auslösen kann" *(6. Jugendbericht 1984, S.42).*

Seit den Rationalisierungswellen Mitte der 70er Jahre und erneut in den 90er Jahren sind es vor allem Frauen und Mädchen, die von der Arbeitslosigkeit bedroht werden.[30] Für einige Mädchen hat diese Entwicklung eine Reintegration in die Familie und mit ihr eine verstärkte Übernahme von Hausfrauentätigkeiten zur Folge.

---

29 Besonders schwierig wird es für Mädchen, wenn zu der Diskriminierung aufgrund des Geschlechts noch weitere Benachteiligungen hinzukommen, wie z.B. die Benachteiligung aufgrund der Nationalität, der Schicht oder des Wohnorts.

30 Vor allem die Kürzungen im Sozialbereich treffen Frauen in doppelter Hinsicht:
1.) Da es sich bei den Arbeitsstellen im Sozialbereich vorwiegend um Frauenarbeitsplätze handelt, sind Frauen hier besonders von Arbeitslosigkeit betroffen.
2.) Die Wahrscheinlichkeit der gesicherten Betreuung der Kinder, Eltern und Schwiegereltern, die eine Berufstätigkeit von Frauen oftmals erst ermöglicht, wird geringer *(Vgl. Burger/Seidenspinner 1982, S.156).*

II.1.2.2. Die sozialen Lebensbereiche: Familie, Partnerschaft, Sexualität

Der Lebensbereich *Familie* spielt eine große Rolle, denn mehr als 90% der Jugendlichen wohnen während ihrer Schulzeit bei ihren Eltern. Viele erleben in dieser Zeit eine an traditionellen, patriarchalen Rollenmustern orientierte Familie, sowohl in bezug auf die Arbeits- und Machtverteilung zwischen Vater und Mutter,[31] als auch auf das unterschiedliche Erziehungsverhalten *(vgl. Tillmann 1992, S. 15f)*.

Am Alltag des Familienlebens sind nach dem 6. Jugendbericht die Väter meist wenig beteiligt. Sie zeichnen sich überwiegend durch Abwesenheit aus, die Familie nimmt auf sie und ihre außerhäusliche Berufstätigkeit Rücksicht. Als gemeinsame Betätigungen von Vätern und Töchtern finden sich eher Fernsehen, Spazierengehen oder Helfen bei den Hausaufgaben als beispielsweise eine herausfordernde Beteiligung an Hobbys oder die Animation zum Sport.

Die HauptansprechpartnerInnen in den Familien sind für viele Mädchen die Mütter. So wenden sich Töchter, wenn sie beispielsweise Probleme haben, eher an ihre Mütter als an ihre Väter. Tochter-Mutter-Beziehungen sind allerdings nicht immer konfliktfrei. Dies gilt vor allem für den Bereich, den Mütter und Töchter oft gemeinsam haben - den Bereich der Hausarbeit. Mädchen erfahren in ihren Familien zudem die geringe Wertschätzung, die der Hausarbeit (auch ihrer Arbeit) gegenüber der Berufsarbeit im allgemeinen zukommt *(vgl. 6. Jugendbericht 1984, S.37)*.

Auf Mädchen wirken allerdings nicht nur traditionelle Rollenaufteilungen, sondern auch die vorher beschriebene Individualisierung (z.B. durch Schulbildung und Berufstätigkeit der Mutter). Während Jungen sich heute noch eher an einer ihnen bereits vorgelebten 'Männerrolle' orientieren können, müssen und dürfen Mädchen mehr als früher ihren Weg zwischen Übernahme und Abgrenzung von 'Weiblichkeit' finden. Die Geschlechterrollen sind für Jungen und Mädchen demnach nicht

---

31 Viele Mütter arbeiten. Jedoch verdienen immer noch einige 'nur' einen 'Zuverdienst' zu dem Gehalt der Väter. Bei alleinerziehenden Müttern ist dies häufig anders. Für die Hausarbeit allerdings sind vorwiegend Mütter (und Töchter) die Allein- bzw. Hauptverantwortlichen.

nur inhaltlich verschieden, sondern die Differenz besteht vorwiegend in der *fehlenden Eindeutigkeit* der Orientierungen für Mädchen *(vgl. Helfferich 1986, S.129f)*. Unseres Erachtens liegt hierin auch eine Chance für Mädchen, neue, eigene Wege für sich zu finden.

Die Lockerung der Sexualnormen brachte Mädchen und Frauen einerseits neue Freiheiten,[32] aber auch neue Zwänge. Verstärkt wurden und werden diese Zwänge durch den erleichterten Zugang zu Verhütungsmitteln. Mädchen stehen häufig unter dem Druck, möglichst jung heterosexuelle Beziehungen[33] einzugehen - auch dann, wenn das einzelne Mädchen dies nicht möchte, da *Sexualität* heute als 'dazugehörig' gilt. Dabei unterliegen Mädchen zeitlich früher "männlich-penis- und orgasmusfixierten Sexualvorstellungen" *(Bilden/Diezinger 1988, S.140)*. Mädchen sollte die Chance gegeben werden, mit Jungen auszuhandeln, ob, wann und wie Sexualität gelebt werden soll. Auch dürfen sie wissen, daß 'Nein sagen' erlaubt ist. Es sind Wege zu suchen, wie Mädchen Anerkennung und dabei Selbständigkeit gewinnen können.

Bei ungewolltem Sich-Einlassen auf Sexualität kann für Mädchen zudem die Angst, den Freund zu verlieren, eine Rolle spielen. Einen Freund zu haben, ist für sie häufig wichtig, da sie über ihn und von ihm Anerkennung[34] bekommen können. Viele Mädchen sehen in einer länger andauernden Beziehung auch eine Möglichkeit, der elterlichen Kontrolle zu entkommen. Jedoch kann diese Lösung von den Eltern in eine Verfügung über Mädchen von Seiten eines Jungen oder Mannes übergehen *(vgl. Schmutz 1990, S.56)*.

---

32   Mädchen und Frauen müssen heute z.B. nicht mehr auf Sexualität verzichten.

33   Nur für eine Minderheit lockerte sich seit den 80er Jahren der Heterosexualitätszwang.

34   Hiermit ist nicht nur eine oberflächliche Anerkennung gemeint, sondern auch eine identitätsbildende, deren Verlust für die Mädchen eventuell nicht einfach zu verkraften ist.

II.1.2.3. Die sozialen Lebensbereiche Freizeit, Freundschaft und Konsum

Mädchen werden in ihrer *Freizeit* nach wie vor immer noch wesentlich strenger kontrolliert und beaufsichtigt als Jungen. Gerechtfertigt wird dies oftmals mit der Angst der Eltern vor fremden Sexualtätern.[35] Mädchen im Kindesalter werden beispielsweise dazu angehalten, sich möglichst im oder in der Nähe des Hauses aufzuhalten, wo sie 'unter Aufsicht' sind. *Durch das 'Fixiert-Sein' der Mädchen auf das Haus und dessen nähere Umgebung ist eine Einschränkung von Erfahrungschancen und vor allem auch der Bewegungserfahrungen gegeben. Mädchen werden hierdurch als Kinder weniger zu aktiven und raumgreifenden Spielen und zur Auseinandersetzung mit der 'Sachwelt' angeregt.*

Hinzu kommt, daß die frei verfügbare Zeit vieler Mädchen durch eventuelle Verpflichtungen im Haushalt begrenzt werden kann; sie sollten abrufbar sein. Auch wenn Mädchen im Vergleich zu früheren Mädchengenerationen mehr 'Frei-Zeit' - im Sinne von Zeit für Beschäftigungen nach eigener Entscheidung - zur Verfügung haben, so müssen sie doch meist mehr im Haushalt mitarbeiten als gleichaltrige Jungen. Von Mädchen werden bestimmte Arbeiten im Haus und bei der Beschäftigung mit Geschwistern selbstverständlicher erwartet als von Jungen *(vgl. 6. Jugendbericht 1984, S.44).*

Das 'Fixiert-' und 'Abrufbar-Sein' spiegelt sich auch in den von jugendlichen Mädchen angegebenen Hobbys wieder: lesen und Musik hören. Tanzen, was auch genannt wird, kann hier eine Ausnahme bilden. Jungen dagegen nennen häufiger Hobbys, die zeitliche Kontinuität und/ oder Platz erfordern wie z.B. den Modellflugzeugbau oder das Mitspielen in einem Fußballverein.[36]

---

35   Eine relativ unrealistische Befürchtung, da die größte sexuelle Bedrohung für viele Mädchen von der eigenen Familie oder vom näheren Umfeld der Familie ausgeht. Auswirkungen sexueller Gewalt auf die Körper- und Bewegungsentwicklung von Mädchen werden wir gesondert behandeln.

36   Der Raumanspruch beim Fußballspielen und Tanzen ist unterschiedlich. Zum Fußballspielen wird mindestens ein Stück Straße oder sogar ein extra dafür angelegter Platz benötigt, während zum Tanzen das eigene Zimmer oder noch weniger Platz genügen kann.

Die Welt der Mädchen ist in der Regel die der eigenen vier Wände. Hier treffen sich zwei oder mehrere *Freundinnen* unter sich, um miteinander zu reden, zu lachen, Musik zu hören, zu tanzen, sich gegenseitig zu schminken und zu frisieren. Dabei entwickeln viele Mädchen untereinander einen selbstverständlichen Umgang mit ihrem Körper. Sie laufen beispielsweise Arm in Arm und schmusen miteinander. Hier existiert ein Raum mit engen, oft exklusiven Mädchenfreundschaften, die für die Beteiligten von großer Bedeutung sind, von der Öffentlichkeit aber, im Gegensatz zu Jungenbeziehungen, wenig ernst genommen werden *(vgl. 6. Jugendbericht 1984, S.45f)*. Der normative Druck, den Eltern im Haus auf Mädchen ausüben können, ist stärker, auch wenn sich diese Kultur der eigenen vier Wände mit der Verpflichtung zur Hausarbeit verbinden läßt.

Für Mädchen aus Familien mit geringem Einkommen ist diese 'Kultur der eigenen vier Wände' übrigens nicht unbedingt 'lebbar', da sie sich bei Raummangel ihr Zimmer mit Geschwistern teilen müssen.

Helga Bilden schreibt, daß Mädchenfreundschaften, die in der frühen Jugend der Mädchen einen bedeutsamen Platz einnehmen, später in ihrer Bedeutung häufig gegenüber der Beziehung zu einem Freund zurücktreten *(vgl. Bilden /Diezinger 1988, S. 143)*. Barbara Wittel dagegen betont in ihrer Diplomarbeit, daß sich Mädchenfreundschaften ab der Pubertät qualitativ ändern. Mädchen haben in ihrer vorpubertären Zeit vorwiegend Spielfreundschaften, in und nach der Pubertät jedoch eher "richtige Freundinnen" *(Wittel 1993, S.65)*. Mit 'richtigen Freundinnen' sind Freundinnen für Gespräche über Probleme, Sexualität, Jungen usw. gemeint. Freundinnen können sich beim Eintritt in die Pubertät offensichtlich auch gegenseitig helfen und zudem den Ablösungsprozeß von den Eltern, insbesondere von der Mutter, unterstützen.

Angesichts der größeren Mitverantwortung der Mädchen für den Haushalt und der Behütungstendenzen der Eltern kann der Zugang zu Jugendkulturen für Mädchen ein Alltagsproblem darstellen. Einen Zugang kann ein Mädchen über ihren 'festen Freund' bekommen. Allerdings bieten Jugendkulturen Mädchen häufig nur einen begrenzten Freiraum: "Denn die medial vermittelte kommerzielle Jugendkultur, die verschiedenen subkulturellen Stile und die meisten Gleichaltrigengruppen in Wohnvierteln und Schulen sind männlich dominiert" *(Bilden/Diezinger 1988, S.151)*. Somit bedeutet die Zugehörigkeit zu einer männlich dominierten Jugendkultur zwar eine größere Unabhängigkeit von den Eltern und der Erwachsenengeneration allgemein, dafür aber auch einen unmittelbaren Anpassungsdruck an Normen der männlichen Altersgenossen.

Durch eine *Freundschaft mit einem Jungen oder Mann* kann für Mädchen manches 'einfacher' werden. Belästigungen, 'Anmache', Blicke und sexuelle Übergriffe durch andere, auch fremde Männer in der Öffentlichkeit, fallen durch das Zusammensein mit 'dem' Freund oft weg. Der Bewegungsraum in der Freizeit wird größer, denn Mädchen trauen sich eher, mit ihrem Freund bei Dunkelheit und in einsamen Gegenden unterwegs zu sein, als alleine oder mit einer Freundin.[37] Zudem sind Jungen häufiger motorisiert und verfügen in der Regel über mehr Geld. Damit können sie Mädchen auch den Zugang zu Freizeiteinrichtungen wie z.B. zu Kneipen, Discos und Squash-Centern eröffnen *(vgl. 6. Jugendbericht 1984, S. 44f).*

Für das Selbständigwerden von Mädchen spielt die Kommerzialisierung von Jugendkulturen eine wichtige Rolle. Medien und Konsumgüterindustrien greifen 'Jugendstile' auf und formen sie nach Wunsch um. Von 'der kommerziellen Jugendkultur' werden auch Mädchen als Teil 'der' Jugend betrachtet, denn als *Konsumentinnen* - die Geld zahlen - können sie wie Jungen "für voll genommen" *(Bilden/ Diezinger 1988, S.141)* werden. Helga Bilden weist dem Kommerz sogar eine wesentliche Funktion für die *Herausbildung* der 'weiblichen' Jugend zu. Sie schreibt: "Der Markt des 'Konsumkapitalismus' war der stärkste Motor der Einbeziehung tendenziell aller Jugendlicher, auch der Arbeitersöhne und der Mädchen, in Jugend" *(Bilden/Diezinger 1988, S.141).*

II.1.3.   Zusammenfassung

Zusammenfassend läßt sich sagen, daß auf Mädchen unterschiedliche Sozialisationsbedingungen wirken. Wird die *Dimension Geschlecht* betrachtet, so zeigt sich, daß Mädchen und Frauen häufig in einem Konflikt leben, den Jungen und Männer in diesem Ausmaß meist nicht kennen. Es handelt sich hierbei um den "Konflikt

---

37   Feministische Bewegungsarbeit setzt z.B. an diesem Punkt des 'Sich-Trauens' an, indem sie das Selbstbewußtsein von Mädchen u.a. in Selbstverteidigungskursen stärkt.

zwischen Individualisierung und Bindung/Sorge für andere"[38] sowohl hinsichtlich gesellschaftlicher als auch eigener Anforderungen.

Auch in den Lebensbereichen *jugendlicher* Mädchen kann sich dieser Konflikt zeigen: So möchten immer mehr Mädchen aus traditionellen Vorstellungen ausbrechen, bemühen sich beispielsweise um höhere Bildungsabschlüsse, wünschen sich eine gleichberechtigte Partnerschaft, wehren sich gegen eine Sexualisierung von Beziehungen und möchten der elterlichen Kontrolle durch Zugang zu Jugendkulturen entkommen. Dem gegenüber stehen aber oftmals gesellschaftliche Erwartungen, die sich in Ansichten der Eltern, LehrerInnen, Freunde und Freundinnen usw. äußern können. Diese von außen an Mädchen herangetragenen Erwartungen sind häufig in sich widersprüchlich[39] und können sich auch in konversen Interessen und Verhaltensweisen zeigen.

Hier kann feministische (Bewegungs-)Arbeit unterstützend und klärend wirken, indem sie Mädchen stärkt und ihnen einen Raum zur Verfügung stellt, in dem sie zu eigenen Wünschen und Entscheidungen finden können.

Die aufgezeigten Sozialisationsbedingungen können Mädchen in ihrer Entwicklung und ihrem Verhalten beeinflussen und somit auch auf ihre Bewegungsentwicklung und Identitätsfindung Einfluß nehmen. Für uns ergeben sich daher folgende Fragen:

In welcher Weise können sich die genannten Sozialisationsbedingungen speziell auf Bewegungsverhalten und -wünsche von Mädchen auswirken? Welche pädagogischen Konsequenzen können sich hieraus ergeben? Wo genau könnte feministische Bewegungsarbeit außer an den genannten Punkten noch ansetzen? Und:

---

38 Bilden 1991, S.298.

39 Widersprüchlich können z. B. Erwartungen von Eltern bezüglich der Sexualität ihrer Töchter sein: Mädchen sollen einerseits attraktiv sein, andererseits nicht zu früh sexuelle Kontakte haben. Auch können Vorstellungen, die an Mädchen von Seiten ihrer Freundinnen, ihrer Freunde und Eltern herangetragen werden, ab wann und wie Sexualität gelebt werden sollte, erheblich differieren.

Welche Bedeutung können die beschriebenen Sozialisationsbedingungen für die Identitätsfindung von Mädchen haben? Wo gibt es innerhalb der männlich dominierten Strukturen Bereiche, in denen Mädchen ihre Identität nach ihren eigenen Maßstäben entwickeln können?

II.2.   Identitätsentwicklung von Mädchen/Frauen

Wie entwickelt sich weibliche Identität in den beschriebenen gesellschaftlichen Zusammenhängen? Es ist uns wichtig, darauf näher einzugehen, um die Widersprüche, in denen Frauen/Mädchen sich bewegen (müssen), auch von deren *Subjektivität* her verstehen zu können. Wir halten diese Auseinandersetzung gerade im Hinblick auf eine pädagogische Arbeit mit Mädchen für wesentlich, denn bei dieser Arbeit sollen die Mädchen als Subjekte im Vordergrund stehen.

Ein Ansatz, der die *aktiven* - wenn auch oft unbewußten - Anteile von Mädchen/ Frauen bei der Ausbildung ihrer Identität betont, wird von Jessica Benjamin in ihrem Buch "Die Fesseln der Liebe" dargestellt *(vgl. Benjamin 1993)*. Wir werden uns deshalb im folgenden darauf beziehen und dabei aufzeigen, wie der Konflikt zwischen Autonomie und Bindung schon in der frühen Identitätsentwicklung von Mädchen grundgelegt wird. Auch werden wir darlegen, weshalb es Frauen/Mädchen möglicherweise schwerfällt, Autonomie und Selbsttätigkeit zu entwickeln und wie zu erklären ist, daß Frauen/Mädchen trotz aller damit verbundenen Benachteiligungen immer wieder an ihrer Beziehungsorientierung festhalten.

Benjamins Überlegungen sind in unserem Zusammenhang auch deshalb von Interesse, weil sie nicht bei der Analyse weiblicher Identitätsentwicklung stehen bleibt, sondern das 'männliche Entwicklungsideal' des autonomen Individuums aus feministischer Sicht kritisiert und diesem Ideal die Utopie des autonomen und *gleichzeitig* abhängigen Individuums entgegensetzt.

Benjamins Analyse ist unseres Erachtens in der Beschreibung der frühkindlichen geschlechtsspezifischen Entwicklung differenzierter als der ebenfalls psychoanalytisch orientierte Ansatz von Nancy Chodorow *(vgl. Chodorow 1985)*; vor allem deshalb, weil Benjamin die Konstituierung von Macht im Geschlechterverhältnis als zentrales Thema in den Vordergrund ihrer Analyse stellt, aber auch, weil sie die Bedeutung der Väter für die frühkindliche Entwicklung differenzierter dargestellt hat. Dennoch sollte im folgenden berücksichtigt werden, daß auch Benjamins Ansatz in einem "Determinismus der Aneignungsstruktur" *(Bilden 1991, S.296)* verankert ist, wie dies Bilden in bezug auf Chodorow kritisiert. Denn andere Sozialisationsinstanzen als die Familie - beispielsweise Schule oder Kindergarten - wie auch Brüche in der Biographie und situative Bedingungen werden in Benjamins Analyse kaum oder gar nicht berücksichtigt. Daher wäre es unseres Erachtens wichtig, Benjamins Theorie in Beziehung zu weiteren Untersuchungen zu setzen, die sich mit geschlechtsspezifischer Entwicklung auch auf diesen Ebenen auseinandersetzen. Zudem sollte ihr Beitrag zur Analyse der Geschlechterverhältnisse auf der *gesellschaftlichen* Ebene unseres Erachtens in die soziologische Diskussion um dieses Thema noch mehr eingebunden werden.

Benjamin bezieht sich in ihrer Untersuchung auf die psychoanalytische Theorie, innerhalb derer sie eine intersubjektive Perspektive einnimmt. Gleichzeitig begreift sie ihre Analyse als eine kritische Auseinandersetzung mit der psychoanalytischen Tradition.

Zentrale Annahme in Benjamins Entwicklungstheorie ist, daß für die *Differenzierung* - "Die Entwicklung des Individuums zu einem Selbst, das sich seiner Verschiedenheit von anderen bewußt ist" *(Benjamin 1993, S.15)* - sowohl *Selbstbehauptung als auch Anerkennung notwendige Voraussetzungen sind.* Das bedeutet, daß ein Kind sich nur dann in seiner Subjektivität erfahren kann, wenn es von einer/m anderen darin anerkannt wird. "Solche Anerkennung kann uns nur von einer oder einem anderen zuteil werden, die oder den wir wiederum als eigenständige Person anerkennen" *(Benjamin 1993, S.16).* Folglich bewegt sich die Anerkennung von Subjekt zu Subjekt und wieder zurück. Benjamin bezeichnet sie als paradox, weil die Anerkennung des Selbst und der/des anderen immer wieder gegenseitig voneinander abhängen.

Die frühe Bindung zur Mutter ist jedoch nach Benjamin bei Kindern beiderlei Geschlechts häufig durch ein Zusammenbrechen der Spannung zwischen gegenseitiger Anerkennung und Selbstbehauptung gekennzeichnet. Dies hängt damit zusammen, daß Mütter aufgrund der gesellschaftlichen Abwertung von Weiblichkeit oft nur mangelnde Subjektivität und (sexuelle) Handlungsfähigkeit repräsentieren. Dem Kind fällt es daher schwer, in dieser Beziehung eine Anerkennung des Selbst zu gewinnen.

Mit etwa 20 Monaten, in der Wiederannäherungsphase, wendet sich das Kind dem Vater zu. Der Vater fungiert in dieser Zeit als Vermittler zur Außenwelt. Er ist derjenige, der kommt und geht. Aufgrund seiner gesellschaftlichen Position repräsentiert er das Begehren und die Subjektivität, nach denen das Kind sich sehnt. Daher versucht es, über die Identifikation mit dem Vater seinen Konflikt mit der Mutter zu lösen - nämlich trotz seiner Abhängigkeit von ihr anerkannt zu werden.

Für Mädchen ist es jedoch oft sehr schwer, eine Identifikation mit dem Vater zu erlangen. Der Vater wird ihrem Wunsch danach in aller Regel nicht begegnen, zum einen, weil Männer aufgrund ihrer eigenen frühkindlichen Sozialisation häufig dazu neigen, die Identifikation mit Weiblichkeit abzuwehren. Zum anderen, weil diesem Wunsch die Verdinglichung von Frauen als (Sexual-)Objekte in unserer Gesellschaft entgegensteht. Außerdem können Mädchen, wenn sie sich mit ihrem Vater identifizieren, leicht mit einer primären, dazu im Widerspruch stehenden Mutter-Identifikation in Konflikt geraten: "Nach der heutigen Lage der Dinge wissen wir ..., daß die Identifikation mit der Mutter *und* mit dem Vater - also das Streben nach Weiblichkeit *und* nach sexueller Handlungsfähigkeit - oft in einen unversöhnlichen Konflikt geraten, so daß man versucht sein könnte, Weiblichkeit genau durch diesen unversöhnlichen Konflikt zu definieren" *(Benjamin 1993, S.114, Hervorhebung im Original).*

Wenn Mädchen in ihrem Wunsch nach Identifikation vom Vater nicht anerkannt werden, kann dies zur Folge haben, daß sie statt dessen den Vater - und später auch andere Männer - idealisieren: "Als Versuch, einen Stellvertreter für die Selbsttätigkeit zu finden. Dies geschieht meist in passiver Form, wobei der Wille und das Begehren des anderen als eigener Wille und eigenes Begehren akzeptiert werden. Von hier ist es nur ein kleiner Schritt bis zur Unterwerfung unter den Willen des anderen. Solche idealisierte Liebe ist also eine 'Perversion' der Identifikation, eine Deformation der identifikatorischen Liebe" *(Benjamin 1993, S.120f).* Bereits in der frühen Phase der kindlichen Entwicklung wird demnach der Grundstein gelegt zum weiblichen Konflikt zwischen Autonomie - repräsentiert durch den Vater - und Bindung - repräsentiert durch die Mutter. An späteren "Wendepunkten der Entwicklung" *(Benjamin 1993, S.146),* wie beispielsweise in der Phase des Ödipuskomplex', wird dieser Zwiespalt immer wieder neu thematisiert.

In der frühkindlichen Entwicklung wird nach Benjamin das hierarchische Verhältnis zwischen den Geschlechtern, das sich in der gesellschaftlichen Realität oft "wie gleichsam 'schwebend' ... darstellt: unbeständig, aber niemals ganz eliminiert" *(Benjamin 1993, S. 209)* bereits grundgelegt. So reproduziert sich die gesellschaftliche Abwertung von Weiblichkeit immer wieder aufs neue in der Idealisierung des Vaters durch die Tochter und in der tabuisierten, nicht anerkannten (sexuellen) Handlungsfähigkeit von Mädchen/Frauen. Außerdem manifestiert sie sich in der Entwicklung des Jungen, der seine Abhängigkeit von der Mutter ebenfalls durch eine Identifikation mit dem Vater abzuwehren sucht. Ihm wird diese Identifikation eher ermöglicht als dem Mädchen, und dies geht einher mit einer vehementen Verdrängung der frühen Bindung zur Mutter. Die Mutter - und später auch andere Frauen - werden aufgrund dessen auch für ihn zu *Objekten* des Begehrens.

Die Abwertung von Weiblichkeit bedeutet auf der gesellschaftlichen Ebene nicht nur, daß Frauen in ihrer Subjektivität mißachtet werden, sondern auch, daß Individualität und Rationalität zu universal gültigen Prinzipien des Lebens erhoben werden. Verbunden damit ist die Trennung von Subjekt und Objekt in Denken und Wahrnehmung. "Es fällt schwer, die Tatsache zu begreifen, daß das Zentrum männlicher Herrschaft nicht in direkten Ausbrüchen persönlicher Gewalt liegt (so weit verbreitet diese auch sein mögen), sondern in der gesellschaftlichen Rationalität, ob sie von Männern verteidigt wird oder nicht" *(ebd.)*.

Benjamin faßt die Konstituierung von Macht im Geschlechterverhältnis folgendermaßen zusammen: "Angefangen mit dem Zusammenbruch der Spannung zwischen dem Selbst und den Anderen, entfaltet sich Herrschaft abwechselnd durch die Identifikation mit oder durch die Unterwerfung unter mächtige andere, die die Allmachtsphantasie personifizieren" *(Benjamin 1993, S.213)*.

Welche Wege weist Benjamin aus dem vorher beschriebenen Kreislauf? Diese Frage scheint uns von besonderem Interesse im Hinblick auf pädagogische Zielsetzungen einer feministischen Mädchenarbeit. Der ins Geschlechterverhältnis eingeschriebenen Machtstruktur hält Benjamin das *Paradoxon der gegenseitigen Anerkennung* entgegen; eine Beziehung, in der beiden Beteiligten sowohl Selbstbehauptung als auch Bindung möglich ist. Ein Durchbrechen des Kreislaufes setzt voraus, daß Frauen sich als eigenes (sexuelles) Subjekt artikulieren. "Das Paradoxon zu begrüßen ... heißt nicht, unsere Bindungen an andere aufzulösen, sondern sie zu entwirren, damit sie nicht zu Ketten werden, sondern zu Bindungen der gegenseitigen Anerkennung" *(Benjamin 1993, S.215)*. Zudem wäre wichtig, daß das, was bislang als irrational und infantil erachtet wurde - Werte wie Fürsorglichkeit, Intersubjektivität und gegenseitige Abhängigkeit - nicht länger verdrängt, sondern anerkannt wird *(vgl. Benjamin 1993, S.186)*. Eine Veränderung ist nach Benjamin nur dann möglich, wenn erkannt wird, "daß das Individuelle und das Soziale miteinander verwoben sind" *(Benjamin 1993, S.217)*, das heißt, daß persönliche Wünsche nach Anerkennung in Zusammenhang stehen mit der Hoffnung auf gesellschaftliche Veränderung.

II.3.   Körpersozialisation von Mädchen/Frauen

Der Sozialisationsprozeß von Frauen und Mädchen vollzieht sich in der modernen Gesellschaft weitgehend über deren Körper *(vgl. Haug 1991, S.139)*.[40] Frigga Haug hat sich in Zusammenarbeit mit anderen Frauen[41] in ihrem Buch "Sexualisierung der Körper" *(Haug 1991)* diesem Thema angenähert. Ihre Analyse ist im Rahmen der vorliegenden Arbeit von besonderem Interesse, da Haug u.a. ihr Hauptaugenmerk auf die Frage richten, wie Frauen sich *selbst* über ihren Körper in die herrschenden Verhältnisse einbauen *(vgl. Haug 1991, S.10)*. Diese Fragerichtung eröffnet die Möglichkeit, Ansatzpunkte für (kollektive) Bewußtwerdungs- und Veränderungsprozesse von Frauen bezüglich der "Vergesellschaftung"[42] ihres Körpers zu erarbeiten. Eben darin liegt unseres Erachtens eine wichtige Voraussetzung einer bewegungspädagogischen Arbeit mit Mädchen.

---

40   Dies betrifft nicht ausschließlich Frauen und Mädchen - aber es betrifft sie in spezifischer Art und Weise.

41   Wir werden im folgenden von Haug u.a. sprechen, da der Forschungsprozeß in einem Kollektiv stattfand.

42   Hier und im folgenden beziehen wir uns auf diesen Begriff, der von Haug an Stelle der gemeinhin verwandten Bezeichnung 'Sozialisation' verwandt wird. Haug bevorzugt diesen Begriff, weil er "die Aktivität der einzelnen bei ihrer Formierung" *(Haug 1991, S. 10)* zum Ausdruck bringt.

Zunächst soll kurz auf die Forschungsmethode Haugs u.a. eingegangen werden: Ausgangspunkt und Forschungsgegenstand sind Erfahrungen und Erlebnisse derjenigen Frauen, die am Forschungsprozeß teilnehmen. Haug u.a. sprechen deshalb von "Erinnerungsarbeit" *(Haug 1991, S.10)*. Die Auseinandersetzung mit *eigenen* Erinnerungen ermöglicht es, daß Frauen nicht als Objekte von außen beforscht werden, sondern zugleich und abwechselnd Forschungssubjekt und -objekt sein können *(vgl. Haug 1991, S.11.).*

Theoretische Grundlagen der Analyse sind "Marxismus, Ideologie-Theorie, Kritische Psychologie und Kulturtheorie" *(Haug 1991, S.9)*. Eine wichtige Bedingung und ein Merkmal der Forschungsmethode ist zudem, daß im Kollektiv gearbeitet wird. Dies geschieht im bewußten Widerspruch zu Vereinzelung und Individualisierung von Frauen, die als Werkzeug der Unterdrückung von Frauen angesehen werden.

Durch die Erinnerungsarbeit stoßen Haug u.a. auf verinnerlichte Werte und Maßstäbe, die das Verhältnis zum eigenen Körper sowie die Beurteilung fremder Frauenkörper bestimmen. Diese Werte erscheinen in der Alltagsrealität gemeinhin als natürlich oder als Ausdruck individueller Vorlieben. Ihr gesellschaftlicher Charakter ist kaum bewußt. Wird jedoch der selbstverständliche Blick auf diese Werte und Normen abgelöst durch eine dem Alltag gegenüber distanzierte Haltung, so hebt sich sehr deutlich der hinter den Werten liegende Diskurs über den weiblichen Körper und seine Sexualisierung ab. Sexualisierung hat dabei eine zweifache Bedeutung: Zum einen werden "einzelne Körperteile mit Sexualität verknüpft" *(Haug 1991, S.10)*, zum anderen wird "der Körper als Ganzes zum Ausdruck des Geschlechts" *(ebd.)*. Dieser Diskurs kann als Ideologie gefaßt werden, "als ein komplexes Normen- und Wertesystem, durch das die Individuen sich von oben nach unten vergesellschaften" *(a.a.O., S.142)*.

Die gesellschaftlichen Körpermaßstäbe in bezug auf Frauen sind maßgeblich gekennzeichnet durch die ihnen zugrunde liegende *"'nicht-zu-viel-und-nicht-zu-wenig-Struktur'* ... Die Füße sollten zart und möglichst klein, aber nicht zu winzig sein - die Waden rundlich, aber doch schlank" *(Haug 1991, S.107, Hervorhebung im Original)*. Diesen Maßstäben gerecht zu werden, stellt eine Gratwanderung dar, eine Sisyphusarbeit, die Frauen auf Dauer kaum befriedigend erfüllen können, und die sie deshalb immer wieder stark in Anspruch nimmt.

Zudem sind die Werte und Bedeutungen, die dem weiblichen Körper als Ganzes zugeschrieben werden, widersprüchlich. Einerseits herrscht die Überzeugung, daß die Körperhaltung und der gesamte Körper einer Frau Spiegel ihrer Seele sind. "Der Körper steht hier in einem Zusammenhang mit 'großen' anderen Themen, er ist der Pfad zur Wahrheitsfindung" *(Haug 1991, S.114)*. In ihm liegt das "Frauenwesen" *(ebd.)* des Mädchens verborgen. "Dies liegt leider entwicklungslos eingesperrt im nackten, unveränderten Körper" *(ebd.)*. Damit einher geht die Vorstellung, daß Frauen für ihren eigenen Körper verantwortlich sind. "Es wird unterstellt, daß wir selbstbestimmt, eigenverantwortlich über ihn verfügen - aber die Verantwortung bezieht sich auf gesellschaftlich vorgegebene Maßstäbe" *(Haug 1991, S.80)*. Andererseits existiert aber auch die Vorstellung vom wahren Selbst, über das Frauen durch ihren Körper hinwegtäuschen, das sich 'jenseits' aller Äußerlichkeiten verbirgt.

Es ist kein leichtes, sich zwischen solch widersprüchlichen Werten zu bewegen: Passen sich die Frauen den Maßstäben an, so verstecken sie ihr wahres Selbst. Tun sie dies nicht, so tragen sie ihre schlechte Lebenshaltung zur Schau, denn den Maßstäben gerecht zu werden ist aufgrund der oben beschriebenen 'nicht-zu-viel-und-nicht-zu-wenig-Struktur' *ohne* Eingreifen kaum möglich. Folge ist ein den Frauen mehr oder weniger bewußtes schlechtes Gewissen bezüglich ihres Körpers. Haug u.a. vermuten, daß "das auf diese Art produzierte schlechte Gewissen fruchtbarer Boden ist bzw. die Bereitschaft produziert, sich Herrschaft überhaupt zu unterwerfen" *(Haug 1991, S. 81)*.

Über die *Macht der Maßstäbe* werden Frauen individualisiert. "Alle orientieren sich am gleichen Maßstab mit dem Effekt, sich zu individualisieren, da das Bündel aus Abweichung und Angleichung je das Individuelle ausmacht" *(Haug 1991, S.138)*. Frauen scheinen dann als 'Typen' schon geboren zu werden, oder ihr jeweiliger 'Typ' ist Ausdruck ganz unhinterfragter Individualität und Eigenart. Haug u.a. nennen dies den "Wirkungszusammenhang von innen nach außen" *(ebd.)*. Das heißt, was seinen Ursprung in gesellschaftlichen Werten nimmt, erscheint 'plötzlich' als ursprünglich im Subjekt verwurzelt. Auch die *Individualisierung* trägt dazu bei, daß Frauen sich von den verinnerlichten Maßstäben und Werten kaum distanzieren können, bzw. wollen.

Wie bereits erwähnt, bedeutet es für Frauen eine Gratwanderung, sich zwischen den widersprüchlichen Anforderungen zu bewegen. Gerade deshalb ist dies aber nicht nur mit Qual, schlechtem Gewissen und Anstrengung verbunden, sondern auch mit der *Ausbildung von Kompetenz*. In der Analyse der Erinnerungsarbeit tritt deutlich hervor, daß Frauen auch Spaß und Lust dabei empfinden, sich in den vorgegebenen Grenzen gekonnt zu bewegen. Haug u.a. sprechen deshalb von der "Selbstbestimmung in der Fremdbestimmung ... Individuum und Gesellschaft [werden dabei] als sich nicht äußerlich gegenüberstehend" *(Haug 1991, S.142)* gedacht, sondern als in komplexer Weise aufeinander bezogen.

Die beschriebenen gesellschaftlichen Maßstäbe und Werte sowie die Individualisierung und der Kompetenzerwerb bilden in ihrer Widersprüchlichkeit zähe Knoten im Netz der Vergesellschaftung von Frauen über ihren Körper. Dennoch knüpfen Frauen selbst an diesem Netz mit, und darin liegen für Haug u.a. Möglichkeiten Knoten zu lösen. Veränderung ist ihrer Ansicht nach allerdings kaum durch eine Umkehr einzelner Maßstäbe und Werte herbeizuführen. Denn Abweichungen zementieren nur die Normalität und fordern in gleicher Weise eine Beschäftigung mit ihr. Vielmehr sehen sie einen Ansatz von Befreiung darin, daß Frauen sich der gesellschaftlichen Historizität geschlechtsspezifischer Körperzuweisungen bewußt werden. Für sich selbst formulieren Haug u.a. das folgendermaßen: "Nach Wegen und Weisen der Befreiung fragend, ist es unser Ziel, einen *Raum für eine bewußte Autonomie* zu erkämpfen, d.h. herauszufinden, in welche Regeln wir uns eingewöhnten, ob und wie sie uns behindern oder inkompetent lassen" *(Haug 1991, S. 143, Hervorhebung von uns)*. Nur auf diesem Hintergrund halten Haug u.a. eine *bewußte Entscheidung für Werte und Maßstäbe*, sowie eine tatsächliche Selbstbestimmung für möglich.

Die widersprüchlichen Anforderungen, die an Frauen/Mädchen bezüglich ihres Körpers herangetragen werden, wirken sich im Leben jugendlicher Mädchen in spezifischer Weise aus. Gerade von ihnen wird einerseits erwartet, daß sie ihren Körper zurücknehmen und bewahren sollen, andererseits aber sollen sie auf ihn aufmerksam machen und werden weitgehend über ihn definiert.

Helga Krüger, Mitarbeiterin der Berichtskommission zum 6. Jugendbericht, hat aufgezeigt, wie dieser Widerspruch in alle Lebensbereiche von Mädchen eingreift und ihr Leben in entscheidender Weise bestimmt: An Mädchen wird häufig bereits in der frühen Kindheit herangetragen, daß sie ihren Körper zurücknehmen sollen. Dies äußert sich nicht nur in der Einschränkung ihres Bewegungsverhaltens, sondern auch in der früh einsetzenden "De-Sexualisierung des weiblichen Körpers" *(Krüger 1985b, S.483)*. Auf sexuelles Interesse von Mädchen an ihrem eigenen Körper reagieren erwachsene Bezugspersonen in der Regel mit Übersehen oder Zurückweisung. Stolz, Freude und Lust am eigenen Körper können Mädchen daher oft nur schwer entwickeln. Im Gegenteil sind sie immer wieder damit konfrontiert, daß ihr Körper eine Gefahrenquelle für sie darstellt. Was von den Mädchen "als Gefühl der Bedrohung erlebt wird, [basiert] auf vielfältigen subtilen oder auch handfesten Erfahrungen ..., die vom Kindergarten an bis ins Erwachsenenalter reichen und viel mit versteckten oder offenen sexuellen Übergriffen auf Mädchen zu tun haben" *(Haug 1991, S.482)*. Bezugspersonen tendieren angesichts potentieller Gefährdungen dazu, "die eigene Sexualität des Mädchens unter Kontrolle zu halten, sie gar nicht erst als eigenen Anspruch entstehen zu lassen" *(6. Jugendbericht 1984, S.32)*. Dadurch werden die Ängste der Mädchen aber in der Regel noch verstärkt. Manchmal setzen Bezugspersonen ihre Warnungen auch ein, um die Mädchen stärker an sich zu binden.

Gegenläufige Anforderungen an Mädchen verstärken sich mit Beginn der Pubertät. Mädchen machen nun die Erfahrung, daß ihre Chancen und Möglichkeiten in vielen Lebensbereichen von der (sexuellen) Attraktivität ihres Körpers abhängen. Von ihnen wird erwartet, daß sie ihren Körper in Szene setzen und auf ihn aufmerksam machen. Wie gehen Mädchen mit den beschriebenen widersprüchlichen Anforderungen um, wie bauen sie sie in ihr Leben ein?

Untersuchungen zeigen, daß "Mädchen in der Adoleszenz ein deutlich negativeres Körperselbstbild als Jungen" *(Flaake 1992, S.99)* haben. Dies scheint ihr gesamtes Selbstbild zu beeinflussen, denn trotz besserer Schulleistungen zeigen Mädchen im Alter von 13/14 Jahren bedeutend weniger Selbstvertrauen als Jungen.

Für die Sexualisierung ihres Körpers sowie für versteckte oder offene sexuelle Übergriffe fühlen sich Mädchen aufgrund der von ihnen erwarteten Zurücknahme häufig selbst verantwortlich, bzw. ihnen wird diese Verantwortung auch heute noch auf mehr oder weniger subtile Weise viel zu oft zugeschrieben. Mädchen entwickeln infolgedessen oftmals Scham- und Schuldgefühle. Dies verhindert, daß Mädchen ihre Verletzungen wahrnehmen können, ihre Wut empfinden und angemessen ausagieren, sich wehren können *(vgl. Sobiech 1991b, S.51)*.

Andererseits trifft auch das auf Mädchen zu, was wir vor dem Hintergrund von Haug u.a. bereits dargestellt haben: Sie erwerben Kompetenzen im Umgang mit den widersprüchlichen Anforderungen, und dies kann von Spaß und Erfolg begleitet sein. Krüger weist darauf hin, wie bedeutend deshalb für Mädchen häufig "die Entwicklung eines eigenen Stils auch im körperlichen Ausdruck ist" *(Krüger 1985b, S.485)* und daß dem in pädagogischen Zusammenhängen Wert beigemessen werden sollte. Wichtig ist aber auch zu betonen, daß zunehmend mehr Mädchen ein - wenn vieleicht auch (noch) ungewisses - Unbehagen bezüglich der gesellschaftlichen Anforderungen an ihren Körper spüren und äußern.

Ziel einer bewegungspädagogischen Arbeit mit Mädchen sollte es unseres Erachtens sein, die Mädchen mit widersprüchlichen Gefühlen und Einstellungen zu konfrontieren - sowohl in bezug auf den eigenen Körper, als auch allgemein in bezug auf Frauenkörper. Dies könnte einen bewußteren Umgang mit den beschriebenen Anforderungen ermöglichen. Es setzt aber voraus, daß die Grenzen der Mädchen bei dieser Konfrontation - gerade in der praktischen Arbeit - wahrgenommen und gewahrt werden. Zudem könnte der Individualisierung von Mädchen, die ja gerade auch über den Körper stattfindet, durch Erfahrungsaustausch entgegengewirkt werden - so dieser Austausch nicht *ausschließlich* hinsichtlich individueller Erfahrungen stattfindet, sondern auch mögliche gesellschaftliche Bedingungen der Erfahrungen beleuchtet werden.

II.4.   Grundzüge feministischer Mädchenarbeit

An dieser Stelle möchten wir kurz auf Ziele und Methoden feministischer Mädchenarbeit eingehen. Im Rahmen der vorliegenden Arbeit würde es allerdings zu weit führen, die derzeitige Diskussion um feministische Mädchenarbeit erschöpfend darzustellen. Wir beschränken uns daher auf einige Grundlagentexte von Maria Bitzan, Heide Funk und Anita Heiliger sowie von Helga Bilden. Zum anderen werden wir Texte einbeziehen, in denen Pädagoginnen konkrete Erfahrungen aus der feministischen Mädchenarbeit in Hamburg und Wiesbaden reflektiert haben.

Feministische Mädchenarbeit hat ihre Wurzeln in der Frauenbewegung und in deren *kritischer Analyse von Gesellschaft*. Sie verfolgt daher immer auch politische Ziele und strebt letztlich "die Abschaffung der Geschlechterhierarchie und die Abschaffung der patriarchalen Macht- und Herrschaftsverhältnisse" an *(Heiliger/Funk 1987, S.63)*. Dies ist allerdings ein sehr weit gestecktes Ziel und es wäre eine Illusion, wollten die Frauen es "in überschaubarem Zeitrahmen" erreichen *(ebd.)*.

Die patriarchalen Herrschaftsstrukturen sind zudem nicht so leicht zu durchschauen, da sie in ihren Auswirkungen auf Frauen und Mädchen oft sehr komplex und widersprüchlich sind. So haben wir beispielsweise in Zusammenhang mit der Körpersozialisation von Frauen und Mädchen darauf hingewiesen, daß ihre Unterwerfung unter gesellschaftliche Schönheitsideale gleichzeitig auch einen gewissen Kompetenz- und Machterwerb bedeuten kann.

Deshalb ist es unseres Erachtens wichtig, daß feministische Mädchenarbeit ihre politische Ausrichtung und ihre Parteinahme von einer kritisch-feministischen Gesellschaftsanalyse aus immer wieder neu definiert und begründet. "Konzeptionell bedeutet dies, sich um einen theoretischen Interpretationszusammenhang zu bemühen, der alle gesellschaftlichen Gebilde, Normen, Strukturen daraufhin betrachtet, was sie für Mädchen/Frauen bedeuten" *(Bitzan 1993, S. 205)*.

Daß feministische Mädchenarbeit in einem politischen, gesellschaftsanalytischen Zusammenhang steht, bedeutet nun aber nicht, daß den Mädchen bestimmte feministisch-politische Überzeugungen übergestülpt werden sollen; auch kann nicht erwartet werden, daß sie sich in gleicher Weise wie möglicherweise die Pädagoginnen für feministisch-politische Ziele engagieren wollen. Wenn Heiliger/Funk von feministischer Mädchenarbeit als einem "gleichberechtigten politischen Bündnis" *(Heiliger/Funk 1987, S.59)* zwischen Pädagoginnen und Mädchen sprechen, so kann dies unserer Meinung nach nur folgendes heißen: Die Pädagoginnen können die Mädchen "zum eigenen Weg ermutigen und sie mit sich selbst als politische Person konfrontieren" *(Bitzan 1993, S.202)*. Dies bedeutet andererseits nicht, daß die Pädagoginnen mit ihrer eigenen politischen Meinung hinter dem Berg halten müssen. Es erfordert aber, daß sie eine Haltung einnehmen, in der sie sich einerseits mit den Mädchen solidarisieren, sich mit ihnen aber nicht vollständig identifizieren. Denn dies würde ja zu neuen subtilen Unterdrückungsverhältnissen führen. Es geht also um das (An-)Erkennen von Gemeinsamem und Trennendem *(vgl. ebd.)*.

In der feministischen Mädchenarbeit sollen die Mädchen mit *ihren* Erfahrungen, Wünschen und Ansprüchen im Mittelpunkt stehen. Feministische Gesellschaftsanalyse hat deutlich gemacht, daß Leben im weiblichen Lebenszusammenhang in der modernen Gesellschaft immer bedeutet, im Widerspruch zu leben. "Die Mädchen heute spüren dies sehr deutlich, sie sind - so hat es ... Heide Funk genannt - 'Expertinnen des Zwiespalts'" *(Bitzan 1993, S.200)*. Bitzan betont, daß es angesichts dessen nicht darum gehen kann, Mädchen fertige Lösungen an die Hand zu geben. Vielmehr ist es ihres Erachtens wichtig, *die Mädchen mit den vorhandenen fremden und eigenen Ansprüchen zwischen Selbstverwirklichung und Bindung zu konfrontieren, ihnen Wege zu zeigen, wie sie sich in den Widersprüchen bewegen können, ohne sich festlegen zu lassen (vgl. Bitzan 1993, S.201)*.

Dieser pädagogischen Zielsetzung Bitzans liegt wohl die Utopie eines *veränderten Konzepts des Individuums*, wie es Bilden vorgeschlagen hat, zugrunde *(vgl. Bilden 1989, S.38-46)*. Bilden geht davon aus, daß "angesichts der Trennung unserer Gesellschaft in Privat- und Öffentlichkeitssphäre mit ihren jeweiligen Vereinseitigungen und Abhängigkeiten ... auf die Dauer nur Beziehungen und Tätigkeiten in verschiedenen Bereichen halbwegs befriedigende Subjekterfahrungen vermitteln" *(Bilden 1989, S.46)*. Dies bedarf aber nach Bilden eines (Selbst)Konzepts, in dem das Individuum als offenes "System von Selbsten" *(Bilden 1989, S.41)* verstanden wird. Die verschiedenen 'Selbste' sind untereinander eher locker verbunden, nicht aber über eine "zwanghafte Identität" *(ebd.)*. Dem Individuum wäre es dann beispielsweise möglich, unterschiedliche, in unserer Gesellschaft widersprüchliche Eigenschaften wie Fürsorglichkeit und Autonomie in sich zu vereinen bzw. je nach Situation das eine oder das andere zu leben. Auch dann noch wäre allerdings die Erfahrung von "Kohärenz und Kontinuität" *(ebd.)* wichtig für das Individuum. Wesentliche Voraussetzungen für diese Erfahrung sind nach Bilden bewußtes Handeln und Fühlen, der sinnlich-körperliche Kontakt mit der Umwelt, Selbstreflexion sowie die Erkenntnis seiner/ihrer selbst als Subjekt *und* Objekt der eigenen Lebensbedingungen. Auf allen diesen Ebenen kann feministische Mädchenarbeit unseres Erachtens ansetzen.

Mädchen werden in unserer Gesellschaft nicht nur widersprüchlichen Anforderungen zwischen Autonomie und Bindung ausgesetzt. Sie erfahren damit einhergehend immer wieder tiefe Verletzungen ihrer körperlichen und seelischen Integrität, sei es durch Mißachtung, Beschämung oder konkrete Gewaltanwendung *(vgl. Hei-*

liger 1993b, S. 25). Es ist daher auch ein wichtiges Ziel feministischer Mädchenarbeit, Mädchen bei der Verarbeitung solcher Erfahrungen zu unterstützen, sie von Schuldzuweisungen zu entlasten und sie zu begleiten bei der Suche nach Wegen aus der Opferrolle.

Welche Wege schlägt feministische Mädchenarbeit zur Verwirklichung ihrer Ziele ein? Ihr Grundprinzip ist die *Parteilichkeit.* Dies bedeutet für die Pädagoginnen - so wurde es bereits in den Anfängen formuliert - "sich parteilich für die Interessen und Bedürfnisse der Mädchen einzusetzen" und sich "wertend auf *ihre* Seite" zu stellen *(Berliner Pädagoginnengruppe 1979, S.87, Hervorhebung im Original).* Bis heute steht dieses Grundprinzip im Mittelpunkt feministischer Mädchenarbeit, allerdings wird es differenzierter gedacht und umgesetzt. So weist Bitzan darauf hin, daß der parteiliche Weg in Theorie und Praxis leicht mißverstanden werden kann und die eigentlich angestrebten Ziele dadurch korrumpiert werden können. Dann etwa, wenn die Mädchen in der parteilichen Arbeit idealisiert werden, aber auch, wenn nur ihre Opferrolle und ihre Bedürftigkeit wahrgenommen werden. Parteilichkeit kann nach Bitzan immer nur *Teilidentifikation* bedeuten. Nur auf diesem Weg werden die Mädchen als eigenständige Subjekte anerkannt, und genau darum soll es ja gehen *(vgl. Bitzan 1993, S.200ff).*

Parteiliche Arbeit erfordert folglich seitens der Pädagoginnen eine hohe fachliche Kompetenz: Den Mädchen Wege zu eröffnen, auf denen sie mehr über sich erfahren können; ein Vertrauensverhältnis entstehen lassen zu können, den Mädchen Wert zu geben, aber auch, die eigene Abgrenzungsfähigkeit zu entwickeln bzw. zu bewahren. Daß dies in der Praxis immer wieder eine Herausforderung darstellt, berichtet beispielsweise eine Pädagogin der Hamburger Mädcheninitiative 'Dolle Deerns': "... wir Pädagoginnen sind auch Lernende. Auf der einen Seite wollen wir unsere Vorstellungen, wie Mädchen und Frauen in dieser Gesellschaft leben sollen und wollen, in die Arbeit einbringen, auf der anderen Seite müssen wir die Andersartigkeit und Einzigartigkeit jedes einzelnen Mädchens respektieren und akzeptieren. Das ist oft nicht einfach, weil wir eigene Bedürfnisse und Ansprüche den Mädchen gegenüber haben ... Es geht uns darum, daß die Mädchen Raum haben, sich eine eigene Meinung zu bilden und Entscheidungen zu treffen, die sie auch vertreten können - selbst wenn diese nicht unseren Vorstellungen entsprechen und es uns schwerfällt, sie zu akzeptieren" *(Evers 1993, S.54).*

Feministische Mädchenarbeit stellt - gerade aus Gründen der Parteilichkeit - das Prinzip der *Koedukation* weitgehend in Frage. Sie kann sich dabei auf zahlreiche Untersuchungen berufen, in denen nachgewiesen wurde, daß Mädchen in der koedukativen Pädagogik weniger Beachtung zukommt *(vgl. Möhlke/Reiter, S.21)*. Oft setzen die Mädchen ihre sozialen Fähigkeiten ein und sorgen damit für ein besseres Lernklima, das letztlich eher den Jungen zugute kommt. Am Prinzip der Koedukation wird aber nicht nur die Benachteiligung von Mädchen kritisiert, sondern auch, daß es die Mädchen häufig zu einseitigen Anpassungsleistungen an 'männliche' Maßstäbe zwingt. Dem gegenüber möchte feministische Mädchenarbeit Mädchen nicht angleichen, sondern ihnen *Räume eröffnen, in denen ihren Erfahrungen und Wünschen Wert gegeben wird*. Dabei wird davon ausgegangen, daß "Frauen und Männer... ein [je] eigenes geschlechtsspezifisches Empfinden, Wahrnehmen und Leben haben *(Möhlke/Reiter 1995, S.21)*. Als notwendige Ergänzung zur feministischen Mädchenarbeit wird von deren Vertreterinnen deshalb häufig auch eine antisexistische Jungenarbeit gefordert *(vgl. Heiliger 1993b, S.28)*.

Feministische Mädchenarbeit möchte, wie dargelegt, an den Stärken der Mädchen ansetzen und nicht - wie die Konzeption der traditionellen Jugendhilfe - an den Benachteiligungen. Sie strebt deshalb eine Arbeit an, "die nicht in die Bereiche von Sozialarbeit, Pädagogik, Methodik und Betreuung fällt" *(Heiliger/Funk 1987, S.65)*. Sie möchte Konzepte entwerfen, "die den Mädchen den Freiraum lassen, *ihre* Lebensformen, *ihre* Interessen und *ihr* Handeln zu finden, um tatsächlich Neues sich entwickeln zu lassen, ohne zugleich die gesellschaftliche An- und Einpassung im Auge zu haben" *(ebd., Hervorhebungen im Original)*.

III. WIE BEWEGEN SICH MÄDCHEN? DARSTELLUNG, KRITIK UND PÄDAGOGISCHE KONSEQUENZEN

In diesem Kapitel werden wir einen Überblick über die zum Thema 'Mädchen/ Frauen und Bewegung' vorgefundene Literatur geben. Die von den Autorinnen herausgearbeiteten und diskutierten Fragestellungen in bezug auf Bewegungsweisen von Mädchen, Zusammenhänge zwischen Bewegungsverhalten und Sozialisation von Mädchen und eine auf diesen Grundlagen entwickelte Bewegungspädagogik sollen dabei im Mittelpunkt stehen. Dieser Literaturüberblick ist für unsere Arbeit auch deshalb von Bedeutung, weil sich *viele der darin genannten Bewegungsweisen in den Aussagen der von uns interviewten Mädchen wiederfinden.*

Die in diesem Kapitel bearbeitete Literatur bildete zunächst die Grundlage unserer Arbeit. Es stellte sich jedoch schnell heraus, daß von den Autorinnen unseres Erachtens weder sozialisations- und identitätstheoretische noch bewegungstheoretische Hintergründe ausreichend Berücksichtigung finden. So befaßt sich die vorgefundene Literatur beispielsweise nur wenig mit dem Konflikt zwischen Autonomie und Bindung. Dabei ist unseres Erachtens gerade die Frage, wo und wie sich dieser Konflikt in Bewegungsverhalten und -wünschen von Mädchen äußern kann, sehr wichtig.

In Auseinandersetzung mit der Literatur fiel uns zudem auf, daß sich die meisten der Texte vorwiegend mit dem sogenannten *'weiblichen' Bewegungsverhalten* von Mädchen beschäftigen und dieses zudem häufig als defizitär darstellen. Außerdem ist der in diesen Texten verwendete Bewegungsbegriff oft auf seine instrumentelle Bedeutung reduziert.

Aus all diesen Gründen sollen im ersten Abschnitt des Kapitels die verschiedenen Ansätze zum Thema 'Mädchen und Bewegung' vorgestellt und gleichzeitig vor dem Hintergrund der bisherigen Überlegungen kritisch betrachtet werden.

Nur wenige Texte setzen sich mit Mädchen und Frauen in *'männlichen' Bewegungskulturen* - wie beispielsweise dem Leistungssport - und den daraus für sie entstehenden Widersprüchen zwischen der Welt im Sport und der außerhalb des Sports auseinander. Mädchen, die sich solchen Bewegungskulturen zugehörig fühlen, sowie deren Bewegungsverhalten in Kindheit und Pubertät sollen im Zentrum des zweiten Abschnitts stehen. Im dritten Abschnitt wollen wir dem Thema 'sexuelle Gewalt gegen Mädchen' Raum geben. Gerade auf das Bewegungsverhalten kann sexuelle Gewalt Einfluß haben, und dieser Umstand sollte in einer Bewegungspädagogik mit Mädchen unbedingt berücksichtigt werden.

Im vierten Abschnitt des Kapitels werden wir am Beispiel zweier Projekte schließlich Ziele und Methoden bewegungspädagogischer Arbeit mit Mädchen vorstellen und miteinander vergleichen.

III.1.   'Weibliches' Bewegungsverhalten von Mädchen

III.1.1.   Raumaneignung und Raumnutzung

Bei der Darstellung der Raumaneignung und Raumnutzung durch Mädchen geben wir einige Überlegungen wieder, die Heidi Scheffel und Gabriele Sobiech[43] zu diesem Thema angestellt haben *(Scheffel/Sobiech 1991, S.31-46)*. An manchen Stellen nehmen wir Publikationen anderer Autorinnen ergänzend hinzu.

Scheffel und Sobiech sehen die Art und Weise, wie Mädchen und Frauen sich Räume aneignen, als Ergebnis individueller und gesellschaftlicher Geschichte. Vor allem auf letztere gehen die Autorinnen genauer ein. Die geschlechtsspezifische Arbeitsteilung, die Mädchen und Frauen tendenziell den häuslichen Raum und Männern und Jungen eher den öffentlichen Raum zuweist, kann die Bewegungsentwicklung beeinflussen. Das gleiche gilt auch für das System der Zweigeschlechtlichkeit, das Männer mit mehr Macht ausstattet als Frauen. Dieser Machtvorsprung vieler Männer zeigt sich nach Scheffel und Sobiech u.a. darin, daß Mädchen im allgemeinen über weniger und vor allem über weniger begehrten Raum verfügen als Jungen und Männer. Ihr Aktions- und Erkundungsraum ist meist kleiner.[44]

---

43   Beide Autorinnen haben sich in ihren Dissertationen mit Mädchen/Frauen, Körper und Bewegung auseinandergesetzt. Auch arbeiten beide aktiv im Bereich des Frauensports.

44   Vgl. auch Rose 1993a; Pfister 1991, S.166 und S.171.

Die Autorinnen unterscheiden zwei Raumarten:

a) den persönlichen Raum und b) den sozialen Raum.

a) Der persönliche Raum

Dies ist der Raum, den Individuen für sich persönlich beanspruchen. Er zeigt sich z.b. in dem Abstand, den zwei miteinander kommunizierende Personen einhalten. Das ungewollte Eindringen einer anderen Person in den von einer Person für sich beanspruchten Raum wird als Übergriff empfunden. Ein Beispiel extremer Grenzüberschreitung ist sexuelle Gewalt.

Die Autorinnen gehen davon aus, daß Mädchen und Frauen einen eingeschränkten persönlichen Raum haben. Sie bewegen sich z.b. 'eng', schlagen beim Sitzen oft die Beine übereinander oder klettern seltener auf Bäume als Jungen dies tun *(vgl. auch Bischoff 1993, S.18ff)*. Unterstützt wird dieses Bewegungsmuster u.a. durch entsprechende Moden wie beispielsweise enge Röcke, schmale und/oder hohe Schuhe, welche nur geringe Standfestigkeit ermöglichen. Wir denken jedoch, daß raumenges Verhalten nicht auf alle Mädchen und auf all ihre Lebensbereiche gleichermaßen zutrifft. Aus den Interviews haben wir gelernt, daß Mädchen sich beispielsweise im Urlaub oder beim Sport anders, raumgreifender verhalten.

b) Der soziale Raum

Es gibt für Mädchen und Frauen wesentlich weniger öffentliche und gesellschaftliche Räume, in denen sie sich frei bewegen können, als für Jungen und Männer. So ist es für sie z. B. schwierig, sich nachts frei zu bewegen oder allein in Kneipen zu gehen. Sie müssen mit Übergriffen von Männern und Jungen auf ihren persönlichen Raum rechnen.

Durch das 'Erledigen-Müssen' von Hausarbeit erfahren Mädchen eine weitere Einengung, und zwar die ihres "sozialen Raumes 'Freizeit'" *(Scheffel/Sobiech 1991, S.33)*.

Wie 'lernen' Mädchen nun dieses Raumverhalten bzw. wie läuft die Entwicklung ihrer 'Raum-Bedürfnisse' ab? Scheffel und Sobiech stellen die frühkindliche Phase als eine Zeit dar, in der Mädchen meist noch nicht sichtbar in ihrer Bewegungsentwicklung eingeengt werden. Vielleicht schränkt in dieser Phase eher die große emotionale Nähe[45] zwischen Mutter und Tochter die innere, subjektive Möglichkeit einer offenen Raumgestaltung für Mädchen ein.

Mit Erreichen des Vorschulalters findet für Mädchen nach Scheffel und Sobiech häufig eine erste äußere Begrenzung ihres Bewegungsraumes statt. Sie geschieht dann, wenn Eltern sich vorstellen können, daß fremde Täter ihren Töchtern sexuelle Gewalt zufügen könnten, und daher die Beaufsichtigung verschärfen. Eine Folge davon kann sein, daß Mädchen lernen, daß ihr Körper sie nicht vor Angriffen schützt, sondern Angriffe eher provoziert *(vgl. auch Pfister 1991, S.172)*.

Mädchen bewegen sich oft im Haus oder dessen näherer Umgebung, um unter der Aufsicht ihrer Eltern zu sein. Vor allem 'Stadtmädchen' spielen in ihrer freien Zeit vorwiegend in Höfen und auf Spielplätzen. Ältere Mädchen bevorzugen meist die Intimität des eigenen Zimmers, sofern sie eines haben. Auch sind Mädchen stark in einer institutionalisierten Öffentlichkeit, die die Aufsicht durch Erwachsene garantiert, vertreten. Gemeint sind hiermit beispielsweise Jugendmusikschulen oder Volkshochschulkurse, nicht dagegen Sportvereine[46]. So beschäftigen sich Mädchen auch häufig mit Spielen und Hobbies, die eher wenig Raum benötigen, wie beispielsweise Gummitwist, Basteln oder Musizieren. Hierbei können Mädchen angeblich besonders ihre Geschicklichkeit verfeinern. Durch die Nähe elterlicher Kontrolle und die Abrufbarkeit zur Hausarbeit erschweren diese Bewegungsräume allerdings die Unabhängigkeit und Selbstbestimmung vieler Mädchen.

Öffentliche Räume wie Parks und Straßen werden nach Scheffel und Sobiech eher von Jungen und Jungengruppen erobert und besetzt. Eine Folge davon kann sein, daß Mädchen nur wenig (Bewegungs-)Erfahrungen bei weiträumigen und unbeaufsichtigten Bewegungsspielen sammeln können. Auch die Weise, wie Mädchen und Jungen ihre Umwelt erkunden, kann unterschiedlich sein. So nutzen

---

45 Diese scheint mit einer gleichzeitigen räumlichen Nähe zwischen Mutter und Tochter verknüpft zu sein.

46 Negative Schulsporterfahrungen spielen möglicherweise eine Rolle für die mit zunehmendem Alter sinkende Zahl der in Sportvereinen aktiven Mädchen, während die Zahl der aktiven Jungen im Vergleich weniger zurückgeht *(vgl. Scheffel/Sobiech 1991, S.37ff und S.46)*.

Mädchen ihr Umfeld häufig auf dem Weg *zu* einen bestimmten Ziel, z.B. auf dem Weg zur Musikstunde, während Jungen eher durch 'zielloses' Herumstreunen Räume einnehmen *(vgl. Rose 1993a, S.173).*

Mädchen und Frauen nehmen vielleicht auch aus Rücksicht auf andere wenig Raum ein. Sie lernen, sich zurückzunehmen, damit andere von ihnen nicht zu sehr eingeschränkt werden (und um selbst nicht eingeschränkt zu werden). Dies tun sie eventuell auch, um von Männern geliebt und anerkannt zu werden. Ein Grund dafür könnte in der frühen Entwicklung von Frauen liegen, wie sie Benjamin beschreibt. Sie weist darauf hin, daß der Wunsch nach Anerkennung gerade durch Männer gegenüber der eigenen Selbstbehauptung in den Vordergrund rückt.

III.1.2. Ästhetische Bewegungskultur

Mädchen und Frauen sind vorwiegend in ästhetischen Bewegungskulturen vertreten.[47] Bevorzugte Sportarten von Mädchen sind - nach den deutschen Sportbund-Statistiken - neben Reiten und Tennis Gymnastik und Turnen. Auch Tanz, z.B. Discotanz, ist bei Mädchen sehr beliebt *(vgl. Rose 1993a, S.171f).*

Warum ziehen Mädchen diese Sportarten anderen häufig vor? Welche 'Gefahren' und Möglichkeiten können für Mädchen und Frauen in ästhetischen Sportarten liegen?

Deren Bevorzugung steht nach Lotte Rose[48] in einem engen Zusammenhang "mit der grundsätzlichen Zentrierung der weiblichen Identität um das Schönheitsmotiv" *(Rose 1993a, S.172).* Frauen werden noch immer eher als Männer über ihr Aussehen definiert als über ihr Handeln. Viele Mädchen und Frauen bemessen ihre

---

47   Die Vergesellschaftung von Frauen vollzieht sich weitgehend über ihren Körper, wie wir bereits an anderer Stelle dargelegt haben. In diesem Abschnitt soll es in erster Linie um ästhetische Bewegungskulturen von Mädchen und Frauen gehen.

48   Lotte Rose ist ehemalige Kunstturnerin. Sie arbeitete mehrere Jahre im Forschungsprojekt "Weiblicher Körper und Sport" *(Palzkill/Scheffel/Sobiech 1991, S.197)* der Universität Marburg. Heute ist sie wissenschaftliche Mitarbeiterin des Bundesmodellprojekts "Mädchen in Bewegung" *(Rose 1993b, S.50)* in Marburg.

Selbstsicherheit und Selbstzufriedenheit nach Lotte Rose am Grad ihrer körperlichen Attraktivität und danach, wie weit sie gängigen Schönheitsidealen entsprechen *(vgl. Rose 1993b, S.51)*. Hierin liegt auch eine Gefahr. Entspricht der Körper eines Mädchens nicht den Idealen, ist er beispielsweise zu dick, zu dünn, zu groß, zu klein, zu träge oder zu unförmig,[49] so kann dies die Bewegungslust dämpfen. In ästhetischen Sportarten ist es für Mädchen zudem schwer, sich selbst Bestätigung über ihr eigenes Können zu verschaffen. Sie sind dabei häufig von Urteilen anderer abhängig.[50]

Doris Schmidt sieht in ihrem Text "Schöner-Schlanker-Straffer" *(Schmidt 1991)* einen weiteren Grund für die Beliebtheit des Fitneß-Sports bei Frauen: "Fitneß [drückt] aber auch ein Wunschbild von Frauen aus, das die Lust am körperlichen Auspowern, an Kraft und kraftvoller Bewegung, an Raumerweiterung, an Sinnlichkeit und positivem Körpergefühl beinhaltet" *(Schmidt 1991, S.83)*. Diese positiven Aspekte der von Mädchen und Frauen bevorzugten Sportarten sollten unseres Erachtens bei der Bearbeitung des Themas 'Körperästhetisierung' nicht außer Betracht gelassen werden.

Auch Tanz, eine Sportart, die Mädchen und Frauen in ihrer Geschichte immer wieder auf eine bestimmte Geschlechtsrolle festgelegt hat *(vgl. Klein 1992)*, kann Mädchen etwas 'Positives' geben. Denn Tanz wie auch Bewegungstheater bietet ihnen die Möglichkeit, subjektive Eindrücke, Gefühle und Erfahrungen zu verarbeiten und auszudrücken *(vgl. Bernd 1988)*.

So zeigt sich unseres Erachtens, daß ästhetische Sportarten für Mädchen nicht nur Abhängigkeiten und Zuschreibungen mit sich bringen können, sondern auch 'Freiheiten', wie beispielsweise Sinnlichkeit, den Umgang mit Gefühlen, Ausdrucksmöglichkeiten und das Ausleben und Darstellen von Gefühlen auf übergeordneter Ebene.

---

49   Anforderungen, die an Mädchen bezüglich ihres Körpers gestellt werden, sind häufig in sich widersprüchlich. So ist das 'Dem'-Idealbild-Entsprechen relativ unerreichbar.

50   So wird z.B. beim Kunstturnen beurteilt, ob ein Mädchen in einer Kür auch genügend Ausdruck und Grazie zeigt. Anders ist dies bei Ballspielen oder in der Leichtathletik. Hier zählen eher Tore, gute Ballwechsel, Meter und Zeiten.

III.1.3.   Umgang mit Risikosituationen

Mädchen erleben nach Lotte Rose[51] eine relativ risikolose Körpersozialisation, was ihrer Ansicht nach problematische Folgen haben kann. Vielen Mädchen werde durch den Mangel an Risikoerfahrungen die Möglichkeit genommen, die Selbstheilungskraft, die Elastizität und Zähigkeit ihres Körpers zu erleben. Mädchen seien eher darum bemüht, ihr Wohlergehen zu sichern. Sie entwickelten Angst vor Körperverletzungen und lernten seltener, wo ihre tatsächlichen Grenzen und Fähigkeiten liegen.

Eltern reagieren nach Lotte Rose geschlechtsbezogen auf kindliches Risikoverhalten. Mädchen werden eher von möglichen Gefahrensituationen zurückgehalten. Die eigenverantwortliche Auseinandersetzung der Kinder mit ihrer Umwelt wird Mädchen häufiger verwehrt als Jungen. "Mädchen und Jungen zeigen als Folgewirkung auch tatsächlich deutliche Unterschiede im Umgang mit Risikosituationen" *(Rose 1993d, S.22)*. So sind Mädchen und Frauen in Risikosportarten wie Autorennen, Drachenfliegen oder Klettern weniger vertreten. Auf Abenteuerspielplätzen überwiegen nach zwei von Lotte Rose bearbeiteten Studien Jungen *(vgl. Rose 1993d, S.22)*. Fahrräder werden von Jungen auch als Sportgerät genutzt. Mädchen nutzen dagegen das Rad hauptsächlich zur Überwindung einer Entfernung. Lotte Rose stellt anhand der Beispiele fest, daß für Jungen Anforderungssituationen und Grenzerweiterungen durch Risikoerlebnisse faszinierend sein können. Mädchen fühlten sich hingegen eher zu Spielgeräten hingezogen, die keine zu großen motorischen Anforderungen an sie stellen.

Mädchen und Frauen fehlen ihrer Meinung nach eine ganze Palette von Erfahrungen: Sie erfahren beispielsweise nicht die erfolgreiche Meisterung einer gefährlichen Situation. Sie entwickeln nicht die Körperkompetenzen der Gefahrenvermeidung *in* einer Risikosituation. Eine Folge davon kann sein, daß sich "die Angst vor der Welt und das Bild von der eigenen Hilflosigkeit" *(Rose 1993d, S.23)*

---

51   Im folgenden stellen wir Lotte Roses Überlegungen zum Thema 'Risikoverhalten von Mädchen' vor. Lotte Rose ist die Autorin, die sich in der von uns bearbeiteten Literatur am intensivsten mit diesem Thema beschäftigt hat *(vgl. Rose 1993d, S.21ff; Rose 1993b, S.50ff; Rose 1993a, S.172)*.

einprägt und sich diese Angst und dieses Bild immer wieder neu bestätigen, "da positive Gegenerfahrungen aufgrund der Angstbarrieren nicht gemacht werden können" *(ebd.)*. Eine These von Lotte Rose ist, daß der "Erfahrungsmangel das weibliche Selbst nachhaltig schwächt - physisch, psychisch und gesellschaftlich" *(Rose 1993d, S.23)*.

Lotte Rose hinterfragt aber auch die Risikobereitschaft von Jungen und Männern. Diese neigen ihrer Meinung nach eher zu einem 'unrealistisch aufgeblähten' Körperselbstbild. Dies äußert sich z.B. in überproportional vielen Kinderunfällen - auch tödlichen - von Jungen.[52] Auch schreibt sie, daß hinter der großen Risikobereitschaft von Jungen oft die Unfähigkeit und Angst stehe, sich selbst und anderen Schwächen einzugestehen (ein Beispiel: beim Felsklettern, Kanufahren usw. in schwierigen Situationen nicht umkehren zu wollen). Mädchen dagegen empfänden keine so extreme Leistungskonkurrenz untereinander.

Für Mädchen spielt nach Lotte Rose eine 'andere Erlebnisqualität' *(vgl. Rose 1993d, S.27)* eine bedeutende Rolle. Ein solidarisches Gruppenverhalten kann ihres Erachtens gleich wichtig wie sportlicher Erfolg sein. Während Jungen mehr die Konfrontation mit der Natur oder den Gleichaltrigen im Sport suchen, wählen Mädchen eher die Kommunikation. In dieser von Lotte Rose beschriebenen 'anderen Erlebnisqualität' zeigt sich unseres Erachtens anschaulich der Bereich der 'Bindung'. Die Suche nach einem 'Miteinander' statt dem 'Gegeneinander' verdeutlicht dies. Allerdings sollte unseres Erachtens auch betont werden, daß dieser Wunsch nicht bei allen Mädchen in gleichem Maße vorhanden ist.

III.1.4.   Exkurs: Koedukativer Sportunterricht

In einem engen Zusammenhang mit der von Lotte Rose erwähnten 'anderen Erlebnisqualität' stehen Schwierigkeiten, denen Mädchen im koedukativen Sportunterricht begegnen können *(vgl. Scheffel/Sobiech 1991, S.39ff)*. So werden unterschiedliche Entwicklungsgeschichten von Mädchen und Jungen im koedukativen

---

52   Vgl. Rose 1993d, S.23 und Schnack, Dieter/Neutzling, Rainer (1990): Kleine Helden in Not. Jungen auf der Suche nach Männlichkeit, Reinbek 1990, S.103.

Sportunterricht nur wenig berücksichtigt. Hinzu kommt, daß die Themen 'Körper', 'Körperveränderungen' und 'Menstruation' im Sportunterricht nicht thematisiert werden und im gemischten Unterricht auch schwer Thema sein können. Diese Themen sind für die Identitätsentwicklung von Mädchen jedoch von großer Bedeutung. Inhaltlich werden im koedukativen Sportunterricht eher an Jungen orientierte Bewegungsinhalte vermittelt. Dies heißt für Jungen, daß sie in diesen Bewegungsformen, die oft als Wettkämpfe organisiert sind, meist geübter sind als Mädchen. Umgekehrt bedeutet dies für Mädchen, daß sie sich im Verhältnis zu Jungen in der Regel leistungsmäßig als schlechter erleben. Dies kann nach Scheffel und Sobiech eine nachhaltige Demotivierung und Bewegungsunlust und somit auch eine Bewegungseinschränkung zur Folge haben nach dem Motto: 'Jungs sind ja sowieso besser'. Trotzdem wünschen sich einige Mädchen koedukativen Unterricht, da sie hier einerseits Anerkennung von Jungen bekommen können und sich andererseits mit anderen Lehrinhalten wie z.b. mit Ballspielen auseinandersetzen können *(vgl. auch IV.7.4.).*

III.1.5.   Kritische Betrachtung der Literatur

Zur bisher verwendeten feministischen 'Bewegungsliteratur' noch einige Anmerkungen: Es ist schwierig, alle Autorinnen im gesamten zu kritisieren, dennoch gibt es unseres Erachtens einige Punkte, an denen eine übergreifende Diskussion sinnvoll erscheint. Den meisten der dargestellten Analysen liegen die Sozialisationstheorie von Hagemann-White und die 'alte' Sozialisationstheorie von Helga Bilden *(Bilden 1980)*[53] zugrunde. Die Autorinnen gehen unseres Erachtens in ihren Texten

---

53   Bilden schreibt in ihrem 'neuen' Sozialisationstext *(Bilden 1991)*, daß sie Schwierigkeiten hat, "noch einmal einen Artikel über 'geschlechtsspezifische Sozialisation' zu schreiben" *(a.a.O., S.279)*, da dem Sozialisationskonzept allgemein grundlegende Annahmen - die Bilden nicht mehr teilen kann - nicht wirklich auszutreiben seien. Solche Annahmen sind beispielsweise die, daß "das sich bildende Individuum ... Objekt von Sozialisationsprozessen" *(ebd.)* sei und daß die Frage nach geschlechtsspezifischer Sozialisation bedeute, "nach geschlechtsdifferenzierenden 'typischen' Sozialisationsbedingungen und nach Geschlechtsunterschieden ... zu fragen" *(ebd.)*. Bilden schreibt weiter: "Damit aber vollziehen wir die polarisierende gesell-

(Fortsetzung)

davon aus, daß Frauen fast ausschließlich Opfer der herrschenden Strukturen sind, vor allem der traditionellen Strukturen der Zweigeschlechtlichkeit. Den Prozeß der Individualisierung und die damit verbundenen 'Teilfreisetzungen' erwähnen sie kaum. Sie heben nicht hervor, daß ein Individuum auch Subjekt sein kann, das sich tätig zu den von der Gesellschaft bereitgestellten Möglichkeiten verhalten kann.

In engem Zusammenhang mit der Betonung von Einschränkungen steht eine weitere Denkvoraussetzung. Manche Autorinnen gehen davon aus, daß Mädchen hauptsächlich sogenanntes weibliches Bewegungsverhalten ausüben. Gleichzeitig werten sie dieses Bewegungsverhalten - und damit auch die Mädchen selbst - ab, indem sie es an männlichem Bewegungsverhalten und männlichen Wertmaßstäben messen. Sie betrachten es mit einem 'hierarchischen Blick' *(vgl. Sobiech 1992b, S.87)*. So wirkt 'weibliches' Bewegungsverhalten oft defizitär.

Diese Betrachtungsweisen mögen darin begründet sein, daß viele dieser Bewegungstexte auch eine Art Legitimation für feministische Bewegungsarbeit darstellen müssen. Für Frauen, die aktiv in Projekten arbeiten, ist es eine schwierige Gratwanderung, die Notwendigkeit von Bewegungspädagogik darzulegen, ohne Mädchen und deren Bewegungsverhalten vorwiegend mit Hilfe von 'Defizit-Modellen' zu beschreiben.

---

schaftliche Konstruktion der zwei Geschlechter einfach nach und *reproduzieren den schematisierenden Dualismus von männlich-weiblich" (ebd., Hervorhebung im Original).*

III.2.   Mädchen in 'männlichen' Bewegungskulturen

In diesem Teil wollen wir unsere Aufmerksamkeit vor allem den Mädchen und Frauen widmen, die sich einer Bewegungskultur zugehörig fühlen, die normalerweise Männern vorbehalten ist.

Wir beziehen uns im folgenden vorwiegend auf Texte von Birgit Palzkill.[54] Palzkill ist in ihrer Dissertation der Frage nach der "Entwicklung lesbischer Identität im Sport" *(Palzkill 1990)* nachgegangen. Hierfür hat sie narrative Tiefeninterviews mit 19 lesbischen Leistungssportlerinnen durchgeführt. Einen Schwerpunkt ihrer Arbeit bildet das 'Frau-Werden' im Zusammenhang mit Bewegung.[55] Eine Übertragung der Untersuchungsergebnisse auf lesbisch und nicht lesbisch lebende Frauen und Mädchen, die keinen Leistungssport betreiben, sich aber ebenfalls in einer eher 'männlichen' Bewegungskultur aufhalten, scheint möglich.[56] Im weiteren sollen zunächst die Kindheit und Pubertät von Mädchen, die an männlichen Sportarten interessiert sind, dargestellt werden.

---

54   Palzkill 1990, Palzkill 1991a, Palzkill 1992.

55   Birgit Palzkill ist selbst eine ehemalige Leistungssportlerin. Seit 1980 ist sie als Lehrerin für Mathematik und Sport an einer Gesamtschule tätig *(vgl. Palzkill/Scheffel/Sobiech 1991, S.197).*

56   Zu ähnlichen Ergebnissen wie Birgit Palzkill bezüglich des Themas Pubertät kommt Gabriele Sobiech in ihrem Text: "'Ich hatte das Gefühl, irgend etwas ist jetzt vorbei!' Die Pubertät - Brüche und Ambivalenzen in der Körper- und Bewegungsentwicklung von Mädchen" *(Sobiech 1991b).* Ihre Ergebnisse sind nicht speziell auf lesbische Leistungssportlerinnen bezogen. Jedoch ist ihre Darstellung weniger ausführlich als die Palzkills, weshalb wir Sobiechs Text nur ergänzend hinzuziehen werden.

III.2.1. Kindheit

In ihrer *Kindheit* sind die meisten Mädchen noch weniger an 'die weibliche Rolle'[57] gebunden als während und nach ihrer Pubertät. Viele Mädchen leisten nach Palzkill in dieser Zeit Widerstand gegen eine Beschränkung und Einengung durch Geschlechtsstereotype. Der elterliche und gesellschaftliche Druck (auch von seiten der Gleichaltrigen) hin zu einem angepaßten Verhalten ist noch gering. Der 'neutrale' Zustand 'Kind' läßt im Vergleich zur Pubertät Verstöße gegen die jeweilige Geschlechtszuschreibung in sehr viel größerem Ausmaß zu.[58]

Allerdings können auch schon Mädchen im Kindesalter in Konflikte mit ihrer Mädchen-Rolle geraten. Das Verhältnis zum eigenen 'Mädchen-Sein'[59] war so bei allen von Palzkill interviewten Frauen bereits in deren Kindheit ambivalent, und sie erlebten es eher als Beschränkung ihrer eigenen Handlungsmöglichkeiten. Die interviewten Frauen gaben an, daß sie sich als 'Nicht-Mädchen' empfanden. Es gab für sie einen Unterschied zwischen 'Mädchen-Sein' und 'Ich-Sein'.[60] Birgit Palzkill schreibt: "Im großen und ganzen gelang es den von mir interviewten Frauen als Kind ihre der Mädchenrolle widersprechenden Wünsche - wie z.B. Fußballspielen - durchzusetzen und ihre persönliche Autonomie gegen die Bedrohungen der Mädchenrolle zu verteidigen. Der Preis dafür war die Verleugnung der eigenen Geschlechtlichkeit, die Definition als Nicht-Mädchen" *(Palzkill 1990, S.57).*

---

57   Palzkill schreibt meist von "der weiblichen bzw. männlichen Geschlechtsrolle" *(Palzkill 1990, S.54).* Wir wollen diese Ausdrucksweise hier und im folgenden übernehmen, obwohl uns bewußt ist, daß 'die' weibliche Geschlechtsrolle sehr unterschiedliche Anforderungen an Mädchen und Frauen stellen kann.

58   Vgl. Palzkill 1990, S.54 und Palzkill 1992, S.99f.

59   Palzkill bezieht sich in ihrer Arbeit auf die Begrifflichkeit von Signe Hammer (1978), die in ihrer auf Erik Erikson aufbauenden Theorie drei Aspekte der Identität unterscheidet: persönliche Identität ('Ich-Sein'), sexuelle Identität (engl. 'sex') und Geschlechtsrollenidentität (engl. 'gender'), die auch geschlechtliche Identität genannt wird. Vgl. Hammer, Signe (1978): Töchter und Mütter. Über die Schwierigkeiten einer Beziehung. Frankfurt a. M., S.33, S.64f; vgl. auch Palzkill 1990, S.46f.

60   Vgl. Palzkill 1990, S.56 und Palzkill 1992, S.100.

Die interviewten Frauen konnten eine Stimmigkeit und ein "Sich-wohl-fühlen im eigenen Körper" *(ebd.)* als Kind nur so lange (er-)leben, wie ihnen die Widersprüchlichkeit von 'Mädchen-Sein' und 'Ich-Sein' noch nicht bewußt war. Positiv ausgedrückt scheint in der Kindheit für Mädchen eine umfassendere Bewegungsaneignung - zumindest vorläufig - möglich.[61] Nach Sobiech trifft dies vielleicht besonders für Mädchen zu, die in ländlichen Gegenden aufwachsen,[62] denn hier stellt allein die Umgebung Mädchen wie Jungen eine Vielzahl von Bewegungsmöglichkeiten zur Verfügung.[63]

III.2.2. *Pubertät*

Spätestens mit Beginn der *Pubertät* gehen für die meisten Mädchen diese Bewegungsfreiheiten verloren. Der Druck, sowohl ihr äußeres Körperbild als auch das Bewegungsverhalten an das jeweils herrschende Weiblichkeits(ideal)bild anzupassen, nimmt nach Palzkill mit der Pubertät sprunghaft zu *(vgl. Palzkill 1991a, S.113)*.

Was ist mit den Mädchen, die sich nicht diesem Druck beugen und sich nicht an 'das weibliche (Bewegungs-)Verhalten' anpassen? Ihr Verhalten wird eher den sogenannten 'männlichen' Verhaltensweisen zugeordnet. Ihr Streben nach Raum, nach Bewegungsfreiheit und Selbstbestimmung kollidiert nach Palzkill in vielfacher Weise mit 'der weiblichen Geschlechtsrolle'. Ihr Selbst, ihr eigenes Bewußtsein als Mädchen und ihre biologische Definition als Mädchen (engl. 'sex') widersprechen häufig den Vorstellungen, wie sie als Mädchen sein sollten[64] (engl. 'gender').

---

61   Vgl. hierzu auch Sobiech 1991b, S.57.

62   Das 'vielleicht' haben wir eingefügt, da unseres Erachtens viele Faktoren eine Rolle spielen können, wie z. B. die Hausarbeit, die gerade für Mädchen in ländlichen Gegenden eine stark einengende Bedeutung haben kann.

63   Vgl. Sobiech 1991b, S.61.

64   Im Sinne von sozialem Geschlecht; vgl. auch Palzkill 1990, S.46f, S.59ff, S.76.

In einem Interview von Palzkill beschreibt eine Frau diesen Widerspruch bezüglich ihres Bewegungsverhaltens: "Dann mußte ich zu diesen Feten. Da hab ich immer auf Frau geschaltet, d.h. ich hab mich ganz brav hingesetzt und hab mich irgendwie nicht bewegt, wie ich mich sonst bewegt hab" *(Palzkill 1992, S.101)*. Für diese Frau gab es einen Widerspruch zwischen 'sich selbst bewegen' und 'sich als Mädchen bzw. Frau bewegen'.

Mit dem 'Frau-Werden' empfinden nach Palzkill viele der an sogenanntem männlichen Bewegungsverhalten orientierten Mädchen einen Anpassungsdruck an 'die weibliche Geschlechtsrolle'. Körperliche Veränderungen werden von diesen Mädchen als eine Forderung zur Anpassung an diese Rolle erlebt und somit oftmals als Bedrohung ihrer eigenen Lebensweise empfunden. Um diesem Anpassungsdruck an 'die weibliche Geschlechtsrolle' zu entkommen, versuchten viele der von Palzkill interviewten Frauen im 'geschlechtsneutralen' Zustand Kind zu bleiben. Veränderungen am Körper wurden von ihnen als Bedrohung erlebt und ignoriert oder sogar unterdrückt (z.B. mit Diäten) *(vgl. Palzkill 1990, S.76ff)*.

Als eine andere 'Strategie', um mit sogenannten 'männlichen' Verhaltensweisen auch noch während und nach der Pubertät anerkannt zu werden, nutzen nach Palzkill einige Mädchen den (organisierten) "Sport als Zufluchtsort" *(Palzkill 1990, S.89)*. Dabei ergibt sich für diese Mädchen ein Widerspruch: Im Sportsystem werden sie geschlechtsneutral als 'SportlerIn'[65] behandelt. Ihre Geschlechtlichkeit als Mädchen bzw. Frau bleibt ausgeschlossen. Doch der Spaß an der eigenen Bewegungsfreiheit, die Anerkennung für sportliche Leistungen läßt 'SportlerInnen' "manche andere Beschränkung in Kauf nehmen" *(Palzkill 1990, S.101)*. Außerhalb des Sportsystems werden diese Mädchen jedoch weiterhin mit Forderungen nach 'weiblichem' (Bewegungs-)Verhalten konfrontiert. Für sie tritt also der Widerspruch zwischen dem 'geschlechtsneutralen' 'SportlerIn-Sein' und dem 'Frau-Sein'

---

65 Um das geschlechtsneutrale Dasein der Mädchen im Sportsystem hervorzuheben, wählten wir hier bewußt die Schreibweise mit dem großen 'I', obwohl es sich hier eigentlich ausschließlich um Sportlerinnen handelt.

auf.[66] Diesen Widerspruch bzw. die Zerrissenheit zwischen der Welt im Sport und der Welt 'außen' beschreibt Palzkill als Zerrissenheit zwischen "Turnschuh und Stöckelschuh" *(Palzkill 1990, S.101)*.

III.2.3.   Resümee und (Bewegungs-)Pädagogische Konsequenzen

Die beschriebene Zerrissenheit zwischen 'SportlerIn-Sein' und 'Mädchen-Sein' trifft im extremen Maß wahrscheinlich nur für Leistungssportlerinnen in der 'männlichen' Sportkultur zu. Allerdings kennen sicherlich auch einige nicht Leistungssport treibende Mädchen die Spaltung zwischen 'Ich-Sein' und 'Frau-Werden'. Ob, wie häufig und in welchem Ausmaß dieser Widerspruch bei nicht Leistungssport treibenden Mädchen auftaucht, wäre eine interessante Fragestellung für weitere Untersuchungen.

Dieser Widerspruch kann unseres Erachtens auch als ein Widerspruch zwischen den Bereichen 'Bindung/Sorge für andere' und 'Autonomie/Individualisierung' gedeutet werden. Ähnlich wie beim Prozeß der Individualisierung haben Mädchen, die sich in der 'männlichen' Sportkultur bewegen, eine Art 'Freisetzung' aus traditionellen Bewegungsanforderungen erfahren. Es gibt z.B. kaum noch Sportarten, deren Ausübung ihnen direkt verboten wird. Trotzdem wirken 'mädchentypische' Bewegungsanforderungen auch heute noch auf sie, da sogenannte 'unweibliche' Verhaltensweisen sie in Konflikte mit ihrer Rolle als Mädchen bzw. Frau bringen können. Vor allem außerhalb des Sportsystems wird diesen Mädchen offen oder subtil vermittelt, daß ihr Verhalten "für sie 'als Mädchen' nicht normal ist und im Widerspruch zu ihrer weiblichen Rolle steht" *(Palzkill 1991a, S.112)*.

Eine Überwindung der Spaltung zwischen dem oben beschriebenen 'Ich-Sein' und 'Frau-Werden' ('weiblich' sein), zwischen 'Mädchen-Sein' und 'SportlerIn-Sein' sieht Palzkill in einer autonomen Bestimmung von 'Frau-Sein'. Sie schreibt, daß diese Spaltung in der lesbischen Existenz überwunden werden kann, da hier eine Loslösung von der gängigen Definition von 'Weiblichkeit' möglich ist. Die Spiegelung der eigenen Person in einer anderen Frau bzw. in einem anderen Mädchen

---

66   Vgl. Palzkill 1990, S.99ff; Palzkill 1992, S.103ff.

ermöglicht lesbisch Lebenden auch eine Spiegelung der eigenen Unabhängigkeit von einer Anpassung an 'weibliche' Rollenklischees *(vgl. Palzkill 1990, S.118ff).* Dies ist nach Palzkill eigentlich in jeder Mädchengruppe oder Mädchenfreundschaft möglich. Doch aufgrund "der Minderbewertung alles Weiblichen und der Wertschätzung von Mädchen nur über den Mann werden diese intensiven Mädchenfreundschaften in ihrem Wert in der Regel nicht anerkannt" *(Palzkill 1992, S.107).* (Liebes-)Beziehungen zwischen Mädchen sollten deshalb aufgewertet und den Mädchen als eine Möglichkeit der Lebensgestaltung aufgezeigt werden. Ein Raum hierfür können auch sportpädagogische Veranstaltungen sein.[67]

III.3.   Sexuelle Gewalt und Bewegung/Sport

In jüngster Zeit wird dem Thema 'sexuelle Gewalt' auch in der sportwissenschaftlichen und sportpädagogischen Frauenforschung Raum gegeben *(vgl. Palzkill 1990, S.83ff; Palzkill 1991b; Rose 1992c, S.52f; Ulmer 1993).* *Eine zentrale Frage ist, welche Auswirkungen die Erfahrung von/mit bzw. die Angst vor sexueller Gewalt auf die Körper-, Bewegungs- und Sportentwicklung von Mädchen haben kann.*

III.3.1.   Zusammenhänge zwischen sexueller Gewalterfahrung und Bewegungs-/ Sportabstinenz

Um den Erinnerungen an schmerzhafte und erniedrigende Erfahrungen nicht mehr ausgesetzt zu sein, versuchen einige Mädchen, ihren Leib nicht mehr zu spüren, die eigene Körperwahrnehmung partiell oder völlig auszublenden, den Körper zu verdecken. Konkret kann dies bedeuten: "Keine Aufregung im Körper; den Körper ruhig halten; kein Schwitzen; keine körperlichen Berührungen; keine Konfrontation mit dem eigenen Stand und Gleichgewicht und deren Verlust; keine Konfrontation mit der eigenen Kraft und Kraftlosigkeit; keine Konfrontation mit der eigenen Erschöpfung; keine Konfrontation mit durch den Sport hervorgerufenen

---

67   Z.B. in Gesprächsrunden am Anfang und Ende einer Bewegungseinheit.

Schmerzen, weil sie an andere Schmerzen erinnern; keine Konfrontation mit Kraft/ Kraftlosigkeit anderer; keine Konfrontation mit den Körpern anderer; die Umgehung von Umkleideräumen und Duschen" *(Ulmer 1993, S.58).* Eine mögliche Beziehung zu der in Abschnitt III.1. beschriebenen Zurücknahme des Bewegungsverhaltens von Mädchen, der teilweise vorhandenen Bewegungsunlust und der sogenannten 'Unsportlichkeit' von Mädchen und Frauen ist hier erkennbar.

Bei der Selbstbegrenzung von Bewegungsverhalten kann es sich um wichtige Schutzreaktionen von Mädchen mit sexuellen Gewalterfahrungen - von Überlebenden[68] - handeln. Ein Mädchen, das sexuellem Mißbrauch ausgeliefert war oder ist, hat auch eine 'Berechtigung', die Lust am eigenen Körper zu verlieren und die schmerzhaften Erfahrungen am eigenen Leib nicht spüren zu wollen.

III.3.2.   Zusammenhänge zwischen sexueller Gewalterfahrung und (Leistungs-) Sport/Bewegung

Sport kann nach Palzkill und Ulmer allerdings ebenfalls einen Schutz- und Abwehrcharakter haben. Mit Hilfe von Sport kann versucht werden, Gefühle wie Ohnmacht, Kraft- und Wehrlosigkeit zu beherrschen, indem diese durch gegenteilige Erfahrungen kompensiert werden, beispielsweise durch Kraft und Durchsetzungsvermögen. Sport bietet Mädchen die Möglichkeit, sich der eigenen Kraft und Durchsetzungsfähigkeit zu vergewissern und diese zu erweitern. Durch Bewegung können Mädchen ein Vertrauen in ihren eigenen Körper wiedergewinnen - ein Vertrauen, welches evtl. durch sexuelle Gewalterfahrungen zerstört wurde. Somit kann Sport auch als eine Chance gesehen werden, sich aktiv mit erfahrenen Verletzungen auseinanderzusetzen.

Umgekehrt kann exzessives Sporttreiben - vor allem auf dem Gebiet des Leistungssports mit seinem funktionalen Bild von Körperbeherrschung[69] - eine Flucht

---

68   Wir verwenden hier diesen Begriff für Betroffene sexueller Gewalt, da er nicht nur die Dimension der Verletzung, sondern auch die der aktiven Bemühungen der Betroffenen im Leben nach und mit diesen Erfahrungen zum Ausdruck bringt *(vgl. Bass/Davis 1993, S.34-48).*

69   Hiermit verbunden sind oftmals starke Reglementierungen des Eßverhaltens. Eine starke Re-

(Fortsetzung)

vor Ohnmachtserfahrungen sein und eine Auseinandersetzung mit und die Überwindung der erfahrenen Verletzungen verhindern. Intensive Formen von Jogging, Krafttraining oder Gymnastik (Aerobic) haben wahrscheinlich des öfteren eine ähnlich verhindernde Wirkung. Der erfahrenen Ohnmacht kann durch Sporttraining eine Illusion von Allmacht entgegengesetzt werden. Verbunden ist hiermit jedoch eine psychische Abhängigkeit vom Sport. Körperliche Verletzungen und weniger erfolgreiche Leistungen können in diesem Zusammenhang einen Einbruch, eine Zerstörung der Illusion von Allmacht bedeuten *(vgl. Palzkill 1990, S.86f; Palzkill 1991b, S.68f; Ulmer 1993, S.58ff)*.

Ein anderer, von Regine Ulmer benannter Aspekt des exzessiven Sporttreibens ist der, daß bis an die Grenzen der Belastbarkeit (und darüber hinaus-)gehende sportliche Betätigungen für einige Mädchen und Frauen die einzige Möglichkeit darstellen, "überhaupt eine Art von Körpergefühl zu entwickeln" *(Ulmer 1993, S.60)*.

Zusammenfassend kann festgehalten werden, daß (Leistungs-)Sport somit einerseits eine Überlebensstrategie und eine aktive Auseinandersetzung in bezug auf die Erfahrung von sexueller Gewalt darstellen kann. Andererseits scheint vor allem Leistungssport die Distanz zum eigenen Körper und die Ausgrenzung von Körperwahrnehmung nicht unbedingt aufzuheben. Aber auch 'ganzheitliche Bewegungserziehung' ist in diesem Zusammenhang mit einer gewissen Vorsicht zu betrachten. Vor allem PartnerInnen- und Massageübungen, Entspannungsübungen mit Körperkontakt können die Grenzen von (betroffenen) Mädchen und Frauen überschreiten. Der überlebensnotwendige Schutz einer Abspaltung von Körperwahrnehmungen kann durch solche Übungen zerstört werden, wenn diese ohne Einverständnis der betroffenen Mädchen erfolgen. Eine erneute Ohnmachtserfahrung kann die Angst vor Körpernähe und die Abspaltung von Körperwahrnehmungen weiter zementieren und andere, vielfältige und positive Erlebnisse beinahe unmöglich machen *(vgl. Palzkill 1991b, S.71)*.

---

glementierung des Eßverhaltens ist nach Palzkill und Ulmer auch ein häufig beobachtetes Verhalten nach sexuellen Gewalterfahrungen *(vgl. Palzkill 1991b, S.69; Ulmer 1993, S.60)*.

III.3.3. Pädagogische Konsequenzen

Eine Sport- und Bewegungspädagogik, die Mädchen und Frauen gerecht werden will, muß die bei manchen Mädchen vorhandene Angst vor Berührungen und vor Kontrollverlust über sich selbst beachten und mit Übungen, die Körpernähe und Entspannung bzw. Kontrollverlust[70] verlangen, vorsichtig umgehen. Dies sollte vor allem auch im Sportunterricht als Pflichtveranstaltung Berücksichtigung finden *(vgl. Palzkill 1991b, S.72)!*

Ein zentrales Thema im Zusammenhang mit Sport-/Bewegungspädagogik und sexuellem Mißbrauch ist die *Grenzbeachtung.* Denn viele Überlebende lernen nach Beobachtungen von Regine Ulmer ihre eigenen Grenzen (bei Bewegungsangeboten) oftmals nur durch deren Überschreitung kennen. Regine Ulmer schreibt: "Mißbrauch heißt immer auch zu erfahren, daß ich keine Grenzen ziehen, daß ich mich nicht wehren und nicht 'Nein' sagen konnte - oder daß dies nicht respektiert wurde. Deshalb erscheint mir gerade im Bewegungs-/Sportrahmen von entscheidender Bedeutung: zu lernen, 'Nein' zu sagen, die eigenen Grenzen zu erkennen, zu bestimmen und zu formulieren, und sie auch durchsetzen zu können. Grenzen, wo es zuviel wird, wo die anderen zu nahe kommen, wo ich mich zurückziehen will. Die Schwierigkeit, Grenzen zu setzen, bezieht sich jedoch nicht nur auf andere. Sie bezieht sich auch darauf, Grenzen für die eigene Bewegungsaktivität zu ziehen - egal, ob es sich dabei um Tanz, Ballspiele, Selbstverteidigung oder Aktivitäten im freien Gelände handelt. Diese Grenzen individuell und jedesmal von neuem klar zu erkennen, setzt meines Erachtens voraus, daß die einzelnen Schritte auf dem Weg zu der Grenze hin wahrgenommen werden können" *(Ulmer 1993, S.61).* Dies verlangt unseres Erachtens eine vorsichtige Herangehensweise an Sport und Bewegung: und zwar sowohl für Mädchen, die teilweise zur Überschreitung eigener Grenzen in ihren Bewegungsaktivitäten neigen, als auch für sogenannte 'unsportliche' Mädchen und Frauen.

Eine praktische Umsetzung des Themas 'Grenzsetzung/Grenzbeachtung', die uns sehr beeindruckte, wird im Verein "Selbstverteidigung für Frauen und Mädchen e.V., Bielefeld" praktiziert *(Hildebrandt/ Schimanski 1993, S.9).* Mädchen und

---

70   Zu 'Kontrollverlust' vgl. Bass/Davis 1993, S.39.

Frauen müssen hier nicht notwendig an Aktivitäten teilnehmen. Ausdruck findet diese freiwillige Teilnahmemöglichkeit durch das Angebot einer 'Kuschelecke'. Es handelt sich dabei um einen mit Decken, Kissen, Kuscheltieren und Kinderbüchern ausstaffierten Platz, zu dem alle Teilnehmerinnen immer Zugang haben. Dorthin können sich die teilnehmenden Mädchen und Frauen jederzeit zurückziehen. Von den Kursleiterinnen jedoch bleibt dieser Platz unberührt. Kursteilnehmerinnen müssen deshalb z.b. auch keine ihnen möglicherweise peinlichen, lästigen und/ oder grenzüberschreitenden Fragen erwarten, wenn sie sich zurückziehen *(vgl. Hildebrandt/Schimanski 1993, S.10).*

III.4.   Bewegungspädagogische Arbeit mit Mädchen

Im folgenden sollen Ziele und Methoden feministischer Bewegungspädagogik aus zwei unterschiedlichen Blickrichtungen betrachtet werden: Zunächst wollen wir uns mit Texten von Autorinnen beschäftigen, in denen eine Auseinandersetzung mit bewegungspädagogischer Arbeit überwiegend auf theoretischer Ebene stattfindet. Daran anschließend sollen anhand von Textmaterialien (und eigenen Erfahrungen aus einer Fortbildung) zwei Bewegungsprojekte mit ihren unterschiedlichen Zielsetzungen und Methoden vorgestellt werden.

III.4.1.   *Theoretische Überlegungen zu feministischer Sport- und Bewegungsarbeit mit Mädchen*

Heidi Scheffel und Gabriele Sobiech gingen innerhalb der uns vorliegenden Literatur am ausführlichsten auf das Thema der bewegungspädagogischen Arbeit mit Mädchen ein *(vgl. Scheffel/Sobiech 1991, S.41ff)*. Die von Scheffel und Sobiech vertretene Bewegungspädagogik ist durch *Parteilichkeit* im Sinne einer bewußten Hinwendung zu Mädchen gekennzeichnet. Parteilichkeit bedeutet für sie, "den Alltag von Mädchen, ihre Interessen und Bedürfnisse zum Ausgangspunkt der praktischen Arbeit zu machen" *(Scheffel/Sobiech 1991, S.41)*. Parteilichkeit bedeutet für die Autorinnen aber auch, die Unterschiedlichkeit von Mädchen und deren differierende Bewegungsweisen zu beachten. Darauf aufbauend formulieren Scheffel und Sobiech folgende *Ziele* von Körper- und Bewegungsarbeit: Mädchen sollten befähigt werden,

- "eigene Bewegungsbedürfnisse zu entdecken, zu entwickeln und zu artikulieren;
- psychische und physische Stärke zu entwickeln;
- Raum einzunehmen und diesen auch zu behaupten;
- Gemeinsamkeiten und Unterschiede von Mädchen und Frauen in der ganzen Vielfalt wahrzunehmen;
- Rollenkonflikte erkennen zu lernen und Möglichkeiten zu finden, sie zu überwinden;
- sich von fremden Wertmaßstäben zu lösen, um zunehmend selbstbestimmter leben zu können" *(Scheffel/Sobiech 1991, S.41f)*.

Mit den meisten ihrer Zielformulierungen wollen Scheffel und Sobiech unseres Erachtens Mädchen nicht auf eine bestimmte Orientierung festlegen, sondern ihnen die Chance lassen, eigene Lösungen für sich zu finden. Eine weitere wunderschöne Formulierung, die viele Ziele umfaßt, ist eine von Doris Schmidt benannte Utopie. Sie plädiert dafür, daß jedes Mädchen "ein Gefühl und Wissen dafür bekommen kann, was ihr wann und wie gut tut" *(Schmidt 1991, S.84).*[71]

Welcher *Voraussetzungen* bedarf es aber, um die genannten Ziele verwirklichen zu können? Scheffel und Sobiech sehen dafür ausschließlich von Mädchen und Frauen besetzte und genutzte (Bewegungs-)*Räume* als eine notwendige Bedingung an. Sie wollen Mädchen und Frauen damit die Möglichkeit bieten, daß sie sich ohne Unwohlsein und Verunsicherungen hervorrufende 'Männerblicke' bewegen können. So könne es Mädchen und Frauen eher gewährleistet werden, sich von der Bezugsgröße 'Junge/Mann' zu lösen und eigene Wertmaßstäbe aufzubauen.

---

[71]   Uns ist dieser Aspekt besonders wichtig, weil Mädchen viel zu oft die Erfahrung machen müssen, daß sie nicht auf sich selbst achten dürfen. Am extremsten zeigt sich dies im Zusammenhang mit sexueller Gewalt, durch die die Selbstverfügung von Mädchen immer wieder gebrochen wird.

Eine Körper- und Bewegungspädagogik sollte zudem an der *Lebenswirklichkeit* und am *Alltag* der einzelnen Mädchen ansetzen. Hiermit ist gemeint, daß die vielfältigen Erwartungen, Freuden, Ängste und Unsicherheiten, die Mädchen mit Bewegungs- und Körperarbeit verbinden, nicht losgelöst von ihrem täglichen Leben wie z.b. von Erfahrungen mit Schulsport, Gewalt usw. verstanden und in pädagogische Arbeit umgesetzt werden können. Doris Schmidt, Sportpädagogin an der Zentraleinrichtung Hochschulsport Berlin, lenkt in ihrem Text den Blick auch auf die Pädagoginnen. Für Schmidt ist es wichtig, daß Pädagoginnen sich ihrer eigenen Sport- und Bewegungssozialisation immer wieder bewußt werden *(vgl. Schmidt 1993, S.90).*

Im folgenden sollen methodische Vorschläge verschiedener Autorinnen vorgestellt werden.

Eine Möglichkeit der *praktischen Umsetzung* ihrer Ziele sehen Scheffel und Sobiech in einem Sportarten und Bewegungsbereiche übergreifenden Angebot. Dieses könnte sowohl traditionell eher 'weibliche' Sportarten als auch sogenannte 'männliche' Sportarten oder auch alternative Bewegungsbereiche (wie Jonglieren, Bewegungstheater und Entspannungsformen) umfassen. Wichtig ist hierbei die Überschneidung der Angebote. Nach Aussagen der Autorinnen lieben Mädchen anscheinend gerade diese Abwechslung von Angeboten. Ein Angebot, das verschiedene Bewegungsbereiche beinhaltet, kann unseres Erachtens auch die Angst mancher Mädchen vor bestimmten Sportarten herabsenken, da Mädchen hierbei nicht nur mit Unbekanntem konfrontiert werden, sondern auch auf Vertrautes treffen. Mädchen können so eine große Vielfalt an Bewegungserfahrungen machen.

An dieser Bewegungsvielfalt setzt auch Wiltraud Thies mit der Idee des 'Lernens an Widersprüchen in Bewegung' an *(vgl. Thies 1992, S.128ff, insbesondere S.142ff).* Ein breit gefächertes Bewegungsangebot, das auch Gegensätzliches enthält, bietet ihres Erachtens die Möglichkeit, Widersprüchlichkeiten - die in der gesellschaftlichen Mehrfachverortung von Mädchen liegen - individuell zu erkennen und Umgangsweisen damit zu finden. Thies schlägt vor, "durch das Anbieten von Lerngelegenheiten, die das Widersprüchliche in sich tragen und offensichtlich werden lassen, eine Selbststärkung der Mädchen ... zu erreichen, um ihnen selbst Möglichkeiten an die Hand zu geben, selbstbestimmt(er) und mit größerem bewußten Widerstandspotential ihre eigene Lebensgestaltung zu planen" *(Thies 1992, S.133f).* Konkret kann dies bedeuten, Mädchen - wenn sie es wünschen - Aerobic anzubieten und einerseits ihren Blick auf die Stilisierung und Objektivierung von Mädchen- und Frauenkörpern in dieser Sportart zu lenken, andererseits ihnen die Gelegenheit zu geben, Lust am Auspowern, Kraft haben usw. zu erleben.

Soweit zu den allgemein gefaßten Zielen und Methoden verschiedener feministischer Ansätze von Bewegungspädagogik. Im folgenden soll nun etwas ausführlicher Lotte Roses auf *Erlebnispädagogik* mit Mädchen spezialisierter Ansatz dargestellt werden, da dieser sich in einigen Punkten von den bisher betrachteten Konzepten unterscheidet. Rose knüpft mit den in dem Text "Suchen Mädchen Abenteuer?" *(Rose 1993d)* benannten Zielen und Methoden direkt an ihre Aussage über Risikoerfahrungen an. Sie geht davon aus, daß Mädchen eingeschränkt(e) Risikoerfahrungen machen, die zu "motorischen Entwicklungsdefiziten" *(Rose 1993d, S.25)* führen können. Ihre These ist, wie bereits dargestellt, daß ein Erfahrungsmangel an Erlebnismöglichkeiten und Risikosituationen das "weibliche Selbst nachhaltig ... physisch, psychisch und gesellschaftlich" schwächt *(Rose 1993d, S.23)*. Im Zusammenhang einer Erlebnispädagogik für Mädchen spricht Rose von einer "Nachsozialisation" *(Rose 1993d, S.25)*, wobei das Ziel nicht näher konkretisiert ist. Unseres Erachtens möchte Lotte Rose Leistungen und Werte von Jungen Mädchen näherbringen. Wie setzt Rose nun eine 'Nachsozialisation' von Mädchen bezüglich Risikoerfahrungen in die Praxis um? Bei einer Konzeptionierung eines Mädchen-Abenteuerprojekts sollten ihres Erachtens zwei Dinge beachtet werden: "Risikodosierung" und "Annäherungshandlungen" *(Rose 1993d, S.25)*. Mit der *Risikodosierung* möchte Rose erreichen, daß Mädchen nicht überfordert werden und somit in Risikosituationen nicht mit Flucht und Ausstieg reagieren. Unter *Annäherungshandlungen* faßt die Autorin all die Handlungen, die viele Mädchen ihres Erachtens vor einer Abenteueraktion tun. Mädchen gehen den Aussagen Roses zufolge weniger direkt auf eine Aktion zu als Jungen. Sie bearbeiten in einem "Zwischenstadium" *(ebd.)* - z.B. zwischen dem Aussteigen aus dem Bus und dem Besteigen eines Felsens - in einem geschützten, ihnen bekannten Raum ihre Ängste und Hemmungen (z.B. indem sie ihr Gepäck ordnen, sich in den Schatten legen, spazieren gehen, Pflanzen betrachten usw.). Nicht wenige Mädchen wagen erst dann die "Konfrontation" *(ebd.)* mit der 'Risikosituation'. Rose zieht hieraus die Konsequenz, "Mädchen bewußt Zeit zu lassen, [so daß sie] sich in *ihrem* Tempo der Herausforderung ... nähern" können *(ebd.; Hervorhebung im Original)*.

Roses pädagogische Methoden lassen Mädchen den Weg wählen, den sie im Umgang mit Risikosituationen gehen wollen. Roses Ziele jedoch lassen Mädchen unseres Erachtens weniger Freiraum, eigene Wünsche und Bewegungsbedürfnisse zu entwickeln, denn sie setzen an 'männlichen' Bewegungsmaßstäben an, auf welche sich Mädchen zubewegen sollen. Es stellt sich uns die Frage, inwiefern eine (Bewegungs-)Pädagogik Mädchen tatsächlich einen Raum zum selbstbestimmten Bewegen und Leben bieten kann. Unseres Erachtens bietet hierfür das Lernen an Widersprüchen unter feministischem Blickwinkel am ehesten eine Lösung.

III.4.2. Bewegungsprojekte

Wir wollen hier zwei Bewegungsprojekte vorstellen, eines aus Marburg und eines aus Tecklenburg-Brochterbeck bei Münster. Diese beiden Projekte sollen bezüglich ihrer Ziele und Methoden miteinander verglichen werden, um die Unterschiedlichkeit von feministischen Bewegungsprojekten deutlich zu machen.

III.4.2.1. 'Mädchen in Bewegung', Marburg

Das Bundesmodellprojekt "Mädchen in Bewegung"[72] in Marburg besteht seit 1991. Träger diese Einrichtung ist der "Verein zur Förderung bewegungs- und sportorientierter Jugendsozialarbeit (BSJ)" *(Rose 1993c, S.3)*. Lotte Rose ist wissenschaftliche Mitarbeiterin dieses Projekts.

Das Projekt 'Mädchen in Bewegung' ist als Kooperationsmaßnahme angelegt, was bedeutet, daß Bewegungsangebote/-projekte als mobile Ergänzungsangebote im Rahmen der Mädchenarbeit verschiedener Träger durchgeführt werden. Die Bewegungsangebote des Bundesmodellprojekts werden somit in andere Mädchenprojekte eingebettet. Die verschiedenen Einrichtungen, in denen Bewegungsprojekte stattfinden, sind beispielsweise Berufsförderungseinrichtungen, Gemeinwesenin-

---

72   Rose 1993c, S.3; vgl. auch Rose 1993a; Rose 1993b.

itiativen sozialer Brennpunkte und Jugendheime. Jedes Bewegungsprogramm wird gemeinsam von "Bewegungsspezialistinnen" des Bundesmodellprojekts und Sozialarbeiterinnen "vor Ort" konzipiert, durchgeführt und ausgewertet *(Rose 1993c, S.3)*.

Eine *Zielgruppe*, für die sich dieses Projekt besonders einsetzt, sind Mädchen aus sozial benachteiligten Lebenslagen. Rose schreibt, daß für diese Mädchen die Begrenzungen ihres Mädchenalltags meist noch viel rigoroser ausfällt, daß Geschlechtsrollen schärfer polarisiert sind und daß die traditionelle Arbeitsteilung im Lebensalltag dieser Mädchen noch eher wirksam ist. Vor allem die Chancen, sich durch Berufsausbildung und Arbeit eine unabhängige Existenz aufzubauen, sind bei Mädchen sozial benachteiligter Lebenslagen häufig geringer. Dadurch erhält der Körper dieser Mädchen für einen Statuszugewinn besondere Bedeutung. Körperschönheit, sexuelle Attraktivität und Kindergebären rücken oft in den Mittelpunkt. Für Mädchen mit eingeschränkten beruflichen Perspektiven (beispielsweise Mädchen ohne Schulabschluß oder mit abgebrochener Lehre) ist die Ästhetisierung ihres Körpers und die Angewiesenheit auf ein gutes Aussehen von besonderer Bedeutung *(vgl. auch Flaake 1992, S.100f)*. Jedoch ist dieses "Kapital Schönheit" *(Rose 1993c, S.3)* anfällig (z.B. durch Gewichtszunahme) und stark von der Beurteilung durch Männer abhängig.

Rose formuliert anknüpfend an die beschriebene Situation vieler Mädchen aus sozial benachteiligten Lebenslagen *Ziele* für das Modellprojekt in Marburg. Sie schreibt: "Ziel soll sein, die eng gesteckten Grenzen weiblicher Bewegungssozialisation zu erweitern, ermutigende und grenzüberschreitenden[!] Gegenerfahrungen zugänglich zu machen und so Mädchen physisch, psychisch wie auch gesellschaftlich zu stärken" *(Rose 1993b, S.52)*. In dem Bundesmodellprojekt gehe es "darum, den eigenen Körper jenseits von Schönheitszwängen und Eingrenzungen, in der Bewegung und in der Stärke zu erleben und somit die eigenen Erfahrungswelten und Handlungsräume zu erweitern" *(Rose 1993c, S.3)*. Bei der *Umsetzung* dieser Ziele in die Praxis sollen nach Rose zwei Ansatzpunkte gleichberechtigt Berücksichtigung finden: Zum einen sollen vertraute sogenannte 'weibliche' Bewegungsweisen aufgegriffen werden. Sie sollen gestärkt und durch neue Impulse weiterentwickelt werden. Zum anderen sollen auch Geschlechterpolarisierungen durchbrochen werden, was bedeutet, daß Mädchen Zugang zu sogenannten 'männlichen' Bewegungsräumen erhalten sollen.

Die inhaltlichen Schwerpunkte der Projekts, die diese beiden Aspekte berücksichtigen, sind folgende:

- *"Kompensatorische Bewegungsangebote"*.[73] Diese haben in erster Linie eine gesundheitsfördernde und streßmindernde Funktion.
- *"Förderung motorischer und sportbezogener Fertigkeiten"*.[74] 'Motorische Defizite' *(vgl. Rose 1993c, S.3)* von Mädchen sollen hier ausgeglichen werden. "Ziel ist es, die verkümmerte Lust an der sportlich-spielerischen Bewegung, an ungewöhnlichen Körper-Situationen wieder zu wecken" *(Rose 1993a, S.175)*.
- *"Selbstverteidigung und -behauptung"*.[75] Hier geht es um die "'Wiederentdeckung' und Akzeptanz der in der Mädchensozialisation so früh verstellten aggressiven Selbstbehauptungsimpulse" *(Rose 1993c, S.3)*.[76]
- *"Ästhetische Bewegungsprojekte"*.[77] Diese sind bei Mädchen nach Rose besonders beliebt, da sie an den "sozialisatorischen Mitbringseln"[78] vieler Mädchen anknüpfen. Aber auch hier kann Mädchen der Zugang verstellt sein, wenn sie bestimmten Körper- und Bewegungsidealen (z.b. schlank und grazil) nicht entsprechen.

Als ein ideales Medium für ästhetische Bewegungsprojekte hat sich nach Lotte Rose und Ute Dithmar das 'schwarze Theater' gezeigt, denn dieses sichert durch "schwarze Masken" *(Dithmar 1993, S.65)* und bestimmte Lichteffekte die Anonimität der Darstellerinnen. Selbst beim Proben und Ausprobieren müssen Mädchen sich hier nicht zeigen.

---

73   Rose 1993a, S.175.

74   Rose 1993a, S.175.

75   Rose 1993a, S.175.

76   Wir lassen Rose hier deshalb so häufig 'zu Wort kommen', weil wir ihre Aussagen, die unseres Erachtens Mädchen und deren Bewegungsweisen oftmals als defizitär erscheinen lassen, anhand von Zitaten verdeutlichen wollen.

77   Rose 1993a, S.175.

78   Rose 1993c, S.4.

- *"Erlebnispädagogik"*.[79] Damit sind Risiko- und Natursportarten wie Klettern, Kanufahren, Höhlenerkundungen und Reiten gemeint. Vernachlässigte, risikoreiche Abenteuerräume sollen hier (wieder-) entdeckt werden.
- *"Bau von Bewegungsgeräten"*.[80] Hierbei geht es um "Annäherungen an die männliche Welt des Handwerks"[81]. Durch die Reparatur von Fahrrädern und den Bau von Skibobs sollen nicht nur Kompetenzen von Mädchen erweitert werden, sondern auch ihre Mobilität erhöht werden.[82]

Auffallend breit gefächert ist das pädagogische Angebot des Projekts. Zudem ist es das einzige uns bekannte Projekt, das sich Mädchen in sozialen Brennpunkten besonders zuwendet. Inwieweit Mädchen innerhalb der Bewegungsangebote die Möglichkeit zur Mitbestimmung haben, ist uns allerdings unklar.[83] Die teilnehmenden Mädchen sind kaum als aktiv handelnde Subjekte erwähnt. Die einzelnen Bewegungsangebote werden z.b. von Pädagoginnen vorbereitet und durchgeführt.

Lotte Rose setzt mit ihren Zielformulierungen vor allem an Einschränkungen an, die Mädchen aus sozialen Brennpunkten erfahren können. Mögliche Stärken der Mädchen beachtet sie weniger. Zudem zeigt sich unseres Erachtens in manchen ihrer Formulierungen, daß sie das Bewegungsverhalten von Mädchen zumindest teilweise als defizitär betrachtet (vgl. u.a. die Begriffe "sozialisatorischen Mitbringsel", 'motorische Defizite'). Wir vermuten allerdings, daß in den Methoden des Projekts wahrscheinlich mehr Erkenntnisse und Möglichkeiten stecken, als in schriftlicher Darstellung festgehalten werden kann.

---

79   Rose 1993a, S.175.

80   Rose 1993a, S.175.

81   Rose 1993c, S.4.

82   Vgl. dazu auch Rose/Wollbold 1993.

83   Zumindest hebt Rose nicht explizit den Aspekt einer möglichen Selbst- oder Mitbestimmung von Mädchen hervor.

III.4.2.2 'Bewegungs- und Kommunikationszentrum für Mädchen und Frauen', Tecklenburg-Brochterbeck

Das "Bewegungs- und Kommunikationszentrum" *(Kröner 1992, S.160)* für Mädchen und Frauen in Tecklenburg-Brochterbeck, 40 Kilometer entfernt von Münster, existiert seit August 1989. Es handelt sich um ein Forschungsprojekt der Westfälischen Wilhelms-Universität Münster. Trägerin dieses Projekts ist die 'Deutsche Sportjugend' (DSJ) *(vgl. Kröner 1993; Kröner 1992, S.160ff; Scheffel 1992b, S.170ff und Engelhardt 1993, S.14ff)*.

Das 'Zentrum' ist ein kleines altes Schulhaus, das teilweise umgebaut wurde. Es hat einen Außenbereich, den vormaligen Schulhof und eine größere Rasenfläche. Zudem ist es kein reines Bewegungszentrum, sondern es verfügt auch über einen Kommunikationsbereich in Form von Küche, Eßraum und Café (ohne offizielle Bewirtung). Hier können sich Mädchen und Frauen auch außerhalb der Bewegungsangebote zum Reden, Essen, Trinken, Tanzen, Musikhören und Festefeiern treffen.

Dieses Projekt befindet sich im ländlichen Raum. Die *Zielgruppe* umfaßt somit vorwiegend Mädchen und Frauen aus der ländlichen Umgebung, wobei einige Kursteilnehmerinnen auch aus benachbarten Kleinstädten kommen.

Die Initiatorin dieses Forschungsprojekts ist Sabine Kröner, Professorin am Institut für Sportwissenschaft der Universität Münster. Kröners Ausgangspunkt für ihre konzeptionellen Überlegungen sind "Erkenntnisse aus der Frauen- und Koedukationsforschung" *(Kröner 1993, S.16)*. Sie kritisiert die eher traditionell orientierte Sportkultur und die damit einhergehende Art und Weise des - oft mit Leistungsdruck verbundenen - Bewegungslernens sowie in diesem Kontext auch den häufig autoritären Führungsstil. Die meisten Sportorganisationen (z.B. Sportvereine) sind ihres Erachtens weder quantitativ[84] noch qualitativ[85] frauenfreundlich organisiert. "Grundlegende Verbesserungen [diesbezüglich sind] nur zu erwarten, wenn Mädchen und Frauen nicht länger als *Objekte*, als Problemgruppen einer

---

84 Nur wenige Frauen sind in Sportvereinen organisiert. Auch sind so gut wie keine Frauen in Führungsgremien von Sportorganisationen vertreten.

85 'Die' Sportkultur ist in weiten Teilen noch an männlichen Normen orientiert.

männerorientierten Institution *behandelt* werden, sondern als *handelnde Subjekte,* die ihre - an der eigenen Lebenswelt ausgerichtete - Bewegungs- und Sportkultur *selbst bestimmen* können" *(ebd., Hervorhebungen im Original).*

Darauf aufbauend formuliert Kröner folgende *Ziele:*

- die "Entwicklung von Bewegungs- und Sportkompetenz"
- die "Entwicklung von demokratischer Beziehungskompetenz" und
- die "Entwicklung von Führungs- und Verwaltungskompetenz" *(Kröner 1993, S.17f).*

Es geht ihr darum, "die tatsächlichen Bewegungsbedürfnisse von Mädchen und Frauen zu entdecken und zwar mit ihnen vorgeprägte sogenannte 'richtige' Bewegungsvorstellungen möglicherweise in Frage zu stellen, bisherige Bewegungsbehinderungen zu reflektieren und gegebenenfalls zu verändern" *(Kröner 1992, S.163).* Für Heidi Scheffel, an der Konzeption des Projekts beteiligt, soll "das Zentrum ... zu einem selbstbestimmten Raum für Frauen und Mädchen werden" *(Scheffel 1992b, S.173).* Die Projektfrauen wollen gemeinsam mit den Kursteilnehmerinnen in einer "Lehr-Lern-Arbeit" *(Kröner 1993, S.114)* "Annäherungen an eine andere Bewegungskultur" *(Kröner 1993, S.3; Titel)* erreichen.

Welche *Methoden und Wege* wählten die Projektfrauen nun zur *Umsetzung* der genannten Ziele? Ermöglichen diese Methoden den Kursteilnehmerinnen Selbstbestimmung im 'Zentrum' und in der Bewegung?

Als 'methodische Grundpfeiler' *(vgl. Engelhardt 1993, S.14)* der Konzeption des 'Zentrums' nennt Anne Engelhardt - eine weitere Projektfrau - drei Punkte:

1. "geschlechtshomogene Gruppen"
2. "am Körper und der Bewegung ansetzen" und
3. "das pädagogische Konzept der TZI"[86] *(Engelhardt 1993, S.14).*

---

86   TZI bedeutet Themenzentrierte Interaktion nach Ruth Cohn. Vgl. Cohn, R. C. (1975): Von der Psychoanalyse zur Themenzentrierten Interaktion, Stuttgart; Cohn, R. C./Farau, A. (1984): Gelebte Geschichte der Psychotherapie. Zwei Perspektiven, Stuttgart; Cohn, R. C. (1989): Es geht ums Anteilnehmen, Freiburg.

Auf den letzteren Punkt wollen wir im folgenden ausführlicher eingehen: TZI nach Ruth Cohn arbeitet mit dem Prinzip der "dynamischen Balance" *(Kröner 1993, S.68)*. Die eigenen Emotionen (ICH), der Gruppenbezug (WIR) und das Sachthema/-aufgaben (ES) sollen dabei als gleichwertig und gleichgewichtig gesehen werden. Zugleich soll auch das Umfeld (GLOBE) Berücksichtigung finden *(vgl. Kröner 1993, S.68ff)*. Die Balance zwischen den Ich - Wir - Es - Faktoren zu wahren bzw. immer wieder herzustellen, ist Aufgabe der Gruppenleiterinnen. Die Methode der TZI wenden die Projektfrauen sowohl in ihrer Supervision als auch in der Bewegungsarbeit mit Teilnehmerinnen an (beispielsweise in Gesprächsrunden).

Die TZI ermöglicht den Kursteilnehmerinnen mehr Mitbestimmung im Projekt. Mitbestimmung insofern, als jedem Mädchen, jeder Frau ihre eigene Persönlichkeit, ihre eigenen Wünsche, Bedürfnisse und Hoffnungen wichtig sind und Ansatzpunkte für die Bewegungspraxis im Projekt darstellen. Die teilnehmenden Mädchen und Frauen dürfen bei der Gestaltung und Auswahl von Kursen ihre eigenen Wünsche formulieren. Gemeinsam mit Kursleiterinnen und anderen Teilnehmerinnen wird dann geschaut, wie sich diese umsetzen lassen. So schreibt Kröner: "Die bislang ausgewählten Bewegungsangebote sind nicht als feste Vorgaben zu verstehen, sondern können und werden sich den pädagogischen Ansprüchen gemäß *im Prozeß mit den Mädchen und Frauen* verändern" *(Kröner 1992, S.162; Hervorhebung im Original)*.

An einem Beispiel soll die Mitbestimmung der Mädchen und Frauen bei der Gestaltung und Auswahl von Kursangeboten verdeutlicht werden: Einige Mädchen, die das Bewegungsprojekt in Tecklenburg-Brochterbeck besuchten, wünschten sich Jazz-Tanz. Ursprünglich wollten die Projektleiterinnen kein Jazz-Tanz-Angebot machen, da es nicht ihrem feministischen Konzept entsprach. Jazz-Tanz wurde dann doch angeboten, in der Hoffnung, mit den Mädchen gemeinsam an einem feministischen Tanzkonzept arbeiten zu können. Die Projektfrauen gingen dabei das Risiko ein, daß die teilnehmenden Mädchen die Vorstellungen der Leiterinnen nicht teilen und sich stattdessen traditionellen, eher 'sexualisierten', auf den Körper und dessen Aussehen reduzierten Jazz-Tanz wünschen würden *(vgl. Scheffel 1992b, S.173)*.

Bewegungsangebote können also von den Teilnehmerinnen inhaltlich gefüllt und geändert werden. Auch können sich Mädchen und Frauen zusätzliche Bewegungsangebote wünschen. Es gibt in diesem Projekt jedoch auch bestimmte Prinzipien, die eingehalten werden müssen. Es sind die drei oben zitierten 'methodischen Grundpfeiler': der Grundpfeiler der geschlechtshomogenen Gruppen, der des am Körper und der Bewegung Ansetzens und der Grundpfeiler des pädagogischen Konzepts der TZI *(Engelhardt 1993, S.14)*. Bei diesen Vorgaben handelt es sich um die wichtigsten Voraussetzungen für die feministische Bewegungs-, Selbstbestimmungs- und Mitbestimmungskonzeption des Projekts. Unseres Erachtens garantieren gerade diese unverrückbaren methodischen Grundpfeiler die Chance einer selbsbestimmten Bewegungskultur von Mädchen und Frauen.

III.4.2.3. 'Mädchen in Bewegung', Marburg - 'Bewegungs- und
Kommunikationszentrum für Mädchen und Frauen', Tecklenburg-
Brochterbeck - ein Vergleich

Wir denken, daß manche Parallelen und Unterschiede der Projekte in Marburg und Tecklenburg-Brochterbeck indirekt schon deutlich geworden sind. Auf einen für uns interessanten Unterschied, den es zwischen den von Kröner einerseits und Rose andererseits formulierten Zielsetzungen und Umsetzungsstrategien zu geben scheint, wollen wir im folgenden ausdrücklich eingehen.

Sabine Kröner wünscht eine Veränderung der momentan männlich dominierten Sportkultur, eine Aufhebung des dortigen Machtgefälles und des Androzentrismus[87]. Sie will, daß Mädchen unabhängig von Rollenzuschreibungen *neue* Bewegungserfahrungen machen können und ihre *eigenen* Bewegungswünsche entwickeln und verwirklichen können, um dieser Utopie etwas näher zu kommen.

Unseres Erachtens verfolgt auch Lotte Rose diese Zielperspektive.[88] Sie schlägt allerdings eine teilweise andere Strategie vor als Sabine Kröner. Eine Auflösung

---

87 Zentrierung auf Männer als 'maßgebliche Menschen'.

88 Das vermuten wir auf der Grundlage eines Textes, den Rose im Rahmen eines Forschungsprojekts "Weiblicher Körper und Sport" *(Rose 1992c, S.46)* an der Universität Münster geschrieben hat.

des Machtgefälles will sie u.a. durch die Angleichung des Bewegungsverhaltens der Mädchen an das der Jungen erreichen. Hierdurch schreibt sie unseres Erachtens jedoch die Geschlechterrollen erneut fest, indem sie (zunächst) 'weibliches' und 'männliches' Bewegungsverhalten jeweils den Mädchen bzw. Jungen zuordnet. Durch die Übernahme sogenannter männlicher Verhaltensweisen kann ein Machtzugewinn für Mädchen zwar erreicht werden, allerdings ist damit wiederum eine Anpassung an männliche Normen und Werte verbunden.

Alles in allem fällt uns auf, daß das Bewegungs- und Kommunikationszentrum sowohl von seinen Zielsetzungen als auch von der Konzeptionierung und den Methoden her Mädchen größere Entscheidungsfreiheiten läßt und ihnen Raum mit mehr Selbst- und Mitbestimmung zur Verfügung stellt als das Projekt in Marburg.[89] Der Eindruck des 'Mehr an Selbstbestimmung' in dem Projekt in Tecklenburg-Brochterbeck kann auch durch geschickte Formulierungen bei Kröner erzeugt sein. Wir vermuten allerdings, daß sich gerade (auch) in diesen Formulierungen Grundhaltungen zeigen, die sich auf die pädagogische Arbeit mit Mädchen auswirken können, so beispielsweise auf das Verhältnis Pädagogin - Kursteilnehmerin. Im Marburger Projekt scheint dieses Verhältnis eher 'hierarchisch', im Tecklenburg-Brochterbeckschen eher 'egalitär' ausgerichtet zu sein.

Unsere Auseinandersetzung mit beiden Projekten erhebt keinen Anspruch auf Vollständigkeit. Wir haben unseren Blick besonders auf die aktiven Anteile der Mädchen gelenkt. Unter Beachtung anderer Aspekte (z.B. der Organisation und Mobilität der Projekte) und unter genauerer Einbeziehung und Analyse der Zielgruppen würde die Kritik sicher eine andere Gestalt annehmen.

---

89 Gerechterweise muß hinzugefügt werden, daß wir Informationen über das Projekt 'Mädchen in Bewegung' nur aus der Literatur bezogen haben, während wir das 'Bewegungs- und Kommunikationszentrum' und dessen Arbeitsweise bei einer Fortbildung im Sommer 1993 direkt kennenlernten.

IV. "BEWEGEN MUß ICH MICH JA!" AUSWERTUNG DER INTERVIEWS

IV.1. Einleitung

Am Anfang der Befragung stand unser Interesse an der bewußt noch sehr offenge-
haltenen Frage, wie Mädchen Bewegung konkret in ihr Leben einbauen. Nachdem
wir uns mit möglichen Bedeutungen von Bewegung für die Identitätsentwicklung
sowie mit Theorien zur (Bewegungs-)Sozialisation von Mädchen auseinandergesetzt hatten, war es uns ein Anliegen, Mädchen selbst zu Wort kommen zu lassen,
um die dargestellten Theorien veranschaulichen, möglicherweise auch erweitern
und in neuen Zusammenhängen denken zu können. *Letztlich ist es unser Ziel, kon-
kretisierte und erweiterte Vorschläge für eine feministische Bewegungsarbeit zu
erarbeiten, die an den Bedürfnissen von Mädchen ansetzen soll.*

Wir interviewten vier Mädchen. Drei von ihnen erreichten wir in Jugendhäusern
unterschiedlicher Stadtviertel. Sie waren alle drei 18 Jahre alt und hatten die Haupt-
oder Realschule besucht. Um Mädchen mit unterschiedlicher Schulbildung und
verschiedenen Alters zu erreichen, entschieden wir uns dann, gezielt auch eine
14jährige Gymnasiastin zu befragen.

In Auseinandersetzung mit Siegfried Lamneks Darstellung qualitativer Methoden in der Sozialforschung entschieden wir uns dafür, teilstandardisierte Interviews
durchzuführen *(vgl. Lamnek 1989, S.35-120)*. Wir wählten diese relativ offene
Form der Befragung, um

- den Mädchen die Möglichkeit zu geben, *ihre* Sichtweisen und die *ihnen* wichtigen Themen in den Vordergrund zu stellen;
- sie möglichst wenig durch unsere Sichtweisen und Anschauungen zu beeinflussen, vor allem nicht durch eventuelles Defizitdenken unsererseits;
- über unser Vorwissen Hinausgehendes von den Mädchen erfahren zu können;
- den Mädchen zu überlassen, wie detailliert sie über ein Thema sprechen wollten. Dies war uns besonders wichtig im Zusammenhang mit möglichen Gewalterfahrungen der Mädchen.

Wir befragten die Mädchen zu zweit, wobei jeweils eine von uns das Interview leitete. Die andere konnte dann, da sie nicht so sehr in den Interviewverlauf involviert war, einen Gesamtblick besser bewahren. So fiel es ihr meist leichter, gegen Ende des Interviews zentrale und widersprüchliche Themen nochmals aufzugreifen.

Zu Beginn der Interviews stellten wir den Mädchen eine offene Frage, die wir als Erzählaufforderung verstanden. Wir fragten sie, ob sie Sport treiben, ob sie sich eher gerne oder ungern bewegen und warum. Im weiteren Verlauf der Interviews setzten wir mit Verständnisfragen, vorsichtigem Nachhaken und zusammenfassenden Wiederholungen möglichst eng an den Themen der Mädchen an. So lag der inhaltliche Verlauf der Interviews weitgehend in den Händen der Interviewpartnerinnen.

Wir hatten jedoch auch einen Leitfaden mit Stichworten zu verschiedenen Themen erarbeitet. Dies ließ uns die Möglichkeit offen, von den Mädchen unbenannte, uns wichtig erscheinende Themen anzusprechen. Der Leitfaden kam meist erst gegen Ende des Interviews zum Einsatz. Er beinhaltete Fragen nach

- dem sozialen Umfeld der Mädchen und dessen Bedeutung für ihr Bewegungsverhalten;
- ihrer Einstellung zur Koedukation;
- ihren Schulsporterfahrungen;
- Gründen für ihre Bewegungsunlust bzw. -abstinenz;
- Auswirkungen der Bewegung bzw. des Sports auf andere Lebensbereiche;
- ihrem Körpergefühl in bezug auf Bewegung;
- Änderungen in ihrem Bewegungs- und Sportverhalten.

Bei der *Interpretation* der Interviews bezogen wir uns zum einen auf die von uns zuvor bearbeitete Literatur, zum anderen erarbeiteten wir uns - wenn es das Interviewmaterial verlangte - auch neue Themen. Wir verwendeten die rezipierte Literatur aber nicht nur. Im Prozeß der Interpretation konnten wir sie vielmehr auch in neuen Zusammenhängen denken, sie teilweise 'umbauen'.

Ein wichtiges Prinzip unserer Interpretation war die *Bewußtmachung und die Reflexion der eigenen Denkvoraussetzungen.* Darum beschäftigten wir uns immer wieder mit den folgenden Fragen: Mit welchen - oft unbewußten - Vorannahmen, Werten, Positionen und blinden Flecken gehen wir auf die interviewten Mädchen und deren Aussagen zu? Wie weitgehend sind wir beispielsweise in einem Defizit-denken gegenüber Mädchen verankert, und wie wirkt sich nicht zuletzt unsere Schichtzugehörigkeit auf unser Denken aus?

Das Schreiben zu zweit, *die Korrekturfunktion der jeweils anderen*, hatte ent-scheidenden Einfluß auf unsere Selbstreflexion. Gemeinsame Diskussionen, stän-diges Nachfragen und das Wahrnehmen verschiedener Interpretationsmöglichkei-ten erleichterten es, die eigenen Denkvoraussetzungen immer wieder zu hinterfra-gen und zu erweitern. Auch die Auseinandersetzung mit unseren Gefühlen den Mädchen gegenüber, die von Begeisterung bis Abneigung reichten, war uns wich-tig. Dabei half uns der gegenseitige Austausch den Mädchen gegenüber eine grö-ßere Distanz einzunehmen - wo wir dies für notwendig erachteten - aber auch uns besser in die Mädchen hineinversetzen zu können.

Wir wollen kurz *die konkreten Schritte unseres Vorgehens bei der Interview-auswertung* beschreiben. Direkt nach der Durchführung eines Interviews tauschten wir erste Eindrücke aus. Wir besprachen, in welcher Stimmung unserem Eindruck nach ein Mädchen gesprochen hatte, welche ihre Themenschwerpunkte waren, welche Zusammenhänge sich andeuteten und welche Stimmung das Gespräch bei uns hinterlassen hatte. Im nächsten Schritt transkribierten wir den gesamten Inter-viewtext. Parallel dazu richteten wir unsere Aufmerksamkeit auf inhaltliche Brüche und Vermeidungen der Mädchen sowie auf Beeinflussungen unsererseits. Wir no-tierten mögliche Zusammenhänge und erste Interpretationsmöglichkeiten, die wir an dieser Stelle noch weitgehend spontan zu den Aussagen assoziierten. Der Tran-skription schloß sich eine Phase an, in der wir auf der Basis grundlegender Litera-tur weiterführende Themen erarbeiteten.

Im folgenden begannen wir mit der Einzelanalyse der Interviews. Wir unter-suchten zunächst jedes Interview daraufhin, welche Themen die Mädchen in den Vordergrund gestellt, welche sie aber möglicherweise auch umgangen hatten. Lei-tende Fragen waren dabei,

- wie häufig und wie ausführlich über ein Thema gesprochen worden war;
- ob das Mädchen oder die Interviewerin ein Thema aufgegriffen hatte;
- wann das Thema im Interviewverlauf angesprochen worden war;
- wo eventuell Beeinflussungen unsererseits eine Rolle spielten;

- wo inhaltliche Brüche auftraten;
- in welchen inhaltlichen Zusammenhängen die Themen angesprochen worden waren.

Zu Beginn der anschließenden Phase setzten wir die vorläufigen Auswertungsergebnisse der einzelnen Interviews miteinander in Verbindung. Auffallend war, daß sich die Bewegungswünsche und das Bewegungsverhalten bei allen Mädchen in der Phase der Pubertät verändert hatten. Zudem zeigte sich deutlich, daß die Wünsche in engem Zusammenhang mit der Bedeutung standen, die die FreundInnen im Leben der Mädchen einnahmen. Als ausschlaggebend für die Bewegungslust bzw. -unlust erwies sich außerdem die Organisationsform eines Bewegungsangebots, ob es sich um ein eher offenes oder ein eher kontinuierliches Angebot handelt, bzw., ob nur Mädchen teilnehmen oder auch Jungen.Daher entschlossen wir uns, die Interviewauswertung in der nun vorliegenden Weise zu gliedern nach den Bereichen:

- *'Veränderungen in der Pubertät'*,
- *'Bewegungserfahrungen, Bewegungswünsche und Bedeutungen von Bewegung'*,
- *'Spontaneität, Disziplin und Kontinuität'*,
- *'FreundInnen'*,
- *'Koedukation'*.

Zu den jeweiligen Themenbereichen werteten wir zunächst die Aussagen der *einzelnen* Mädchen aus. Diese Auswertungen haben wir in die nun vorliegende Darstellung mit aufgenommen, da es uns ein Anliegen ist, *der Individualität eines jeden Mädchens Raum zu geben*. Zusammenfassende Ergebnisse stellen wir jeweils am Ende eines Themenbereichs dar. Wichtig ist uns außerdem, die Mädchen möglichst häufig selbst zu Wort kommen zu lassen. Allerdings haben wir geringe sprachliche Veränderungen bei den Zitaten vorgenommen, vor allem bezüglich des Dialekts, um ein flüssiges Lesen zu ermöglichen.

Im Anschluß an die Auswertungen der einzelnen Interviews zu den verschiedenen Themen erörtern wir jeweils die bewegungspädagogischen Konsequenzen. Bei diesen bewegungspädagogischen Vorschlägen orientieren wir uns eng an den uns bekannten Lebensumständen und Wünschen der Mädchen. Im Schlußteil werden dann die bewegungspädagogischen Konsequenzen *im Zusammenhang* dargestellt.

IV.2. Portraits

IV.2.1. Portrait A.

Biographisches:

A. ist zum Zeitpunkt des Interviews 18 Jahre alt. Sie hat die Realschule abgeschlossen und macht eine Lehre als Arzthelferin. A. wohnt bei ihren Eltern, die Wert auf Bildung und Sport zu legen scheinen. Sie hat noch einen älteren Bruder. 10 Jahre lang tanzte A. Ballett, zeitweise sogar dreimal in der Woche, hat dies aber aufgegeben. Zentral ist in A.'s Leben ein Wechsel des 'FreundInnenkreises'. A.'s heutige Clique zeigt kaum Interesse an kontinuierlichen sportlichen Aktivitäten.

Interviewverlauf:

Wir interviewten A. im Mädchentreff eines Jugendzentrums. Außer ihr war noch ein weiteres Mädchen anwesend. A. erklärte sich relativ schnell bereit, sich interviewen zu lassen.

Zu Beginn drehte sich das Gespräch hauptsächlich um die Gründe, aus denen A. mit dem Ballettanzen aufgehört hat. Sie gab zudem ihrer Frustration darüber Ausdruck, daß ihre Clique sich kaum sportlich betätigt. Ein entscheidender Stimmungswechsel, der sich durch ihre begeisterte Stimme und lebhafte Sprache bemerkbar machte, vollzog sich, als A. von sich aus das Gespräch auf den Urlaub lenkte. Gegen Ende des Interviews fiel sie wieder in ihre enttäuschte Grundstimmung zurück.

IV.2.2. Portrait B.

Biographisches:

B. ist zum Zeitpunkt des Interviews 18 Jahre alt. Den größten Teil ihrer Freizeit verbringt B. in einem Jugendhaus. Auch ihr Freund und ihre beste Freundin sind Besucher bzw. Besucherin dieses Jugendhauses. B. befindet sich in einer Ausbildung zur Arzthelferin, die sie vor einigen Wochen erst aufgenommen hat. Sie deutet an, daß sie zuvor schon einmal eine Lehre als Einzelhandelskauffrau begonnen hatte. B.'s Eltern ließen sich scheiden, als sie neun Jahre alt war. Jetzt wohnt B. mit ihrer jüngeren Schwester, ihrer Mutter und deren Freund zusammen, der vor vier Jahren zugezogen ist.

Interviewverlauf:

Wir befragten B. in 'ihrem' Jugendhaus. Als wir eine kleine Gruppe von Mädchen ansprachen, ob sie Lust hätten, an einem Interview teilzunehmen, zeigte B. sofort Interesse.

B. war von Anfang an sehr gesprächig und wirkte auf uns sehr mitteilungsbedürftig. In ihren Antworten orientierte sie sich zunächst an den von uns gestellten Fragen, ging dann aber immer wieder zu Themen aus ihrer Vergangenheit oder aus ihrem Alltag über, die sie offenbar sehr bewegten.

IV.2.3. Portrait C.

Biographisches:

Zum Zeitpunkt des Interviews ist C. 18 Jahre alt. Sie leidet seit ihrer Geburt an asthmatischer Bronchitis. Die Krankheit wird jedes Jahr schlimmer. C. bekommt öfters Atemnot. Trotzdem ist für sie Bewegung, mit Pausen bei Überanstrengung, möglich.

C. lebt zusammen mit ihrem Bruder und ihrer Mutter. Ihre Eltern sind geschieden. Ob C. momentan eine Lehre macht, ist unklar, eine frühere hat sie abgebrochen. Ihre Freizeit verbringt C., wie auch ihr Freund und ihre beste Freundin, vorwiegend in einem Jugendzentrum, in dem wir sie auch interviewten.

Interviewverlauf:

Auf Rat einer Pädagogin im Jugendzentrum fragten wir C., ob sie Interesse an einem Interview hätte. Sie erklärte sich für den nächsten Abend bereit und erschien pünktlich zum vereinbarten Termin.

Während des Interviews erlebten wir C. als eine sehr zarte junge Frau, die durchgehend leise sprach. Für ihre Antworten beanspruchte sie relativ wenig Redezeit. Sie wirkte auf uns teilweise fast ängstlich und vorsichtig. Ihre Zurückhaltung legte sich aber, als sie auf schöne und ästhetische Bewegungen sowie ihre Krankheit zu sprechen kam.

IV.2.4.   Portrait D.

Biographisches:

D. ist 14 Jahre alt und Schülerin einer achten Klasse eines Gymnasiums. Sie lebt bei ihren Eltern auf dem Land, nahe einer mittelgroßen Stadt. Sie hat einen älteren Bruder.

Interviewverlauf:

Wir befragten D. in der Schule. Die Sportlehrerin ermöglichte es uns, zu Beginn der Sportstunde von unserer Diplomarbeit zu erzählen. D. und ein anderes Mädchen meldeten sich anschließend auf die Frage hin, welches Mädchen Lust habe, mit uns ein Interview zu machen. Die Lehrerin sagte den beiden Mädchen, daß sie es vorziehe, daß D. am Interview teilnimmt. Vermutlich deshalb, weil D. in zwei Sport-AGs an der Schule aktiv ist. Uns kam die Entscheidung der Lehrerin entgegen, da wir bisher mit Mädchen gesprochen hatten, die kaum regelmäßig Sport betreiben.

D. war zu Beginn des Interviews ein wenig schüchtern. Ihre Zurückhaltung legte sich aber bereits nach den ersten Worten. Ihre Stimmung wirkte auf uns gleichbleibend gut. An einigen Stellen war deutlich ihre Begeisterung zu hören und zu spüren. D. orientierte sich weitgehend an den von uns gestellten Fragen und wich nur sehr selten auf eigene Themen ab. Daher blieb sie in ihren Antworten im Vergleich zu den anderen Mädchen eher knapp und klar, aber auch zurückhaltender.

IV.3.   Veränderungen in der Pubertät und ihre Auswirkungen auf das Bewegungsverhalten und -interesse von Mädchen

IV.3.1.   Das Interview mit A.

In der Phase der Pubertät hat sich in A.'s Leben bezüglich ihres Bewegungsverhaltens viel geändert. Auf diese *Veränderungen* und ihre möglichen Gründe wollen wir im folgenden eingehen. Wir beginnen mit A.'s Kindheit. Zu dieser Zeit verstand sie sich mit ihren Eltern gut. Sie wurde von ihnen, zumindest in bezug auf sportliche Tätigkeiten, gefördert. Ihre Eltern finanzierten ihr den Ballettunterricht, sie bezahlten Tennistrainerstunden und fuhren des öfteren mit ihr in den Skiurlaub. Auch sonst trieb A. mit ihren Eltern Sport:

> A.: "Ich hab' auch als kleines Mädchen immer mit meinem Vater Fußball gespielt und Tischtennis und alles so."

> A.: "Aber manchmal hab' ich auch voll Lust - also Wochenende oder so - Radfahren zu gehen. Das hab' ich früher auch öfters mit meinen Eltern gemacht. Halt immer Wochenende mit Familie, und da sind wir immer Fahrradfahren gegangen."

In der Schule nahm A. dann an einer Badminton- und einer Handball-AG teil. Kurze Zeit spielte sie auch in einem Handballverein. Zwischen dem 14. und 15. Lebensjahr vollzog sich eine Änderung in A.'s Leben:

> A.: "Da hatte ich so eine *Null-Bock-Phase*, auf gar nix mehr Lust. So mit 14, 15."

> A.: "Und ich weiß nicht - da hatte ich eine Zeit lang ganz arg Schwierigkeiten mit meinen Eltern, und ich hatte auch kein Bock mehr auf Schule, und dann bin ich auch mal sitzengeblieben".

Während dieser Zeit änderte A. auch ihr Bewegungsverhalten, sowohl quantitativ als auch qualitativ. Bezüglich der Quantität hat A., wie sie einmal sagt, "mit allem" aufgehört. Die qualitative Änderung liegt u.a. darin, daß A. heute z.B. spontane Bewegungsarten gegenüber kontinuierlichen und disziplinierten bevorzugt. Die Veränderungen ihrer sportlichen Aktivitäten können unseres Erachtens im Zusammenhang mit Veränderungen in ihrer Pubertät gesehen werden. A. hat zu Beginn dieser Phase zugenommen. Für sie war das ein Anlaß, ihr zentrales Hobby, das Ballettanzen aufzugeben:

A.: "Ich habe dann auch - äh ich war dann auch ein bißchen dicker und dann habe ich auch keine Lust mehr gehabt [zum Ballettanzen]."

A. entsprach, als sie "ein bißchen dicker" war, wahrscheinlich nicht mehr der üblichen Vorstellung von einer Ballettänzerin. Als sie jedoch abgenommen und ihren früheren, schlanken Körper wieder hatte - also dem Bild einer Tänzerin wieder glich - hätte sie beinahe erneut mit dem Tanzen begonnen:

A.:"Und dann [in der Zeit der Null-Bock-Phase] habe ich halt irgendwie immer gegessen, aber das dann ein Jahr später alles abgenommen. Es war dann alles wieder weg. Ja und dann wollte ich auch wieder Ballett anfangen, aber dann habe ich gedacht: 'Ne, jetzt laß ich es mal.'"

Gerade zu Beginn der Pubertät gewinnt der Körper für die Identität von Mädchen an Bedeutung. Entsprechen Mädchen dann nicht dem Schlankheitsideal, kann dies, wie Lotte Rose schreibt, für sie zum "Bewegungsblocker" *(Rose 1993b, S.52)* werden, vor allem in ästhetischen Sportarten, in denen die Beurteilung des Körpers und der grazilen Bewegungsweise im Vordergrund stehen. Ein weiterer Grund für A., mit Beginn ihrer Pubertät viele Bewegungsaktivitäten aufzugeben, war ihre Orientierung in Richtung Jungen:

A.: "Und dann hab' ich halt auch meinen Freund kennengelernt, und dann hab' ich *alles* aufgehört!"

A. hat seither, wie sie sagt, wenig Zeit für ihre Hobbys. Gegenüber ihren 'alten' Freizeitbeschäftigungen scheint für sie heute das Bedürfnis nach Zuneigung und Anerkennung durch ihren Freund in den Vordergrund getreten zu sein:[90]

A.: "Also so mit 12, 13 wo ich dann so mehr in Richtung Jungs gegangen bin (Lachen) oder mit 14, da hab' ich mich dann, da war Ballett immer auch peinlich, wenn ich sagen mußte: 'ich muß jetzt ins Ballett gehen.'
A.: "Weil ich dann auch - ja, Freund, und dann Ballett, das ist..."

---

90   Während A.'s FreundInnen in der Kindheit diese Hobbys mit ihr teilten, zeigt ihr heutiger FreundInnenkreis daran kein Interesse.

A.: "Sagt irgend jemand zu mir: 'Ja, was machst du sonst immer', sage ich: 'Ja ich - ich gehe jetzt in die Flötenstunde' (lacht). Und das habe ich aufgehört, weil es mir echt peinlich geworden ist."

Um Ihren Freund und ihre heutigen FreundInnen nicht zu verlieren, paßte sich A., zumindest bezüglich ihres Bewegungsverhaltens, an deren Interessen an. Diese (Teil-)Anpassung weist auf die zentrale Stellung hin, die FreundInnen in A.'s Leben einnehmen.

IV.3.2. Das Interview mit B.

Auf Fragen, die ihre Kindheit betreffen, geht B. in dem gesamten Interview nicht näher ein. In den Vordergrund rückt demgegenüber die Zeit ab ihrem 13. Lebensjahr. Sie erzählt, daß sie zwischen dem 13. und 16. Lebensjahr eine Phase hatte, in der es ihr sehr schlecht ging und in der sie sich weitgehend von ihrer Umwelt zurückzog. Wir vermuten, daß B. zu Beginn dieser Phase einen intensiven Umbruch erlebte, der wahrscheinlich auch mit der einsetzenden Pubertät zusammenhing. *Veränderungen* können wir allerdings - die Zeit der Pubertät betreffend - nicht konkret benennen, da wir kaum Informationen über die *vor* dieser Zeit liegenden (Bewegungs-)Erfahrungen B.'s haben. Eine deutlicher Umbruch zeichnet sich aber im Alter von 16 Jahren ab. B. beginnt, sich nach und nach aus ihrem zurückgezogenen Leben herauszubewegen. Dies hat in vielerlei Hinsicht Konsequenzen für ihre Bewegungsbedürfnisse.

Zunächst wollen wir auf B.'s *Rückzugsphase* eingehen, die sie nachhaltig zu beschäftigen scheint, denn sie kommt im Laufe des Interviews immer wieder von selbst, ohne Nachfragen unsererseits, auf diese Zeit zu sprechen:

B.: "Ich war alleine, kann man sagen. Es war halt niemand da. Es war schon hart, aber herzlich."

B.: "Ich war eine Bombe, wirklich. Ich bin von der Schule heimgekommen, habe mich vor den Fernseher ge ..., gesessen, ja, und gegessen. Eh ..., ja, das kann man nicht mehr essen [nennen], das war gefressen."

B.: "Ich war immer zu Hause. Ich bin nicht mal, wenn's ein schöner Sommertag war, ich bin nicht rausgegangen. Ich bin in meinem Bett gelegen und habe Fernsehen geguckt und habe gelesen."

B.: "Ich habe mich total mies gefühlt. Ich habe mich echt mies gefühlt. Ich kam mir - wie kam ich mir vor - so richtig, so - pff *(überlegendes ausatmen)*, weiß gar nicht, ich kann das gar nicht beschreiben, das ist so ... - ich bin echt *dagesessen*, ja, und war *in mich zurückgekehrt*, ja."

B.: "In den drei Jahren war ich nicht ich. Ich war ein total anderer Mensch. Ich war ruhig. Ich war echt ruhig. Ich habe nur noch das Nötigste geredet: 'Ja', 'Nein' und 'Vielleicht' und echt nur das Nötigste."

Als Ursache für ihren dreijährigen Rückzug nennt B. die Scheidung ihrer Eltern und das Gefühl, von ihrem Vater verlassen worden zu sein:

B.: "Und der [B.'s Vater] war auch nicht mehr für uns da. Für uns beide nicht, für mich und meine Schwester nicht. Das hat mir natürlich den Rest gegeben. Weil, es ging ein paar Jahre gut, da haben wir ihn besucht, und dann ging es los, wo er dann gesagt hat: 'Ich habe keine Zeit und ich muß dahin und dahin'. Irgendwie hat mir das den Rest gegeben, und dadurch hat sich auch irgendwie ein Haß gegen meinen Vater aufgebaut, weil er uns halt so vernachlässigt hat."

B. richtete diesen Haß allerdings nicht direkt gegen ihren Vater, sondern unserem Eindruck nach in Form von Depressionen gegen sich selbst. Daß es ihr in den drei Jahren wirklich sehr schlecht ging und daß ihr Vater ihr Übles angetan haben muß - sie alleine gelassen hat, als sie ihn brauchte, und sie unserer Vermutung nach eventuell sogar sexuell mißbrauchte - drückt sie indirekt durch ihre Schwester aus:

B.: "Weil die [B.'s Schwester] sagt: 'Ich tu' alles, um dem nur zu schaden, so wie er dir geschadet hat'. Weil, sie hat das brutal mitgekriegt. Wir hatten ein Zimmer zusammen und sie hat natürlich am meisten mitgekriegt, wie es mir ging. Sie hat gesagt: 'Wenn er meint, er könnte dir so weh tun, wenn er meint, er könnte dich kaputt machen, dann mache ich ihn kaputt.' So ist meine Schwester. 'Und wenn er dir, wenn er dir noch mal irgend..., wenn er dich noch mal irgendwie so nervlich kaputt macht ... und wenn ich ihn durch die ganze Welt jagen muß.'"

Entscheidend für die Überwindung der Rückzugsphase war für B., wie im folgenden Dialog deutlich wird, vor allem die Begegnung mit ihrem Freund:

K.G.:[91] "Wie hast du das geschafft nach den drei Jahren, das ist ja immerhin schon

ziemlich ... wie oder durch was hast du dich dann rausgeholt?"

B.: "Durch meinen Freund, mein Freund hat mich da rausgeholt."

B.: "Bei ihm habe ich alles rausgelassen, alles, gell, alles, echt, das war ein Kloß im

Hals, du echt - ist unbeschreibbar, das alles, wie ich das alles rausgelassen habe.

Dann ging's mir echt wieder gut. Ging's mir brutal gut. Ich bin ihm jetzt immer noch

dafür dankbar, ja."

B. wurde allerdings, bevor sie ihren Freund kennenlernte, auch schon bewußt, daß sie nicht mehr so zurückgezogen weiterleben wollte:

B.: "Ich war schlecht drauf die ganze Zeit. Dann irgendwann mal habe ich gedacht:

'Das bringt es doch nicht; du machst dich dadurch nur selber kaputt! Was heißt ka-

putt? Du ... du gi ..., du machst dir die schlechte Laune sozusagen.' Und dann habe

ich gedacht: 'Nö, so nicht mehr.'"

B.'s Erfahrungen sind keine Ausnahme. Es ist nicht verwunderlich, daß Mädchen auf Verlust- und Gewalterfahrungen - seien es aktuelle oder vergangene - gerade in der Pubertät mit Rückzug bzw. Depressionen reagieren.

Feministische Wissenschaftlerinnen haben auf den *Zusammenhang zwischen Sozialisationsbedingungen von Frauen und depressiven Reaktionen* immer wieder hingewiesen. So macht Monika Heinrich in ihrer Diplomarbeit, in der sie sich mit Lebensentwürfen depressiver Frauen beschäftigt *(vgl. Heinrich 1988)*, darauf aufmerksam, daß die an Frauen herangetragenen Geschlechtsrollenstereotype (Passivität, Schwäche, Hilflosigkeit, Zurückhaltung) Ähnlichkeiten aufweisen mit den Diagnosekriterien von Depressionen *(vgl. Heinrich 1988, S.40)*. Depressionen verdienten daher Beachtung als Ausdruck kollektiven Leidens von Frauen. Nicht-depressive Frauen erlitten die Rolle als 'zweites Geschlecht' - damit ist z.B. gemeint, daß ihnen weniger Macht zukommt - auf ähnliche Weise, jedoch weniger extrem als depressive Frauen.

---

91   K.G. ist die Interviewerin Karoline Gscheidel.

Autorinnen der Frauenbewegung *(vgl. z.B. Chesler 1974, S.55)* verstehen Depressionen auch als Ausdruck von Protest. (Stichwortartig sei hier nur auf die ambivalente 'Macht des Opfers' verwiesen). "Weibliche Krankheit wird dabei als - unbewußte - Protest- und Abwehrhaltung gegen reale Minderbewertung und Minderstellung der Frauen in ihren gesellschaftlich vorgeschriebenen Rollenmustern verstanden" *(Heinrich 1988, S.43)*. Depressionen sind unseres Erachtens auch eine Form von Protest, die Mädchen und Frauen in unserer Gesellschaft eher zugestanden wird als beispielsweise die Form der Aggression.

Die Pubertät ist eine Zeit, in der Mädchen vehement mit oft sehr widersprüchlichen Geschlechtsrollenerwartungen konfrontiert werden. Sie sollen ihren Körper in angemessener Weise zurücknehmen, ihn gleichzeitig aber auch so inszenieren, daß er anderen gefällt. Auch an ihr Verhalten werden sich widersprechende Erwartungen zwischen Zurückhaltung und Durchsetzungsvermögen herangetragen. Wir haben B.'s Rückzug deshalb so ausführlich dargestellt, weil er nicht nur eine individuelle Erfahrung beschreibt. Vielmehr denken wir, daß aufgrund der zuvor beschriebenen Zusammenhänge gerade in der Pubertät viele Mädchen in ähnlicher Weise (re-)agieren.

Der beschriebene Rückzug hat entscheidende Auswirkungen auf B.'s Bewegungsinteresse und -verhalten. Zwar spricht sie nicht explizit darüber, aber es wird deutlich, daß ihr in der benannten Zeit jede Bewegung zuviel war. Häufig benutzt sie in diesem Zusammenhang beispielsweise das Wort "dagesessen". Im Gegensatz dazu ist Bewegung für sie heute zu einem Medium geworden, um aus sich herauszugehen, ihre Wut zu zeigen und manchmal auch bis an die Grenzen der eigenen Kräfte zu gehen. Ihr gesamtes (Bewegungs-)Verhalten ist raumgreifender geworden. Bewegung eröffnet ihr unseres Erachtens Möglichkeiten, mit Problemen, die sie bewegen, auch anders umzugehen, als sich zurückzuziehen. Darauf soll später noch näher eingegangen werden.

Deutlich wird aber bereits hier, daß feministische Bewegungspädagogik Rückzugstendenzen von Mädchen, deren Ursachen und die Bedeutung von Bewegung für Mädchen in diesem Zusammenhang beachten sollte.

IV.3.3.   Das Interview mit C.

Ähnlich wie bei den anderen Interviews ist für C. und ihr Bewegungsverhalten die Zeit der Pubertät von Bedeutung. Ihr Bewegungsverhalten änderte sich in dieser Zeit entscheidend. Als junges Mädchen hat C. viel getobt und war, wie sie uns mitteilt, sehr temperamentvoll:

C.: "Ich war früher lebhaft. Ich war ganz lebhaft früher. Wenn ich jetzt so bissle nachdenke, jetzt bin ich ganz ruhig geworden irgendwie. Früher war ich *ganz schlimm.*"

N.A.:[92] "Was hast du da so gemacht?"

C.: "Äh - wenn mir halt einer dumm gekommen ist dann - ah ich bin - ich war ziemlich explosiv. - Mm - ich hab' halt dann immer schnell zugeschlagen. Also das war *schon schlimm* früher."

N.A.: "So auf der Straße oder...?"

C.: "Ne, ne, mit meinen Freunden. Oder grad wenn ich eine nicht leiden konnte und die mir dumm kam, dann - ja - patsch gegeben und dann war's. Also das war früher schon."

Heute ist C.'s Bewegungsverhalten, ihren Äußerungen zufolge, eher zurückhaltender, nicht mehr so 'draufgängerisch' wie früher:

C.: "Ich tu' halt gern tanzen. Grad so, wenn ich mich bissel austoben kann, das macht eigentlich Spaß."

C.: "Wenn man grad mit Leuten so spazieren geht und so, dann sag' ich auch öfters: 'Komm, jetzt rennen wir mal ein bissle', so isses schon."

Heute tut C. alles nur noch ein "bissel", und es macht ihr "eigentlich Spaß". Es hört sich an, als hätte sie irgendwann in ihrem Leben eine Bremse gezogen. Auf die Frage, wann und warum C. denn ihr Verhalten geändert habe, antwortet sie:

C.: "Ja dann so mit 14 so was."

N.A.: "Ist das einfach so gekommen, oder...?"

---

92   N.A. ist die Interviewerin Nicole Augustin.

C.: "Schon - na doch, meine Mutter, die Erziehung war dann schon strenger, weil es kamen halt öfters mal Eltern zu meiner Mutter und die haben gesagt: 'Ja was soll das? Führt sich auf wie ein Junge'. Hab' ich halt öfters Reibereien mit meiner Mutter gehabt und da hat sich's nachgelassen."

Aufgrund der Beschwerden über C.'s jungenhaftes Verhalten erzog die Mutter C. strenger. Unter "strenger" ist vielleicht auch zu verstehen, daß C. ab diesem Zeitpunkt zu einem Mädchen erzogen wurde. Ihr Verhalten, Kraft zu zeigen und damit auch Raum einzunehmen widersprach wahrscheinlich dem in ihrem Umfeld gängigen Bild eines jugendlichen Mädchens bzw. einer jungen Frau. C. hat dem von außen kommenden Druck größtenteils nachgegeben. Sie bewertet aus ihrer heutigen Sicht ihr vergangenes Verhalten als Mädchen eher negativ und bezeichnet es als "schon schlimm" und "ganz schlimm":

C.: "So ein Schlägertyp bin ich nicht, war ich mal."

N.A.: "Hast du ja gesagt. Das hat sich geändert."

C.: "Ja, man denkt auch nach einer Weile mal ein bissle nach, daß es keinen Sinn hat, wenn man sich halt andauernd schlägert und so. Und man wird ein bissle älter."

C. möchte heute eher eine zarte Frau sein und entspricht dieser Vorstellung auch. Jedoch ist unseres Erachtens eine Sehnsucht nach Auseinandersetzung noch latent vorhanden. Diese Sehnsucht widerspricht allerdings C.'s heutigem (übernommenen) Mädchen- und Frauenbild. Für C. liegt darin ein Konflikt, der auch Bewegungseinschränkungen zur Folge hat.

Die Aussagen Palzkills über eine Kindheit mit Freiräumen und Änderungen ab der Pubertät bestätigen sich unseres Erachtens in den Aussagen C.'s. Jedoch veränderte C. ab ihrer Pubertät nicht nur ihr Bewegungsverhalten, sondern auch ihre Einstellung gegenüber ihrem früheren Verhalten.

IV.3.4. Das Interview mit D.

In D.'s Bewegungsbiographie beginnt unserem Eindruck nach etwa im Alter von 13 Jahren ein Veränderungsprozeß.

In ihrer Kindheit hat D. ihre Freizeit vor allem auf dem Land verbracht. Sie sagt:

> D.: "Ich bin früher, also wir wohnen auf dem Land, und ich bin eigentlich fr...- ja also sofort Hausaufgaben und dann eigentlich immer den ganzen Tag raus und halt gespielt mit Nachbarn. Dann haben wir überlegt, was wir jetzt machen, oder halt gespielt irgendwie, also draußen. Oder auch durchs Dorf gelaufen oder - was weiß ich - irgendeinen Scheiß gemacht."

Mittlerweile nimmt D. regelmäßig an einer Schwimm- und einer Volleyball-AG in der Schule teil. Außerdem betont sie, daß sie jetzt auch "viel Zeit in der Stadt" verbringt:

> D.: "Ich gehe auch ziemlich gerne auf Partys oder auch oft in die Stadt mit Freundinnen."

Zwar trifft sie sich auch heute noch mit ihren FreundInnen auf dem Land - aber nicht mehr zum Spielen, wie sie betont. Das Spazierengehen und Spielen mit ihrem Hund allerdings scheint ihr auch momentan noch sehr viel zu bedeuten. Auffällig ist aber, daß sie erst ganz zum Ende des Interviews ausführlicher darauf zu sprechen kommt:

> D.: "Ich mag meinen Hund ziemlich gerne. Ich renne dann - also wir wohnen eben auf dem Land - mit dem über Felder. Das mache ich einfach gerne. Oder mit dem spielen und so was, das macht einfach Spaß."
>
> K.G.: "Hast du dann, wenn du über die Felder rennst, so ein Gefühl von Freiheit?"
>
> D.: "Ach so (Lachen), ja, ich denke dann vielleicht nicht: 'Jetzt habe ich das Gefühl von Freiheit.' Aber das ist, glaube ich, schon so. Irgendwie einfach so rennen, weil da ist dann auch niemand."

Zwei Veränderungstendenzen zeichnen sich ab in D.'s Bewegungsverhalten:

Erstens: D.'s Bewegungsverhalten entwickelt sich von einem sehr raumgreifenden, nicht reglementierten zu einem tendenziell raumengeren. Wir denken, daß sowohl Leistungsschwimmen als auch Volleyballspielen weniger raumgreifend sind als das Spielen in der Natur. Allerdings erobert sich D. statt dessen nun *andere* Bewegungsräume, vor allem die Stadt.

Wir vermuten, daß diese Veränderungen in D.'s Bewegungsverhalten unter anderem mit den Ansprüchen zusammenhängen, die an D. als Mädchen ihres Alters herangetragen werden. Sie erzählt ja im Interview - wie bereits erwähnt - weitaus unvermittelter von ihren anderen Aktivitäten als vom Spazierengehen. Ein Grund dafür könnte sein, daß sie das 'Sich-Ausleben' in freier Natur als nicht mehr altersgemäß und zu kindisch empfindet. Vermutlich nicht zuletzt deshalb, weil von Mädchen ihres Alters und ihrer Schichtzugehörigkeit erwartet wird, daß sie ihren Bewegungsdrang und ihr Bedürfnis nach eigenem Raum zunehmend zurücknehmen. Wichtig ist uns festzuhalten, daß D.'s Bewegungsverhalten trotz der beschriebenen Veränderungen *insgesamt* weitaus raumgreifender scheint als das der anderen interviewten Mädchen. Dies hängt vermutlich damit zusammen, daß sie in ihrer Kindheit und frühen Jugend auf dem Land viel Raum zur Verfügung hatte.

Zweitens: Bei den heute von D. bevorzugten organisierten Bewegungsarten - beim Volleyballspielen und beim Schwimmen - geht es wahrscheinlich mehr als früher darum, sich gegenseitig zu messen und Leistung zu erbringen. Eine in diesem Zusammenhang interessante Interviewpassage wollen wir zitieren:

> D.: "Ich finde es auch gut, wenn man besser in Sport ist, also, ich möchte vielleicht auch ganz gut sein."
>
> K.G.: "Wenn du schnell geschwommen bist oder einen guten Ballwechsel hattest, hast du dann auch das Gefühl, etwas geschafft zu haben?"
>
> D.: "*Jaaa, klar*, ja, dann freue ich mich auch *(ganz begeistert gesprochen!)*, na klar! Doch, dann bin ich echt froh. *Also bei Sachen eben, die mir Spaß machen, möchte ich dann auch gut sein. Dabei strenge ich mich dann auch an.*"

Die organisierte Sport- und Bewegungsform bietet D. offensichtlich Erfahrungen, an denen sie viel Spaß hat. Diese Erfahrungen sind vielfältig:

- die Freude an der gelungenen Bewegung;
- die Herausforderung durch die gesetzten Maßstäbe;
- die Möglichkeit, sich mit anderen zu messen;
- die soziale Anerkennung für gute Leistung.

Insgesamt vollzieht sich bei D. eine Schwerpunktverlagerung weg von der sehr freien, hin zur organisierteren und disziplinierteren Bewegung. D. ist es nun wichtiger, sich in *dieser* Form von Bewegung ihren Raum zu nehmen. D. verändert also - wenn auch in anderer Richtung als A. - ebenfalls ihr Interesse bezüglich Spontaneität und Kontinuität bzw. Disziplin in der Bewegung. Es deutet sich an, daß dieses Thema für Mädchen in der Pubertät eine wichtige Rolle spielt. Feministische Bewegungspädagogik sollte sich deshalb in ihren Methoden und Zielen damit auseinandersetzen.

IV.3.5.   Zusammenfassung

Der Beginn der Pubertät war für alle von uns interviewten Mädchen eine Zeit der (Bewegungs-)Veränderungen. A., C. und wahrscheinlich auch B. schränkten mit *Beginn* ihrer Pubertät ihre Bewegungsaktivitäten ein. Auch D. änderte ihr Bewegungsverhalten, jedoch weniger quantitativ als qualitativ. Sie hat heute mehr Freude an der gekonnten Bewegung und dem damit verbundenen Erfolg. Die freien Bewegungsformen ihrer vorpubertären Zeit treten hingegen in den Hintergrund. Damit in Zusammenhang stehend, traten bei A. und D. Veränderungen im Bereich von Spontaneität und Kontinuität bzw. Disziplin auf. A. sucht seit Beginn ihrer Pubertät mehr spontane Bewegungen, während für D. disziplinierte und kontinuierliche Bewegungsaktivitäten an Bedeutung gewonnen haben.

Wie kommt es nun zu diesen Bewegungsveränderungen der Mädchen zu *Beginn* ihrer Pubertät? Für A. und D., aber auch für C., kann ein wichtiger Grund die *Orientierung in Richtung Jungen* und eine damit einhergehende (Teil-)Anpassung an deren Werte und Kulturen sein. Bei A., B. und C. spielen bei dieser Anpassung eventuell auch schlechte Berufschancen eine Rolle. Mädchen mit geringen beruflichen Aufstiegschancen und schlechten Lohnaussichten wollen (müssen?) vielleicht eine Partnerschaft mit einem Jungen bzw. Mann eingehen, um ihre finanzielle Lage und ihr Prestige zu verbessern. Um eher einen Partner zu finden, nehmen manche Mädchen eigene Ansprüche zurück und können in einen inneren Widerspruch geraten, zwischen dem Wunsch nach Orientierung in Richtung Jungen und Wünschen, die sich gegen eine Anpassung wenden. B. war die einzige, die, als sie ihren Freund kennenlernte, ihren Bewegungsraum erweiterte.

Ein weiterer Grund für die benannten Bewegungsveränderungen der interviewten Mädchen können *äußere Anforderungen* sein. C. hat beispielsweise Druck von ihrer Mutter bekommen, sich an ihre Geschlechterrolle anzupassen. A. dagegen spürte vorwiegend von den Jungen ihrer Clique Anforderungen, sich nicht zu 'mädchenhaft' zu verhalten, da das nicht der Kultur ihrer Clique entspricht. So konnten und können A. und C. in Konflikt zwischen ihren vorpubertären und heutigen Bewegungswünschen geraten. Vielleicht schränkten A. und B. ihr Bewegungsverhalten auch ein, weil sie an *Körpergewicht* zunahmen. Das häufig von Medien vermittelte Bild der schlanken und fitten Frau könnte die Mädchen in der Weise beeinflußt haben, daß sie sich schämten, sich in ihrem Körper zu bewegen.

Deutlich gezeigt hat sich bei den von uns interviewten Mädchen, daß es für sie nicht eine Mädchenrolle gibt, an die sie sich anpassen sollen, sondern, daß Anforderungen an sie sehr unterschiedlich, widersprüchlich und teilweise auch unklar sein können. Der Phase der Pubertät wird in der von uns bearbeiteten 'Bewegungsliteratur' nur wenig Raum gegeben. Dieser Zeit sollte allerdings aufgrund der oben dargestellten Zusammenhänge auch bezüglich Bewegung mehr Aufmerksamkeit geschenkt werden, um Mädchen in ihrem (Bewegungs-)Verhalten und ihren (Bewegungs-)Wünschen besser verstehen zu können.[93]

IV.4.   Bewegungserfahrungen, Bewegungswünsche und Bedeutungen von Bewegung

IV.4.1.   Das Interview mit A.

Was sucht A. in der Bewegung, was bedeutet Bewegung für sie, welche Wünsche hat sie in bezug auf Bewegung? Selbstbehauptung bzw. Selbstausdruck und Gemeinschaftserlebnisse liegen unseres Erachtens im Mittelpunkt ihres Interesses an Bewegung.

---

93   Beispielhaft für eine solche Betrachtung verweisen wir auf Helfferich 1994. Helfferich untersucht darin mit Blick auf die Kategorie Geschlecht symbolisches, körperzentriertes Verhalten von weiblichen und männlichen Jugendlichen, gerade auch *in* der Phase der Pubertät.

IV.4.1.1. Selbstbehauptung und Grenzerfahrung

A. hat es gefallen, in der Schule *gefordert* zu werden. Dies zeigt ihr Vergleich von Jungen- und Mädchensport:

> A: "Aber du wirst halt, wenn - wenn man mit Jungen zusammen Sport macht, wirst du halt zum Beispiel im Schulsport viel mehr gefordert. Wir haben dann mal einen Mann gekriegt in Vertretung und der war total super, weil der uns auch getrimmt hat."

Auch möchte A. wissen, *welche Leistung* sie im Sport erbringt. Dabei scheint sie keine Angst zu haben, unter Druck zu geraten:

> A.: "[Schulnoten] fand ich gut, daß ma' auch sehen kann, wie ma' ist oder wie ma' im Sport ist."

A.'s Suche nach Selbstbehauptung zeigt sich unter anderem in ihrer Begeisterung für Sport in der Natur. Diese Begeisterung äußert sich insbesondere in ihren lebhaften Erzählungen über Urlaubserfahrungen. Die Vorliebe für Sport und Bewegung im Urlaub mag damit zusammenhängen, daß sie Sportarten in der Natur stärker als *Herausforderung* erleben kann. Dem steht die Annahme Lotte Roses entgegen, daß Mädchen weniger die Konfrontation als die Kommunikation mit der Natur suchten. A. sucht unseres Erachtens beides: So erzählt sie etwa, daß sie "im Sommer" gern "am Strand" spazieren gehe, "wenn überall Palmen sind". Mit größerer Begeisterung und ausführlicher spricht sie aber von der 'Konfrontation':

> A.: "Mit meinem Freund weg oder so alleine in Urlaub oder mit einer Freundin, oder - einfach mit einer Skischule, *wo du auf dich selbst...*"
>
> N.A.: "Und beim Segeln, was hat dir da Spaß gemacht?"
>
> A.: "Das war einfach lustig, also wir mußten alle irgendwie zusammen arbeiten - und so im Team - *Teamwork*, das fand ich nicht schlecht, wir *waren voll auf uns gestellt, wären schier ertrunken.* Ich fand es irgendwie lustig."

A. hat Spaß an Situationen, in denen sie auf sich selbst bzw. im Team auf sich gestellt ist. Wichtig ist für A. sowohl die Nähe einer möglichen Gefahr zu spüren, als sie auch in Eigen- bzw. Teamarbeit zu bewältigen. Auch im Alltag sucht sie nach körperlichen Grenzerfahrungen. Vom Badmintonspielen berichtet sie:

A.: "Wir spielen dann echt stundenlang, ... weil jeder irgendwie, ich weiß nicht, geht ganz aus sich raus und holt alles aus sich raus was geht. Wir liegen dann nachher nur noch alle da - 'hahe, hahe' *(lautes, erschöpft klingendes Atmen)* - aber es hat dann voll Spaß gemacht."

A. scheint in dem Spiel völlig aufzugehen. Wie läßt sich ihre Freude an der Verausgabung im Spiel erklären? Mit Beginn ihrer Pubertät hat A. alle kontinuierlichen Sportaktivitäten aufgegeben. Das Badminton-Spiel fand nach dieser Zeit statt. Vielleicht zeigt sich in diesem Spiel eine Sehnsucht A.'s, wieder sportlich aktiv zu sein. Die *Form* des Wunsches nach sportlicher Aktivität hat sich gewandelt. Heute steht für A. der Wunsch nach spontaner und erlebnisintensiver Bewegung im Vordergrund.

IV.4.1.2. Selbstausdruck

Zum Bereich der Selbstbehauptung und Selbstübereinstimmung rechnen wir auch A.'s Wunsch, sich beim Tanzen frei zu bewegen. Er wird für uns an ihren Aussagen über das Ballettanzen deutlich. Ballett ist eine sehr 'raumenge' Bewegungsart. A. hat dagegen ein Bedürfnis nach mehr Raumfreiheit entwickelt. Vor allem zu Beginn der Pubertät wandte sich A. gegen die disziplinierte Form im Ballett und suchte nach Spielräumen und eigenem Ausdruck:

A.: "Aber wenn es dann nur so an der Stange tanzen ist, so wie wir das immer gemacht haben, dann macht mir das keinen Spaß. Und die [Ballett in Stuttgart] bewegen sich ja auch frei. Also wir mußten immer an der Stange stehen, wir durften nie frei im Raum irgendwie tanzen. Und das hat mich aufgeregt, das hat mir einfach nicht gefallen."

N.A.: "Und dir macht es Spaß, auch was ausdrücken zu können?"

A.: "Ja zu einer bestimmten Musik - irgendwas - das, was einem halt gerade so einfällt oder was, wo einem gerade nach ist."

A. geht es unseres Erachtens darum, sich freier und selbstbestimmter zu bewegen. Aus ihren Worten spricht das starke *Bedürfnis* nach mehr Selbst- und Gefühlsausdruck. Interessant finden wir, daß diese Bedürfnisse gerade mit Beginn der Pubertät zum Ausdruck kommen. Dies scheint mit der Suche nach eigenen Wegen und mit einer Öffnung den eigenen Bedürfnissen gegenüber zusammenzuhängen. Christine

Bernd betont, daß Bewegung ein besonders geeignetes Medium ist, um Erfahrungen und Gefühle auszudrücken. Mit (Tanz-)Improvisationen, bei denen nach dem Berndschen Konzept das Zulassen leiblicher Impulse im Vordergrund steht, könnte dem Bedürfnis A.'s Raum gegeben werden, das zu tanzen, "was einem halt gerade so einfällt oder was, wo einem gerade nach ist".

Gleichzeitig hat A. aber auch Freude an gekonnten und ausgeformten Bewegungen. Sie geht beispielsweise "voll gern ins Ballett in Stuttgart. So wie die sich bewegen, ich finde das voll super." Artistische Bewegungen beim Skateboard- und Snowboardfahren gefallen ihr ebenfalls:

A.: "Wie die da in New York gefahren sind, das fand ich so faszinierend. Ich saß die ganze Zeit vor dem Fernseher, hab' immer nur noch so geguckt, das find ich ganz toll [Skateboard], oder ... so springen, so beim Snowboardfahren oder so Saltos machen durch die Luft!"

Ein Bewegungsangebot, das sowohl subjektiven Ausdruck als auch die Umsetzung von Subjektivem in formbildende Bewegung ermöglicht, könnte daher A.'s Bewegungswünschen entsprechen.

IV.4.1.3. Gemeinschaftserlebnisse, Teamarbeit und Herausforderung in der Gruppe

Selbstbehauptung sucht A. meist in Verbindung mit anderen:

N.A.: "Ist es für dich auch wichtig, daß du mit Leuten zusammen kommst, wie z.B. beim Sport?"
A.: "Ja. Irgendwas, was man zusammen macht so, wo man halt auch miteinander irgendwas machen muß oder was erreichen muß."

Neben der *Zusammenarbeit* im Team hat A. auch das Bedürfnis nach *Herausforderung* in der Gruppe:

A.: "Ich mein', wenn wir zum Beispiel Badminton spielen gehen, dann - dann geht es schon darum, wer die Beste ist. Dann spielen wir auch wirklich wie Profis."

Für A. ist es unseres Erachtens von Bedeutung, sich während des Sports in der Auseinandersetzung mit anderen durch das Spüren von Gemeinsamkeiten und Grenzen zu erfahren. Das Erleben von sozialen Beziehungen und die sozialen Erfahrungen im Sport, von denen Grupe schreibt[94], sind für A. besonders wichtig. Vielleicht ist für A. die Auseinandersetzung in Bewegung auch deshalb so bedeutsam, weil sie ihr verbal eher schwer fällt. A. äußert sich beispielsweise ihren FreundInnen gegenüber nicht, wenn es ihr langweilig ist, "wenn man wirklich nur rumsitzt". Sie sagt, daß sie dann lieber nach Hause gehe, als sich dieser Konfrontation zu stellen.

Genannte Aspekte, wie die Auseinandersetzung mit anderen im Team, mit sich selbst und mit der Natur, das Spüren von Gemeinsamkeiten und Grenzen, Selbstbehauptung und Selbstausdruck in der Bewegung (speziell im Tanz) sind allerdings nicht nur Erfahrungen, die A. tatsächlich gemacht hat. Während des Interviews wurde deutlich, daß es sich bei diesen Aspekten heute häufig um Wünsche und unerfüllte Sehnsüchte handelt. Denn A. beklagt, daß ihr momentan Sport und Bewegung und somit auch die genannten Erfahrungen fehlen. Auffallend ist, daß ihre Wünsche zu Beginn der Pubertät aufkommen, jedoch *in* dieser Phase nur wenig Erfüllung finden.

IV.4.2.   Das Interview mit B.

IV.4.2.1. Wut und Frust 'rauslassen'

Mit der Überwindung ihrer Rückzugsphase beginnt B. in Discos zu gehen. Discos repräsentieren von nun an *Freiräume* für sie, *in denen sie sich ausprobieren und ihren Gefühlen Ausdruck geben kann.* Zu diesen Gefühlen gehören vor allem Wut und Frust:

> B.: "Wenn ich schlecht drauf bin, ja, meistens bin ich dann in einer Disco und *laß' einfach alles raus, so beim Tanzen.* Dann geht's mir eigentlich wieder gut. Dann fühle ich mich *freier.* Dann kann ich wieder in Ruhe atmen, ja?"

---

94   Vgl. Grupe 1982, S.91ff.

B.: "Und dann wiederum tanze ich auch mit einem bösen Gesicht, *um einfach meine Aggressionen rauszulassen.* Oder wenn ich irgendwie, wenn ich Frust habe, irgendwie einfach den loszuwerden, und ich meine, *loswerden tu' ich ihn irgendwie nicht, aber es beruhigt mich für eine Weile.*"

Wir vermuten hinter B.'s Ausdruck von Frust und Aggressionen vor allem das Bedürfnis nach *Selbstbehauptung* und *Durchsetzungsvermögen.* Dieses Bedürfnis ist für B. wahrscheinlich von besonderer Bedeutung, da sie es lange Zeit zurückgestellt hatte. Jedoch weist B. in den zitierten Äußerungen auch darauf hin, daß sie beim Tanzen ihren Frust nicht eigentlich "loswerden" kann. B. würde sich wahrscheinlich gerne längerfristig und tiefergreifend von ihrem Frust befreien. Bewegung scheint diesbezüglich ein geeignetes Medium für sie zu sein. Beim Discotanz fehlen ihr aber vielleicht Möglichkeiten, ihrem Frust und ihrer Wut auf *konkrete* Weise Ausdruck zu geben und ihre Durchsetzungskraft in der *Auseinandersetzung mit anderen* zu erproben und zu zeigen. Mit konkretem Ausdruck von Wut und Frust meinen wir, diese Gefühle den Menschen gegenüber zu zeigen, die sie ursprünglich bei ihr ausgelöst haben.

In bewegungspädagogischen Zusammenhängen könnten B.'s Wünsche - wie wir sie auf dem Hintergrund des Interviewmaterials verstanden haben - in verschiedener Hinsicht Berücksichtigung finden:

1. Im Rahmen einer bewegungspädagogischen Arbeit mit Mädchen könnten auch Discos veranstaltet werden, oder es könnten solche Angebote integriert werden, bei denen - ähnlich wie beim Discotanz - freie Ausdrucksbewegungen im Mittelpunkt stehen.

2. Wichtig sind unseres Erachtens aber auch Differenzerfahrungen. Daher sollten die Mädchen die Möglichkeit haben, Gefühle, die bei der Bewegungsarbeit aufkommen - wie beispielsweise Wut oder Frust -, auch thematisieren zu können. Voraussetzungen dafür sind unseres Erachtens eine offene Atmosphäre und eine an dieser Zielsetzung orientierte Methode. Diesbezüglich sollten jedoch auch die Grenzen der Mädchen und die des Angebots geachtet werden.

3. Zudem könnte eine Differenzerfahrung darin bestehen, Selbstbehauptung und Durchsetzungsvermögen in direkter Auseinandersetzung mit anderen zu erleben. Eine solche Auseinandersetzung wäre beispielsweise bei Bewegungsangeboten wie Fußball oder Kampfsport möglich. Wenn Mädchen wie B. die da-

bei gewonnen Erfahrungen auf den Umgang mit anderen im Alltag übertragen könnten, würde sie dies vielleicht längerfristig und tiefergreifend von ihrem Frust befreien.

IV.4.2.2. Bewegung als Grenzerfahrung

B. hat zwar öfters gar keine Lust, sich zu bewegen. Manchmal verspürt sie aber auch einen *intensiven Drang, sich körperlich zu verausgaben*:

> B.: "Ich spiele, ich mache wirklich nur Sport, wenn ich Lust habe und ich nicht dazu gezwungen werde. Das ist nicht oft, aber wenn ich mal Sport mache, dann kann es einen halben Tag lang werden, wirklich. Es ist echt schon vorgekommen, daß ich von mittags um drei bis abends um neun Basketball gespielt habe, ununterbrochen, und dann war ich natürlich am Arsch."
>
> K.G.: "Wie ist das dann für dich, tut das gut?"
>
> B.: "Ja, das tut mir gut. Ich denke, ja ich denke: 'Ha! Jetzt habe ich was für meinen Körper getan.'"
>
> K.G.: "Ist das dann auch ein Gefühl von Fitneß, Gesundheit und Kraft?"
>
> B.: "Ja, obwohl ich ausgelaugt bin, *aber ich fühle mich stark. Ich fühle mich wieder vollgepumpt mit Energie.* Das ist ganz komisch; manche, die sagen: 'Oh, ich bin kaputt, ich muß ins Bett.' Aber ich wiederum, ich könnte dann - die anderen gehen - ich könnte weiterspielen."

Wie erklärt sich B.'s Freude an der Verausgabung und die Begeisterung, mit der sie darüber spricht? Intensive körperliche Anstrengung und Konzentration bieten B. vielleicht die Möglichkeit, sich von innerem Druck, der sie unserem Eindruck nach immer wieder sehr belastet, zu befreien. Wahrscheinlich bedeutet die körperliche Verausgabung für B. eine 'effektivere' Form des Umgangs mit diesem Druck als der früher und auch heute noch manchmal praktizierte Rückzug. Insofern könnte die intensive Anstrengung auch als eine *Gegenerfahrung* B.'s bezeichnet werden; Gegenerfahrung vielleicht auch zu der von Mädchen häufig erwarteten Zurücknahme und Ästhetisierung des eigenen Körpers.

Kein Wunder dann, daß sich B. nach mehreren Stunden Sport "vollgepumpt mit Energie" fühlt und denkt: "Jetzt habe ich was für meinen Körper getan" - und das heißt auch: *für sich selbst.* Bis dorthin zu gehen, wo sie sich "kaputt" und "am Arsch" fühlt, zeigt ihr erst, *wieviel Kraft sie* eigentlich *hat*:

B.: "Wirklich, das ist abnormal. *Ab und zu denke ich mir: 'Woher nehme ich mir die Energie?' Aber es kommt (Lachen)*."

Zudem sind körperliche Grenzerfahrungen oftmals mit *intensivem Erleben* verbunden; insbesondere in einer Gesellschaft, in der sinnkörperliche Erfahrungen aus dem Alltag weitgehend verbannt sind. Auch B. spricht von durchdringenden Gefühlen in bezug auf das von ihr beschriebene Ereignis. Sie verschafft sich über solche Ereignisse unserem Eindruck nach 'Erlebnissouveränität', die für die Selbstverortung und Selbstbehauptung in einer Gesellschaft, in der die Individuen weitgehend auf Erleben ausgerichtet sind, wichtig ist.

IV.4.2.3. Hingabe

Eines der zentralen Themen bei B. ist - wie schon erwähnt - der Discotanz. Auf die Frage, warum sie so gerne tanzt, sagt sie:

B.: "Wenn es ein Stil ist, der mir echt gefällt, dann, dann, *dann laß' ich mich einfach gehen. Dann höre ich mir die Musik an und laß' mich gehen. Und dann kommt das alles von alleine.* Ich achte gar nicht darauf, wie ich tanze, sondern *das kommt. Die Bewegung, die macht eigentlich die Musik,* finde ich, und nicht ich selber. So wie die Musik ist, so bewegt man sich auch."

Das emotionale Erlebnis beim Tanzen, das B. hier beschreibt, können wir als *Hingabe* und *Verschmelzung* fassen. B. fühlt sich beim Tanzen getragen, sie kann sich gehen lassen und mit der Musik und vielleicht auch mit den sie umgebenden TänzerInnen, obwohl sie letzteres nicht explizit sagt, emotional verschmelzen.

Im folgenden werden wir den Fragen nachgehen, warum B. diesem Erlebnis einen so hohen Stellenwert einräumt und weshalb sie es gerade in dieser Form von Bewegung sucht. Dabei beziehen wir uns zunächst auf Thomas Ziehe, der die Bedeutung der Hingabe bei der Rezeption von Discomusik näher beleuchtet hat. Wenn auch sein Buch "Pubertät und Narzißmus" *(Ziehe 1984),* in dem er die für unseren Zusammenhang wesentlichen Theorien darstellt, bereits in den 70er Jahren geschrieben wurde, so ist seine psychologische Analyse von Jugendkultur doch heute noch von Brisanz. Im Anschluß an die Darstellung der Theorie Ziehes wollen wir uns der Frage zuwenden, weshalb Mädchen sich möglicherweise in besonderer Weise für Discotanz interessieren.

In "Pubertät und Narzißmus" beschreibt Ziehe, wie sich auf dem Hintergrund veränderter Sozialisationsverhältnisse ein neuer Sozialcharakter unter den Jugendlichen herausgebildet habe: Der "Neue Sozialisationstyp" (NST). Ziehe bezieht sich dabei auf psychoanalytische Entwicklungstheorien. Kennzeichnend für den neuen Typ sei seine Fixierung auf die frühkindliche, narzißtische Entwicklungsphase, deren affektiven Zustand Ziehe als ozeanisches Gefühl, Omnipotenzgefühl oder Gefühl der Verschmolzenheit mit der ganzen Welt beschreibt. Damit einhergehe, daß der NST die Begegnung mit der Realität und mit klar konturierten Objekten soweit wie möglich vermeide und so oft wie möglich auf den omnipotenten Zustand regrediere. Nach Ziehe bietet das kollektive Musikerlebnis in der Disco Jugendlichen alle Voraussetzungen, um frühkindliche, narzißtische Bedürfnisse in ganzheitlicher Weise zu befriedigen:

- Das musikalisch-optische Erleben erfaßt die Sinneswahrnehmung in annähernd totaler Weise und ähnelt damit der frühkindlichen, präobjektalen Wahrnehmung.
- "Der freie rhythmische Tanz verschafft das Glückserlebnis des überbesetzten Körper-Selbst" *(Ziehe 1984, S. 195).*
- Die anderen TänzerInnen werden weniger als konturierte Objekte wahrgenommen - es kommt kaum zu Berührungen - denn als MitschwimmerInnen in der kollektiven Trance, im sozialen Uterus:

   B.: "Ich zum Beispiel kann nur für mich alleine tanzen! Nicht mit jemandem. Klar, wenn ich jemandem gegenüber stehe, klar, aber nicht, daß wir irgendwie ... gerade wie z.B. Foxtrott oder Jive oder so, da tanzt man miteinander. *Sondern ich muß für mich alleine tanzen. Dann habe ich meine Befriedigung, ja, wenn ich echt alleine für mich tanze und nicht auf jemanden darauf angewiesen bin, was der jetzt macht.*"

Ziehe betont, daß narzißtische Verschmelzungswünsche über diskursive, sprachliche Symbole kaum ausgedrückt werden können, da die Sprachentwicklung häufig in Abkoppelung von diesen meist verdrängten, unbewußten Bedürfnissen stattfindet. Letztere könnten zunächst nur über *präsentative Symbole* - wie zum Beispiel Tanz, Musik oder Theater - ausgedrückt werden. "Präsentative Symbole haben daher eine *Brückenfunktion,* aus der die Erweiterung des Symbolsystems, bzw. die *Neueinführung* diskursiver Symbole folgen kann" *(Ziehe 1984, S.240, Hervorhebungen im Original).*

Auch Christine Bernd hat aufgezeigt, daß über präsentative Symbole Gefühle in angemessener Weise ausgedrückt werden können. Allerdings geht sie - im Gegensatz zu Ziehe - davon aus, daß präsentative Symbole in dieser Funktion *nicht* ersetzt werden können durch diskursive Symbole. Bernd faßt auch nicht jede Form von Tanz oder Theater als Bildung präsentativer Symbole, sondern nur solche Formen, über die einerseits subjektiver Ausdruck möglich ist, andererseits aber auch eine konstruktive Verarbeitung von Erfahrungen stattfinden kann. Bei Bernd findet also die Verarbeitung von Gefühlen *in* der Bildung präsentativer Symbole statt und nicht - wie bei Ziehe - in der sprachlichen Bewußtwerdung.

Ziehe begreift nun das Bedürfnis nach Symbiose und Verschmelzung als Regression und wertet es damit unseres Erachtens als Rückschritt auch ab. Er bleibt darin einer alten psychoanalytischen Tradition verbunden, obwohl er diese selbst immer wieder kritisiert. Die *positiven, fortschrittlichen Aspekte von Hingabe und Verschmelzung* werden in einer solchen Denkweise negiert und verdrängt. Dies ist aber - und in dieser Kritik beziehen wir uns auf Jessica Benjamin - eine patriarchale Konstruktion, bei der zwei Daseinsweisen gegeneinander ausgespielt werden, die eigentlich, so paradox dies gedacht werden muß, nicht ohne einander gelebt werden können: Und zwar Individualisierung auf der einen Seite und Hingabe und Mitgefühl auf der anderen Seite. Der Bereich von Hingabe und Mitgefühl wird historisch den Frauen 'zugewiesen' bzw. in den privaten Bereich der Frauen verdrängt. Zudem erleben Frauen häufig auch eine Sozialisation, auf deren Hintergrund sie die frühkindliche Nähe zur Mutter weniger verdrängen können bzw. müssen.

Von hier aus wollen wir eine Brücke schlagen zur möglichen Bedeutung von Discotanz für Mädchen. So erklärt sich die Tatsache, daß für Mädchen beim Discotanz das Erlebnis der Hingabe wichtig ist und sie es sehr genießen können, als eine mögliche Folge ihrer Sozialisation. Das darin liegende *kritische, widerständige Potential* zu entdecken, erachten wir als wesentlich in bezug auf eine parteiliche Bewegungsarbeit mit Mädchen: als Kritik nämlich an einer patriarchalen Gesellschaft, in der die Bedürfnisse nach Hingabe und Mitgefühl verdrängt und negiert werden.

Möglichkeiten der Bewußtwerdung solcher Gefühle könnten entweder darin liegen, sie gestaltbildend zu verarbeiten, wie Bernd dies dargestellt hat, oder vielleicht auch, sie sprachlich auszudrücken, wie Ziehe es vorschlägt. Allerdings ist es ebenfalls wichtig, wenn Mädchen stark zu einer 'verschmelzenden' Bewegungsweise tendieren - und dies scheint uns bei B. der Fall zu sein -, Bewegungsangebote zu machen, bei denen die Erfahrung von *Grenzen* ermöglicht wird.

IV.4.2.4. Bewegung als Widerstand

Bewegung ist für B. unserem Eindruck nach ein Mittel, um ihren *Widerstand gegen äußeren Druck*, beispielsweise bei der Arbeit, zu äußern. Von ihrer Arbeit an der Kasse eines Supermarktes erzählt sie:

> B.: "In dem Laden ist nichts los. Gar nichts. Ich sitze da und was machst du jetzt? Du darfst nicht lesen, auch wenn nix los ist, du darfst dann da nicht lesen, Zeitung lesen oder ein Buch lesen darfst du nicht. *Du darfst gar nix.* Du mußt *dasitzen* und *warten*, bis ein Kunde kommt und einkauft. Da dachte ich mir aber: 'So, das ist mir egal.' Und immer, wenn ich Pause hatte, bin ich einmal durch den ganzen Laden gerannt, *weil ich einfach raus mußte.* Ich mußte irgendwie *mich bewegen.* Ich bin *dagesessen* und konnte nicht. *Ich sitze da und habe nix zu tun.* Und dann Pause, ich hatte 20 Minuten Pause, habe echt eine Viertelstunde dafür benutzt, um echt mich *auszutoben*, weil das einfach stressig war. Weil, so ist es nicht, *wenn ich mich nicht bewegen kann, werde ich auch verrückt.*"

B. kennt offensichtlich das Gefühl der Langeweile und der Sinnlosigkeit bei der Erwerbstätigkeit. Der ausschlaggebende Grund dafür ist sicherlich die Art der Tätigkeit als Verkäuferin bzw. Kassiererin. Beides sind typische Frauenberufe bzw. -jobs. Es liegt in der 'Logik' der gesellschaftlichen Geschlechterhierarchie begründet, daß Frauen sich noch immer hauptsächlich in solchen Berufen bewegen, in denen der persönliche Handlungs- und Entscheidungsspielraum sehr beengt ist. Im Beruf wird häufig das fortgesetzt, was Mädchen in der Kindheit und frühen Jugend bereits erfahren: Sie sollen sich zurücknehmen und für andere da sein.

In B.'s Bewegungsdrang während der Arbeit, wenn "nix los" ist, drückt sich unserer Meinung nach ein - wenn auch leiser - *Protest gegen Zurücknahme* aus. Eine Vermutung ist daher: Wenn B. ihren oft großen Bewegungsdrang intensiver und bewußter ausleben könnte, würde sie dadurch auch ihr Widerstandspotential stärken können - z.B. in bezug auf berufliche oder familiäre Situationen. In pädagogischen Zusammenhängen wäre es von Bedeutung, Mädchen - sei es beim Sport oder konkreter bei einem Rollenspiel - diese Erfahrung zu ermöglichen und sie mit dem Wunsch nach Selbstbehauptung und Widerstand zu konfrontieren, der möglicherweise hinter ihren Bewegungsbedürfnissen steht.

IV.4.2.5. Abnehmen durch Bewegung

B.'s Bewegungsbedürfnisse stehen auch in Zusammenhang mit Wünschen, die sie bezüglich ihrer Figur zum Ausdruck bringt, sowie mit Äußerungen zum Thema 'Essen'. B. hat unserem Eindruck nach ein vielschichtiges Verhältnis zum Thema 'Abnehmen' und so auch zum Thema 'Abnehmen durch Bewegung und Sport'. Wir haben B. als schlankes, 'normalgewichtiges' Mädchen wahrgenommen. B. selbst ist anderer Meinung. Sie sagt, daß es immer wieder Zeiten gibt, in denen sie gerne abnehmen und Bewegung zu diesem Zweck einsetzen würde:

> B.: "Wenn ich auf der Waage stehe. Teilweise - ich meine, mir sieht man es nicht an, wenn ich, wenn ich, ähm, zunehme, oder so. Aber ich sehe es halt, wenn ich auf der Waage stehe, und dann denke ich: 'Jetzt ein bißchen bewegen, und dann ist das weg, und dann bist du wieder zufrieden.'"

B. hat aber die Erfahrung gemacht, daß für sie Sport und Bewegung eigentlich *keine* geeigneten Mittel sind, um abzunehmen:

> B.: "... Abnehmen, so durch Sport, das ... - ich hab's mal probiert, durch Sport abzunehmen. Das hat absolut nix gebracht, wirklich, ich bin mir vorgekommen, als würde ich noch fetter werden."

Eine Vermutung von uns ist, daß B. nicht nur gerne durch Sport abnehmen würde, sondern daß sie über Bewegung auch ihrem manchmal 'übermäßigen' Essen - auf das sie mehrmals während des Interviews zu sprechen kommt - gerne etwas entgegensetzen würde. Dieses 'übermäßige' Essen steht unseres Erachtens in direktem Zusammenhang mit ihren Rückzugstendenzen. Beides erlebt sie zur gleichen Zeit, und beides sind unserer Meinung nach Protestreaktionen gegen erfahrene Verletzungen, die B. nicht nur individuell treffen, sondern mit denen Mädchen generell in unserer Gesellschaft konfrontiert sind - wobei ihnen jeweils unterschiedliche Ressourcen zur Verfügung stehen, damit umzugehen. In diesem Zusammenhang symbolisiert Bewegung unseres Erachtens in B.'s Leben Eigenaktivität und Handlungsfähigkeit - als Gegenerfahrung zu Rückzug und damit verbundenem 'übermäßigem' Essen:

> B.: "Bewegung brauche ich echt; sobald ich aufstehe, muß ich mich bewegen. Ich
> kann dann nicht noch mal ins Bett liegen. *Es sei denn, ja, das ist das schlimmste, was*
> *man machen kann, es sei denn, ich bin so vollgefressen, daß ich nicht mehr laufen*
> *kann!"*

An einer Stelle äußert B. allerdings auch eine zur bisher dargestellten Haltung kontroverse Einstellung:

> B.: "*Wenn man jetzt wegen der Figur Sport macht, dann ist das wieder irgendwie ein*
> *Zwang,* und das will ich nicht. Ich will einfach so sein, wie ich bin, mein Gott, *so wie*
> *ich bin, bin ich,* und da kann niemand was daran ändern. Höchstens ich will es, ja?
> Aber ich will es nicht, warum auch?"

Deutlich tritt die *Widersprüchlichkeit* in B.'s Wünschen hervor: Einerseits will sie abnehmen, schlank(er) sein und sich aus diesem Grund bewegen. Das heißt vielleicht auch, daß sie gesellschaftlich gesetzten Maßstäben, an denen weibliche Körper gemessen werden, genügen will. Andererseits möchte sie so akzeptiert werden, wie sie ist und ihre Figur nicht verändern. Sie will unserem Eindruck nach auch ernst genommen werden in ihrem Protest gegen gesellschaftliche Körperzuschreibungen Mädchen/Frauen gegenüber. Diesen Protest drückt sie unseres Erachtens unter anderem durch ihr 'übermäßiges' Essen aus.

In einer Bewegungsarbeit mit Mädchen halten wir es für wesentlich, Mädchen mit solchen widersprüchlichen Wünschen, Gefühlen und Einstellungen zu ihrem Körper und zur Bedeutung, die Bewegung diesbezüglich für sie einnimmt, zu konfrontieren. Feministische Bewegungspädagogik sollte Mädchen die Erfahrung ermöglichen, daß Sport und Bewegung nicht nur dazu dienen können, Körper von Mädchen/Frauen gemäß gesellschaftlichen Maßstäben zu formen. Vielmehr können Mädchen über Bewegung auch Protest an Körperzuschreibungen ausdrücken und sich in ihrer Identität stärken. Ganz im Sinne von B.'s Aussage: "So wie ich bin, bin ich". Mädchen sollten in ihren Grenzen bei der bewegungspädagogischen Arbeit sehr ernst genommen werden. Das heißt an dieser Stelle konkret, daß die

PädagogInnen sich dessen bewußt sein sollten, daß sich in der *Bewegungsunlust* von Mädchen immer auch ein *Protest* ausdrücken kann gegen das in spezifischer Weise an Mädchen/Frauen herangetragene Schlankheitsideal in unserer Gesellschaft.

IV.4.3.   Das Interview mit C.

C.'s heutiges Bewegungsverhalten hat sich im Gegensatz zu ihrem kindlichen, wie bereits beschrieben, sehr gewandelt. Auch wenn C. heute nicht mehr *offensichtlich* die Auseinandersetzung in der Bewegung sucht, so denken wir aufgrund C.'s ambivalenter Äußerungen, daß diese Suche nach wie vor versteckt vorhanden ist. Denn sobald C. auf Themen wie 'Wut rauslassen beim Tanzen' oder 'Kampfsport' zu sprechen kommt, erzählt sie uns sehr begeistert davon, wenn sie sich auch in dieser Begeisterung meist sofort wieder zurücknimmt. Zunächst soll jedoch der Bereich der Bewegung, zu dem C. offen steht, dargestellt werden.

IV.4.3.1.   Die Bedeutung von Ästhetik in der Bewegung für C.

Von ihrem sechsten bis zu ihrem neunten Lebensjahr tanzte C. Ballett. Auf die Frage, was ihr am Ballett gefallen habe, antwortet sie:

> C.: "Die Bewegungen waren schön. Wenn man sich dann so bewegen kann, also wie soll ich sagen, wenn man halt alles machen kann mit seinem Körper, das ist schön gewesen."

Auch im Schulsport genoß C. die Ästhetik der Bewegung bei bestimmten Sportarten. C. sieht für sich einen Zusammenhang zwischen dem Ballettanzen als Kind und der Freude am Bodenturnen:

> C.: "Und beim Bodenturnen habe ich gerade so das Rad und Spagat und so gern. Also es hat mir echt Spaß gemacht. Und ganz früher war ich auch im Ballett, und *daher* hat mir das Spaß gemacht."

Im Fernsehen schaut C. des öfteren Bodenturnen und Turmspringen an. Die Bewegungen der Turnerinnen wirken auf Zuschauende meist leicht und anmutig. Hinter der Grazie des Ausdrucks verbirgt sich allerdings sehr viel Kraft, Mut und Ausdauer *(vgl. auch Rose 1991, S.123ff).*[95] C. liebt unseres Erachtens besonders das Zierliche und Leichte dieser Bewegungen. Muskeln und Kraft findet sie bei Frauen, wie sie sagt, "abartig". In bezug auf das Discotanzen betont C. ebenfalls das schöne Gefühl der Leichtigkeit:

> C.: "Beim Tanzen, halt ... fühlt man sich irgendwie leicht, ich kann das nicht richtig ausdrücken, ist halt schön, so was."

'Sich leicht fühlen' könnte hier bedeuten, die eigene Schwerkraft nicht mehr zu spüren. Das Schöne der Leichtigkeit im Tanz und die geschilderte anmutige Seite der Bewegungen beim Bodenturnen und Turmspringen erinnern uns an C.'s eigenen, sehr leichten und zierlichen Körper. Vielleicht hat C. ihre Freude an Ästhetischem in ihren eigenen Körper aufgenommen.

Auch in Zusammenhang mit dem Besuch einer Modelschule tritt C.'s Wunsch nach ästhetischem Erleben in den Vordergrund:

> C.: "Ja ich bin auf so eine Modelschule gegangen, wo man so laufen muß. Und das hat mir *ziemlich viel Spaß* gemacht, aber ich mußte es abbrechen, weil ich am Anfang zahlen mußte, und das Geld dafür hatte ich nicht gehabt."
>
> N.A.: "Ach so, da habt ihr Laufen gelernt?"
>
> C.: "Genau. Und dann hat man einen fotografiert, also man hat mich fotografiert und da hat man einem auch gezeigt, wie man sich schminken tut. Das war ganz interessant, aber ich hatte das Geld nicht mehr dazu gehabt. Das war schade."

Wir schließen aus C.'s Erzählungen, daß es sich bei dieser Modelschule um eine Einrichtung handelt, die Mädchen und Frauen finanziell ausnützt. Diese 'Schule' profitiert unseres Erachtens davon, daß Körper von Frauen und Mädchen als Objekte in der Werbung genutzt werden können. In dieser 'Schule' sollen sie lernen, ihren 'nicht ganz perfekten Körper' zu stylen. Sie lernen, ihn zu schminken und trainieren ihm 'richtiges Gehen' an. Hiermit ist sicherlich weniger ein raumgreifendes, breites, gelenkschonendes und körperfreundliches Gehen gemeint als eher ein attraktives und andere (Männer?) aufreizendes Gehen. Es ist jedoch wichtig zu

---

95   Männer dürfen bei (professionellen) Vorführungen die Kraft, die sie benötigen, übrigens eher zeigen als Frauen.

betonen, daß C. der Besuch dieser Schule Spaß gemacht hat. Ihre Freude an den Unterrichtsinhalten zeigt, daß sie Wert auf die Schönheit und Inszenierung ihres Körpers legt. C. scheint sehr viel Selbstwertgefühl über ihren Körper zu beziehen und sich weitgehend über diesen zu definieren.

Die bereits erwähnte Aussage Lotte Roses, daß ein Zusammenhang zwischen der Bevorzugung ästhetischer Sportarten durch Mädchen und einer "Zentrierung der weiblichen Identität um das Schönheitsmotiv"[96] bestehe, zeigt deutliche Parallelen zu dem Dargestellten. Unseres Erachtens variiert allerdings *'das'* Schönheitsmotiv je nachdem, welchen Geschmack ein Mädchen hat, in welcher Jugendkultur sie sich befindet, welche Vorstellungen von Schönheit ihre Eltern und ihre Umgebung haben. Frigga Haug u.a. betonen den Zusammenhang von Sozialisationsprozeß und Körpersozialisation. C.'s heutige, verinnerlichte Körpermaßstäbe und -werte mögen als individuelle Vorliebe von C. erscheinen. Werden jedoch C.'s Kindheit und ihre Bewegungsveränderungen betrachtet, so zeigt sich deutlich, daß sie in ihren heutigen Körper-, Bewegungs- und Verhaltenswerten von 'außen', von ihrer Mutter und den Eltern ihrer Freundinnen, beeinflußt wurde. Eine Selbstdefinition über den eigenen Körper mag für C. zudem besonders wichtig sein, da sie sich - zumindest eine Zeit lang, womöglich auch noch zum Zeitpunkt des Interviews - nicht über einen Beruf definieren konnte. (Eine Pädagogin des Jugendzentrums erzählte uns, daß C. auch ihre zweite Lehre inzwischen abgebrochen hat).

Zusammenfassend läßt sich feststellen, daß C. von klein auf ästhetische Bewegungen gefielen, daß aber die Bedeutung von Ästhetik in C.'s Leben zugenommen hat. Beweglichkeit, 'sich leicht fühlen', 'gehen lernen', sich schminken und sich in gesellschaftlich vorgegebenen Grenzen zu bewegen sind Zustände und Tätigkeiten, die C. genießen kann. Ihre Anpassung an bestimmte gesellschaftliche Maßstäbe ist mit einer gewissen Ausbildung von Kompetenz verbunden. Diese Kompetenz zu zeigen, erleichtert C. vermutlich den Umgang mit ihrer Umwelt und kann für sie einen Zugewinn an Anerkennung bedeuten.

---

96   Rose 1993a, S.172.

IV.4.3.2. Latente Bedeutung von Bewegung für C.

Bedürfnisse, sich auszutoben, sich in Bewegung mit anderen auseinanderzusetzen, äußert C. zusätzlich zu ihrer Liebe zu schönen Bewegungen. In dem Jugendzentrum, in dem wir C. interviewten, nahm C. an einem Kampfsportangebot teil:

> C.: "War schon ganz okay. Halt öfters mal blaue Flecken gehabt, die Finger aufgeschürft und Boxen, also war schon, ist schon hart. Vor allem, ich muß öfters mal Pause machen. Halt wenn ich mich zu arg angestrengt habe, dann habe ich das schon gemerkt - an meinen Bronchien - das war schon."[97]
>
> N.A.: "Und hat dir das für dein Körpergefühl auch was gebracht? Wie hast du dich da gefühlt?"
>
> C.: "Ähm - irgendwie erleichtert, ich weiß nicht, halt da kann man extrem seine Wut rauslassen. Weil, man gibt da ja so einen Ton der rausgeht - so, 'Öh'. Und, das ist schon - das macht auch Spaß."

C. sucht also auch heute Möglichkeiten der Auseinandersetzung und der Selbstbehauptung in der Bewegung. Zumindest hat ihr der Kampfsport in dieser Hinsicht einiges gebracht. Ähnliches berichtet C. vom Tanzen:

> C.: "Beim Tanzen, ich weiß nicht, da kann man sich richtig bewegen irgendwie, da, ich weiß nicht, kann man auch seine Wut ab und zu mal rauslassen, ich weiß nicht. Macht halt einfach Spaß!"

C. wirkt relativ unsicher (zurücknehmend) in ihren Äußerungen über 'Wut rauslassen'. Sowohl im Zusammenhang mit Tanzen als auch mit Kampfsport fällt auf, daß C. häufig den Satz "ich weiß nicht" verwendet. Insgesamt scheint Wut ein ambivalentes Thema für C. zu sein. So traut sie sich nicht, ihre Wut auch außerhalb des Trainings oder des Tanzens auf die gleiche Weise zu entladen, vermutlich selbst dann nicht, wenn sich ihre Wut auf eine konkrete Person bezieht:

---

97 C. hat, wie berichtet, asthmatische Bronchitis, die sich im Laufe der Jahre verschlimmerte und ihr Bewegungsverhalten einschränkte. C. selbst sieht ihre Krankheit zwar als Hinderungsgrund für sportliche Aktivitäten, sie nennt sie jedoch nicht als Ursache für die Veränderungen ihres Bewegungsverhaltens zur Zeit der Pubertät.

C.: "Wenn ich Wut hatte, dann habe ich nicht da so grad das gemacht, was ich im Training mache. Lieber gehe ich halt rum und haue irgendwas um. Ah, ich laufe hier rum. Bin meistens am Anlägle [= kleine Parkanlage] dort. Weil dann brauche ich meine Ruhe, dann muß ich für mich alleine sein."

An anderer Stelle sagt sie:

C.: "Ich laß', wenn ich Probleme habe, wenn ich Wut habe, laß' ich sie nie an anderen raus. Wenn, dann gehe ich halt raus und hau' mit meinem Fuß irgendwo an, aber nicht an andere."

Ihre Wut richtet C. nicht nach außen, wie vor ihrer Pubertät, sondern gegen Gegenstände und teilweise auch gegen sich selbst. So wehrt C. die Frage, ob sie Kampfsport auch gemacht habe, um stärker zu werden, vehement ab:

C.: "*Ha nein!* Um mich halt selber - also - absichern."

C.: "Ich hab' das *nicht* gemacht, um mich zu verteidigen, irgendwie so zeigen, ja, ich kann was, faßt mich ja nicht an. Ich mach' so was für mich und nicht, daß ich jemand' zeigen kann - ihr müßt mich - ihr müßt vor mir Angst haben. Hm - so bin ich nicht!"

Ähnliches äußert C. auf die Frage, ob Muskeln für sie wichtig sind:

C.: "Nein, so was gefällt mir gar nicht! Also hier so Muckies, als Mädchen, das gefällt mir absolut nicht."

N.A.: "Das gefällt dir nicht?"

C.: "Mm, nein, deswegen nicht: Wenn ich das schon im Fernsehen sehe, wenn die Frauen da ihre Muskeln zeigen, das sieht *abartig* aus. Das gefällt mir absolut nicht. Also so was - mm - ist nicht mein Ding."

Daß C. alles, was Verteidigung, Kraft und Muskeln betrifft, so vehement abwehrt, hängt unseres Erachtens mit ihrem heutigen Idealbild von Frauen, mit ihrer Vorstellung von deren Körpern und Bewegungsverhalten zusammen. C. möchte heute nicht mehr mit sogenanntem 'männlichen' (Bewegungs-)Verhalten in Verbindung gebracht werden. Trotzdem hat auf den zweiten Blick der Wunsch nach 'austobender Bewegung' auch heute noch Bedeutung.

Um diesem Wunsch nachgehen zu können und um ihre Wut und ihr Bedürfnis nach Selbstbehauptung äußern zu können, benötigt C. wahrscheinlich zunächst einen öffentlich anerkannten Raum wie das Kampfsporttraining. Unseres Erachtens wäre es daher gut, Mädchen Räume zu bieten, in denen sie regulär und möglichst sanktionsfrei 'mädchenuntypische' Bewegungsformen ausprobieren können - und zwar mit Gesprächsrunden, in denen Themen wie Wut angesprochen werden können und ohne 'männliche' Blicke. Für Mädchen wie C. wäre es auch sinnvoll Angebote zu machen, die *sowohl* 'mädchentypische' *wie auch* 'mädchenuntypische' Bewegungsaspekte enthalten, so wie es beispielsweise im Bewegungsprojekt in Tecklenburg-Brochterbeck praktiziert wird[98]. Die Schwelle, solche Angebote wahrzunehmen, ist für Mädchen vielleicht nicht so hoch wie z.B. bei einem reinen Fußballangebot. Kampfsport bildet hier eher eine Ausnahme, da dieser für Mädchen in Form von Selbstverteidigungskursen zwischenzeitlich mehr oder weniger akzeptiert ist.

IV.4.4.   Das Interview mit D.

IV.4.4.1. Freude am Können

Wir haben bereits dargestellt, daß Erfolg und eine gute Leistung für D. wichtig sind. Dies hängt unserem Eindruck nach nicht nur mit D.'s Wunsch nach Anerkennung zusammen. Vielmehr hat sie sehr viel Freude daran, sich in der gekonnten Bewegung zu üben. Besonders deutlich drückt sich D.'s Freude am Können und am Fortkommen aus, wenn sie vom Tanzen spricht. Sie sagt, daß sie am freien Tanz wenig Spaß gefunden, ihn "irgendwie komisch" gefunden habe. Auf den Paartanz hingegen freut sie sich sehr, und sie betont, daß sie "nicht nur den Grundkurs" machen will, "sondern weiter". Wahrscheinlich nicht zuletzt deshalb, weil dabei Können und Anstrengung immer wieder durch das Erreichen höherer Grade bestätigt

---

98   Vgl. den Abschnitt zum 'Bewegungs- und Kommunikationszentrum für Mädchen und Frauen' in Tecklenburg-Brochterbeck.

werden. '*Zu* gut' bzw. '*zu* erfolgreich' will D. aber nicht sein. Das würde wahrscheinlich ihrem Wunsch nach Gemeinschaftserlebnissen entgegenstehen. Diese Annahme liegt für uns vor allem aufgrund der folgenden Interviewpassage nahe:

> K.G.: "Ist es dir wichtig, mit Freundinnen z. B. Sport zu machen, mit Leuten, die du gut kennst, oder ist es dir ganz egal, mit wem du Sport treibst?"
>
> D.: "Ins Volleyball bin ich mit einer Freundin, und das, ja, das mache ich auch lieber mit ihr, weil, ja, das ist auch lustiger. Ich meine: 'Spaß muß ja auch dabei sein.' *Also, ich bin nicht so eine, die jetzt eher wahnsinnig ehrgeizig ist oder sowas, sondern ich habe es halt gerne, wenn es ein guter Erfolg ist ... aber mit Freunden schon auch, ja.*"

Unserem Eindruck nach erlebt D. Selbstbehauptung und Gemeinschaftsgefühl als zwei Bedürfnisse, die sich zwar nicht *gänzlich* entgegenstehen, je mehr aber dem einen Bedürfnis nachgegangen wird, desto stärker muß das andere zurückgenommen werden. In diesem Erleben kommt unseres Erachtens sehr deutlich zum Ausdruck, daß Mädchen/Frauen in unserer Gesellschaft immer wieder vor die Aufgabe gestellt sind, *Balanceakte zwischen Autonomie und Bindung* zu leisten: Sie sollen/wollen gut sein, aber nicht zu gut; sie sollen/wollen etwas leisten, aber sich nicht zu sehr von anderen abheben; sie sollen/wollen sich durchsetzen, aber auch auf andere achten.

Angesichts dessen sollten Mädchen bei einer bewegungspädagogischen Arbeit mit solchen widersprüchlichen Bedürfnissen konfrontiert werden. Sie sollten sich auch der Ängste bewußt werden können, die sie möglicherweise mit 'zu viel' Ehrgeiz verbinden.

IV.4.4.2. Gemeinschaftserlebnis

Wir haben deutlich gemacht, daß D. nicht *zu* ehrgeizig sein will, da 'übermäßiger' Ehrgeiz ihrem Wunsch nach Gemeinschaftserlebnis entgegensteht. Dies schränkt sie unseres Erachtens, wie beschrieben, zu einem gewissen Grad ein. Wir wollen aber betonen, daß für D. das *Gemeinschaftserlebnis* auch mit sehr viel *Spaß* verbunden ist, und daß sie in der Gemeinschaft zudem *Unterstützung* erfährt. Das Zusammensein mit ihrer Freundin bewahrt sie vor Konkurrenzgefühlen und vielleicht auch vor unnötiger Herabsetzung. Sie scheint sich der *Solidarität* der Freundin sicher zu sein:

K.G.: "Es heißt ja, daß bei Ballspielen oft Leistungsdruck oder Konkurrenz auftreten würden. Ärgerst du dich, wenn du mal was schlechter machst?"

D.: "Wenn man ein Spiel macht, dann, ja - das gibt es bei vielen Leuten, mit denen ich spiele, daß die eben wahnsinnig ehrgeizig sind, und die können nicht verlieren. *Aber weil ich eben mit der einen immer spiele, ist das bei uns eigentlich nicht so.* Aber wir strengen uns na klar an."

Mädchen können sich in ihren Leistungen gegenseitig unterstützen und fördern und haben dann oft auch mehr Spaß an ihrem gemeinsamen Tun. Feministische Bewegungspädagogik kann dies aufgreifen und sie darin bestätigen.

IV.4.4.3. Selbstbehauptung

D. erzählt, daß sie früher manchmal mit Jungen Fußball oder Basketball gespielt habe. Es bereite ihr mehr Spaß, gemeinsam mit Jungen Sport zu treiben, und zwar vielleicht deshalb, weil beim Jungensport andere Sportarten ausgeübt würden als beim Mädchensport. In diesem Zusammenhang sagt D. auch, daß sie sich generell besser mit Jungen verstehe.

Jungen werden unseres Erachtens beim Sport - gerade beim Fußball- oder Basketballspielen - in der Regel mehr gefordert, sich selbst zu behaupten und sich einen eigenen Raum in Auseinandersetzung mit anderen zu schaffen. Möglicherweise sucht D. gerade diese Herausforderung im Sport. Aufgrund der traditionellen Bewegungsangebote im Mädchensport wäre es denkbar, daß es für D. dabei kaum Möglichkeiten gibt, Selbstbehauptung zu trainieren. Wir nehmen aber auch an, daß es Mädchen insbesondere schwer fällt, sich gerade von anderen Mädchen abzuheben und sich in Auseinandersetzung mit ihnen zu behaupten. Für diese Annahme sprechen unseres Erachtens auch D.'s Äußerungen, aus denen hervorgeht, daß sie Selbstbehauptung einerseits und das Gemeinschaftserlebnis mit ihrer Freundin andererseits als zwei Seiten einer Waage empfindet.

Die pädagogische Konsequenz, die wir aus dieser Annahme ziehen, ist nicht, den koedukativen Sportunterricht zu fördern. Vielmehr sollten Mädchen die Möglichkeit haben, *Abgrenzung* und *Selbstbehauptung* auch *untereinander* zu leben. Den Geschlechterzuschreibungen im Sport könnte unseres Erachtens auf diesem Weg eher etwas entgegengesetzt werden.

IV.4.4.4. Raum für sich alleine

Bewegung beim Spazierengehen in der Natur bedeutet für D., sich einen Raum zu schaffen, in dem sie ungestört sein kann. Um dies zu verdeutlichen, wollen wir die folgende Interviewpassage noch einmal zitieren:

K.G.: "Was bringt dir denn das Spazierengehen?"

D.: "Das macht Spaß. Ich mag meinen Hund ziemlich gerne. Ich renne dann - also wir wohnen eben auf dem Land - mit dem über Felder. Das mache ich einfach gerne. Oder mit dem spielen und so was, das macht einfach Spaß."

K.G.: "Hast du dann - wenn du über die Felder rennst - so ein Gefühl von Freiheit?"

D.: "Ach so *(Lachen)*, ja, ich denke dann vielleicht nicht: 'Jetzt habe ich das Gefühl von Freiheit.' Aber das ist schon so. Irgendwie einfach so rennen, *weil da ist dann auch niemand.*"

Wichtig scheint ihr zu sein, daß "da niemand" ist, daß sie alleine sein kann. Wie bedeutend es aufgrund ihrer 'bindungsintensiven' Sozialisation für viele Frauen und Mädchen ist, sich immer wieder einen *(Bewegungs-)Raum* zu *schaffen, um* die eigenen *Bedürfnisse wahrnehmen zu können*, betont auch Benjamin: "Räumliche Metaphern sind für Frauen wohl deshalb so wichtig, weil sie ihnen erlauben, ihr eigenes, inneres Begehren zu entdecken, ohne Angst vor Einmischung, Verfolgung oder Verletzung" *(Benjamin 1993, S.126)*.

Auffallend ist, daß D. - wie bereits erwähnt - nur auf *Nachfragen* hin und erst am *Ende* des Interviews auf ihre Spaziergänge zu sprechen kommt, obwohl sie offensichtlich zu ihrem Alltag gehören und ihr viel Spaß bereiten. Vielleicht hängt ihr Zögern damit zusammen, daß es gesellschaftlich wenig anerkannt ist, wenn Mädchen/Frauen 'zu viel' eigenen Raum in Anspruch nehmen. Daß sie mehr sozialen Raum einnehmen, sollte demgegenüber in einer feministischen Bewegungsarbeit mit Mädchen gefördert werden.

IV.4.4.5. 'Jungs treffen'

Bewegung und Sport bieten D. auch die Möglichkeit, Jungen kennenzulernen und mit ihnen etwas zu unternehmen. Der Wunsch danach kommt besonders deutlich zum Ausdruck, wenn D. über den Paartanz redet. Sie freut sich auf den Paartanz vor allem deshalb, weil sie dabei "mit Jungs tanzen" kann, und sie hofft, einen guten Partner zu "kriegen". Daß dieser Wunsch bei D. stärker im Vordergrund steht als bei den anderen Mädchen, hängt sicherlich mit ihrem Alter zusammen. Die anderen Mädchen sind bereits älter; sie haben außerdem alle einen 'festen' Freund. Wichtig wäre es, beim Sport mit Jugendlichen in gemischtgeschlechtlichen Zusammenhängen auf die - manchmal auch unbewußt - stattfindenden Rollenverteilungen zwischen Jungen und Mädchen aufmerksam zu machen. So üben Mädchen unseres Erachtens beim Paartanz traditionellerweise eine eher *passive* Rolle ein. Allerdings kann diese starre Rollenverteilung durchbrochen werden, wenn auch Mädchen die Möglichkeit bzw. die Aufgabe haben zu 'führen'.

IV.4.5. Zusammenfassung

Die von uns befragten Mädchen weisen eine große *Vielfalt an Bewegungswünschen und -erfahrungen* auf. Sie interessieren sich alle sowohl für ästhetische als auch für raumgreifende Bewegungsformen. Ihre Wünsche und Erfahrungen sind also nicht unbedingt eindeutig einem der beiden Bereiche zuzuordnen, wie dies in der Literatur häufig dargestellt wird.

Bewegung bereichert die Mädchen in vielfacher Hinsicht. Die von uns dargestellten Erfahrungsmöglichkeiten, die in Bewegung liegen kommen in den Wünschen und Erfahrungen der Mädchen alle zum Ausdruck, wobei von den einzelnen Mädchen je *unterschiedliche* Bedeutungen von Bewegung benannt und in den Vordergrund gestellt werden. Zudem werden auch Bedeutungen von Bewegung geäußert, die über die von uns im Theorieteil dargestellten hinausgehen. Interessant ist insbesondere, daß Mädchen in Bewegung Erfahrungen machen, die ihnen auf der verbalen Ebene unserem Eindruck nach *nicht* oder *kaum* zugänglich sind.

Unterschiede hinsichtlich der Erfahrungen und Wünsche sind unseres Erachtens häufig auf die *Schichtzugehörigkeit* der Mädchen zurückzuführen. Auffällig ist, daß vor allem A. und D. - die Eltern beider Mädchen sind eher der Mittelschicht zuzuordnen - Freude an der *sozialen und instrumentellen Herausforderung* in Bewegung zeigen. Auch sind es hauptsächlich A. und D., die Interesse an der *gekonnten Bewegung* und am Üben zum Ausdruck bringen. Erfahrungsmöglichkeiten, die auf der instrumentellen und auf der konstruktiven Ebene von Bewegung liegen, werden von ihnen also eher (auf-)gesucht. Dies tritt bei D. noch viel eindeutiger und widerspruchsfreier hervor als bei A. In unserer Interviewauswertung zeigt sich auch eine Parallele zu Treptows Theorie, daß nämlich Jugendliche bildungsferner Schichten - in unserer Befragung vor allem B. - demgegenüber ihr Interesse eher auf *spontane* und *ausdrucksstarke Bewegungen* richten. Der Wunsch nach Gemeinschaftserlebnis spielt sowohl für A. und D. als auch für B. eine wesentliche Rolle bei Sport und Bewegung. Dabei werden jedoch *unterschiedliche Formen von Gemeinschaft* gesucht: Für A. und D. ist es wichtiger, gemeinsam etwas zu erreichen. Bei B. hingegen steht das 'verschmelzende' Gemeinschaftserlebnis im Vordergrund.

Die *expressiven Möglichkeiten*, die in Bewegung liegen, werden von allen Mädchen auf unterschiedlichste Art und Weise genutzt. Sei es z.B., wenn sie beim Tanzen oder beim Kampfsport Wut 'rauslassen' oder auch, wenn sie beim Spazierengehen einen Raum für sich alleine einnehmen. Ebenso äußern alle Mädchen - wenn auch in verschiedenem Ausmaß - Freude an der *Ästhetik* in der Bewegung.

Alle Mädchen weisen also eine Vielfalt an Bewegungswünschen auf. Dabei leben sie alle in einem mehr oder minder starken *Widerspruch* zwischen ihrem Wunsch nach *Anerkennung* über die Bewegung bzw. *Gemeinschaft in der Bewegung* und eher *selbstbezogenen Bewegungsbedürfnissen*. Dieser Widerspruch äußert sich bei jedem Mädchen in spezifischer Weise, und jede findet individuelle 'Lösungen' im Umgang damit:

A. würde gerne kontinuierlich und öfter Sport treiben, jedoch steht dieser Wunsch aus vielfachen Gründen in einem Widerspruch zu ihren 'allgemeinen' sozialen Interessen. Beim Sport selbst gelingt es A., die Wünsche nach Selbstbehauptung und Gemeinschaftsgefühl miteinander in Einklang zu bringen. Im Alltag jedoch geht sie eher ihren sozialen Bedürfnissen nach, und die Sehnsucht nach Sport und Bewegung bleibt fast immer unerfüllt.

Auch B. verzichtet auf die Umsetzung ihrer Bewegungsbedürfnisse, wenn ihr die FreundInnen fehlen, mit denen sie gemeinsam an einer sportlichen Aktivität teilnehmen könnte. Zudem stehen B.'s Wünsche nach Anerkennung und Selbstausdruck in der Bewegung in einem Widerspruch. Dieser Widerspruch äußert sich unseres Erachtens insbesondere darin, daß B. ihren Gefühlen und ihrem Widerstand in der Bewegung nicht in dem Maße und auf die Weise Ausdruck verleiht, wie sie sich dies eigentlich wünschen würde, weil auch die Anerkennung wichtig ist, die mit einem weniger expressiven (Bewegungs-)Verhalten verbunden ist. Wenn B.'s Priorität auch auf der Umsetzung sozialer Bedürfnisse liegt, so hat sie dennoch Orte gefunden, an denen sie selbstbezogenen Wünschen in der Bewegung nachgeht oder beide Wünsche miteinander vereinbaren kann.

Bei C. deutet sich ebenfalls ein Zwiespalt zwischen ihrem Wunsch nach Selbstausdruck und dem nach Anerkennung an. C. erzählt, daß es ihr beim Tanzen und beim Kampfsporttraining Spaß bereitet, ihre Wut 'rauszulassen'. Gleichzeitig distanziert sie sich immer wieder von ihrem Spaß daran. Hinter dieser Zurücknahme steht unseres Erachtens vor allem ihr Wunsch nach einem friedlichen Verhalten, zu dem sie sich insbesondere gegenüber ihrer Mutter, aber auch gegenüber anderen Personen verpflichtet fühlt. C. gibt zum Zeitpunkt des Interviews eindeutig dem Bedürfnis nach Anerkennung und einem friedlichen Verhalten den Vorrang.

D. schließlich hat Spaß am Üben und am Erfolg bei Sport und Bewegung. Der Wunsch danach steht jedoch ihrem Bedürfnis nach Gemeinschaftsgefühl beim Sport bis zu einem gewissen Grad entgegen. Dennoch findet D. Orte und Zeiten - seien es dieselben oder verschiedene - um beiden Bedürfnissen gerecht zu werden.

Es treten also *verschiedene Varianten des Widerspruchs* zwischen sozialen und selbstbezogenen Bedürfnissen bei den Mädchen hervor:

- sei es, daß die Mädchen - wie A. und B. - einen Zwiespalt erleben zwischen ihrem Bedürfnis, überhaupt (kontinuierlich) Sport zu treiben, und ihren 'allgemeinen' sozialen Bedürfnissen;

- sei es, daß der Wunsch nach Anerkennung mit bestimmten Bewegungsinteressen kollidiert. Dies betrifft bei B. und C. ein eher raumgreifendes Bewegungsverhalten, während in A.'s Umgebung das zu mädchenhafte Bewegungsverhalten nicht anerkannt zu sein scheint;

- oder sei es schließlich, daß der Wunsch nach Gemeinschaft beim Sport Ausüben *selbst* dem Bedürfnis nach Selbstbehauptung bis zu einem gewissen Grad entgegensteht, wie bei D.

IV.5. Spontaneität, Disziplin und Kontinuität

IV.5.1. Das Interview mit A.

A. hat zu Beginn ihrer Pubertät keine Lust mehr auf regelmäßige und disziplinierte sportliche Aktivitäten. Hierzu äußert sich A. in ihrem Interview relativ frühzeitig. Auf die Frage, warum sie mit dem Ballettanzen aufgehört habe, antwortet sie:

> A.: "Ich bin dann halt öfters nicht mehr hingegangen. Ich hab' keine Lust mehr gehabt. Ich bin lieber mit Freunden weggegangen und so, und dann hat es sich auch nicht mehr gelohnt, dafür zu bezahlen. Da hatte ich so eine Null-Bock-Phase auf gar kein, auf nix mehr Lust."
>
> N.A.: "Auch keine Lust mehr auf regelmäßige Sachen?"
>
> A.: "Ja! Lieber mal also, was weiß ich, lieber was spontan machen, was weiß ich: Badminton spielen gehen oder Squash oder irgendwas. Aber nicht so regelmäßig, also darauf hatte ich echt keine Lust mehr."

A. nennt viele Gründe für die Verschiebung ihrer Bedürfnisse, beispielsweise Überforderung in der Schule oder den zu weiten Weg zu einem Verein, in dem sie hätte Sport treiben können.

Unseres Erachtens hängt diese Verschiebung hauptsächlich mit Veränderungen in ihrer Pubertät und mit ihrem heutigen FreundInnenkreis zusammen. In A.'s Clique besteht wenig Interesse an regelmäßigen sportlichen Aktivitäten. Das kann damit zusammenhängen, daß die meisten Jugendlichen, mit denen sich A. trifft, aus Familien bildungsferner Schichten kommen (im Gegensatz zu A. selbst). Auf dem Hintergrund von Treptows Theorie haben wir deutlich gemacht, daß bei Jugendlichen bildungsferner Schichten eher diskontinuierliche Erlebnisse und Bewegungen von Bedeutung sind, denen gleichzeitig feste Strukturen zugrunde liegen. Letzteres würde in A.'s Fall die 'Gesamtbewegungsweise' ihrer Clique erklären: sich nämlich kontinuierlich zu treffen:

> A.: "Wir Freunde waren dann auch jeden Tag alle zusammen und wir waren halt auch alle oben in der Schule und wir sind dann immer nach der Schule gleich ins Jufo [Jugendzentrum] gegangen. Ja wir sind viel, wir sind eigentlich *immer* hier."

Heute bedauert A. allerdings, daß sie ihre regelmäßigen Aktivitäten abgebrochen hat:

> A.: "Ich bereue es auch, daß ich aufgehört hab', aber ich weiß nicht..."
>
> N.A.: "Mit was aufgehört?"
>
> A.: "Mit - mit allem irgendwie."
>
> N.A.: "Du hast ja echt viel gemacht."
>
> A.: "Ja, aber alles wieder aufgehört. Jetzt mache ich gar nix."

Zum Zeitpunkt des Interviews plante A. jedoch, mit dem Ballettanzen wieder eine regelmäßige Bewegungsaktivität aufzunehmen, wenn es ihre Zeit erlaubt:

> N.A.: "Hast du jetzt auch wieder Lust, etwas Kontinuierlicheres zu machen?"
>
> A.: "Ja, gerade Ballett."
>
> N.A.: "Ist es dir dann auch wichtig, an was dran zu bleiben?"
>
> A.: "Ja, wenn ich was mache, dann mache ich das schon richtig."

Es ist interessant, daß A. gerade Ballett, einen Tanz, der dem spontanen Ausdruck eher wenig Raum läßt, wieder regelmäßig tanzen möchte. Ist ihr Wunsch nach Spontaneität mittlerweile wieder etwas zurückgegangen? A. steht unseres Erachtens im Widerspruch zwischen dem unmittelbaren Lebensgefühl ihrer Clique und dem Bedürfnis, etwas regelmäßig zu machen. Letzteres Bedürfnis deckt sich mit den Ansprüchen ihrer Eltern:

> A.: "Weil ich es dann nicht mehr so konsequent gemacht habe wie vorher, haben sie [die Eltern] gesagt: 'Entweder du hörst ganz auf, oder du machst es richtig, weil sonst zahlen wir da nicht.'"

So geht denn auch der Abbruch der kontinuierlichen Ausübung von Sport mit Schwierigkeiten zwischen A. und ihren Eltern einher. Wir nehmen daher an, daß A.'s Hinwendung zu spontanen Ereignissen zu Beginn ihrer Pubertät in engem Zusammenhang steht mit der Lösung von ihren Eltern. Aus ihrem Verhalten spricht auch eine kritische Auseinandersetzung mit kontinuierlichen und geregelten Momenten in der Familie. A.'s Bedürfnisse bewegen sich also *zwischen* Spontaneität und Kontinuität. Dabei bewegt sie sich zwischen den Generationen und zwischen den Gesellschaftsschichten und lebt auch in widersprüchlichen Anforderungen, sowohl innerlich als auch von außen. Je nach Alter wechselt ihre Tendenz mehr zur einen oder zur anderen Seite.

Aus bewegungspädagogischer Sicht wäre es wichtig, A.'s widersprüchlichen Bedürfnissen Raum zu geben. Es wäre gut, wenn es im Jugendzentrum, dem Treffpunkt von A.'s Clique, ein regelmäßiges Bewegungsangebot gäbe, dessen Inhalte jedoch durchaus spontan gestaltet werden könnten. Die Jugendlichen sollten die Möglichkeit erhalten, selbst zu entscheiden, was sie in dieser Bewegungszeit tun möchten (z.b. in Gesprächsrunden, jeweils zu Beginn und am Ende einer Bewegungseinheit). Bei einem solchen Angebot mit diskontinuierlichen Inhalten bei festen Strukturen wäre die Wahrscheinlichkeit, daß A.'s FreundInnen und sie selbst daran teilnähmen, vielleicht am ehesten gegeben. Innerhalb dieses Bewegungsangebotes könnte - auch mit Hilfe von Körperübungen - vieles thematisiert werden: Selbstbehauptung, das Setzen eigener Grenzen, das Erkennen eigener Wünsche und Widersprüchlichkeiten und die Möglichkeit, Räume einzunehmen bzw. Räume neu zu besetzen. Durch eine Stärkung A.'s bezüglich dieser Themen wäre es ihr vielleicht möglich, sich auch außerhalb ihres momentan nicht an kontinuierlicher Bewegung interessierten FreundInnenkreises Bewegungsräume zu erobern.

IV.5.2.   Das Interview mit B.

Die wichtigste Bedingung, um sich zu bewegen, ist für B. ihre *"Lust und Laune"*. Sich selbst oder andere unter *Druck* zu setzen, lehnt sie ab. Zu Anfang des Interviews kann sie das gar nicht oft genug betonen. Vermutlich auch, weil sie annimmt, daß wir uns insbesondere für organisierten, regelmäßig stattfindenden Vereinssport interessieren, und sie ihre Position davon abgrenzen möchte. B. war noch nie in einem Sportverein. Aktiv wird sie dagegen vor allem in der Disco und beim Streetball, wo sie kommen und gehen kann, je nachdem, wie sie sich fühlt.

Daß B. die spontane Aktivität der regelmäßigen vorzieht, mag verschiedene Gründe haben: Zum einen befindet sich B. in einer Phase, in der sie sich durch ihren Berufsanfang stark unter Druck gesetzt fühlt, und zu den damit verbundenen neuen Anforderungen erst ihre eigene Position finden muß. Daß sie in dieser Situation zusätzlichen Druck vermeiden will, ist verständlich. Zum anderen meinen wir, daß es B. generell unangenehm ist, unter Leistungsdruck zu geraten und bewertet zu werden:

> B.: "Freiwillig mache ich so was [Schulsport] gerne, aber nicht unter Druck oder wenn es geht, ja, Noten machen oder so."
>
> K.G.: "Wenn du Basketball spielst, sollen das dann schon die richtigen Leute sein, mit denen du...?"
>
> B.: "*Nee*, wer Lust und Laune hat. Ob er jetzt gut spielt oder nicht gut spielt, das ist mir egal. Jeder spielt auf seine Art und Weise. Weil, ja natürlich gibt es da: 'Du kannst doch nicht spielen, was willst du mitspielen' und so, mein Gott, *ich bringe, ich leiste so viel ich kann, mehr kann ich nicht leisten!*"

Hinter solchen Aussagen stehen unter anderem vermutlich Ängste, zu versagen und nicht genügend zu leisten. Vielleicht hat B. allzu oft schon die Erfahrung gemacht, daß ihr nichts zugetraut wurde und sie in Situationen der Herausforderung die Unterlegene war. Mädchen sind unseres Erachtens noch immer häufig solchen Erfahrungen in unserer Gesellschaft ausgesetzt. Welche Ressourcen ihnen jedoch offenstehen, um diesen Erfahrungen etwas entgegenzusetzen und auch Gegenerfahrungen zu machen, ist individuell und je nach Schichtzugehörigkeit unterschiedlich. Daraus erklärt sich auch, daß andere Mädchen wie z.B. D. mit Leistungsdruck gut umgehen und daraus Gewinn ziehen können.

Deutlich wird auch, daß spontane Aktivitäten und Bewegungen für B. mit *intensivem Erleben* verbunden sein können. Dies hängt damit zusammen, daß der spontane Ausdruck in der Bewegung - wie wir vor dem Hintergrund von Bernds Theorie dargestellt haben - sehr viel Raum für Gefühlsintensität läßt. Für B. ist dies von weitreichender Bedeutung, denn sie *hat* unserem Eindruck nach ein sehr bewegtes Gefühlsleben. Außerdem meinen wir, daß B. spontane, unverhoffte, überraschende Bewegungen nicht zuletzt deshalb intensiv erleben kann, weil sie ihr in einer Gesellschaft, in der der Alltag den Individuen Flexibilität und Schnelligkeit abverlangt, *Souveränität* und *Kompetenz* vermitteln. Gleichzeitig ist der moderne Alltag aber auch durch vielerlei sinnentleerte Routinearbeiten geprägt. Demzufolge werden spontane Bewegungen vielleicht auch deshalb so intensiv erlebt, weil sie Gegenerfahrungen zum Alltag ermöglichen.

Um Mädchen wie B. Bewegungsräume zu eröffnen, ist es wichtig, sie nicht unter Druck zu setzen. Es sollte möglich sein, daß sie kommen und gehen dürfen, wann sie wollen, sich vielleicht auch dazugesellen dürfen, ohne aktiv teilzunehmen. Innerhalb offener Jugendhäuser sollte es mehr Bewegungsangebote geben, denn B. beispielsweise würde diese mit Sicherheit eher aufsuchen als einen Verein. Inhaltlich sollte dem spontanen Ausdruck viel Platz eingeräumt werden, weil darin, wie wir dargestellt haben, wichtige Erfahrungen liegen können. Unseres Erachtens sind auch Differenzerfahrungen wichtig für Mädchen, die sich wie B. fast ausschließlich in der spontanen Bewegung wohl fühlen. Eine solche Differenzerfahrung könnte beispielsweise in der formbildenden Gestaltung beim Tanz liegen. Jedoch sollte den Mädchen dabei vermittelt werden, daß nicht ihre Leistung im Vordergrund steht, sondern die Freude an einer Erfahrung, die ihnen bislang vielleicht kaum zugänglich war.

IV.5.3.   Das Interview mit C.

Die Themen Kontinuität, Disziplin und Spontaneität bei Sport und Bewegung werden in C.'s Interview nur am Rande gestreift. C. geht zum Zeitpunkt des Interviews keiner Sportart kontinuierlich nach. Jedoch äußert sie sich in bezug auf den Abbruch des Kampfsportangebots im Jugendzentrum enttäuscht:

N.A.: "Und du fandest es dann schade, daß es aufgehört hat?"

C.: "Ja, irgendwie schon. Weil, da lernt - ist man gerade dabei einem was beizubringen und dann mittendrin muß man aufhören - weil das hat dann gar nix gebracht. Das ist schon schade."

N.A.: "Würdest du gerne auch was regelmäßig machen?"

C.: "Ja. Na bei mir war das dann auch, ich mußte dann arbeiten und konnte dann auch nicht immer mitmachen. Das war dann auch schade."

N.A.: "Mußt du abends manchmal arbeiten?"

C.: "Ja, ich hatte eine Lehre gehabt, aber jetzt nicht mehr."

C. wünscht sich in bezug auf Kampfsport Kontinuität. Sie möchte unseres Erachtens Fortschritte und vielleicht in einem gewissen Maß auch Erfolg sehen. Andererseits brach C. in jüngerer Vergangenheit mehrere Aktivitäten von sich aus ab. So beendete sie beispielsweise ihre Lehre vorzeitig. Die Gründe hierfür sind uns leider nicht bekannt. Ihre Krankheit könnte eine Rolle gespielt haben. Vielleicht aber hat ihr die Arbeit auch zuviel Kontinuität und Disziplin abverlangt(?).

Es handelt sich hier um Vermutungen unsererseits, die sich mit dem vorhandenen Interviewmaterial nicht exakt belegen lassen. Für uns deutet sich jedoch ein gewisser Widerspruch an zwischen C.'s Wunsch nach Kontinuität beim Kampfsportkurs und ihren sonstigen (Bewegungs-)Erfahrungen und Wünschen.

IV.5.4.   *Das Interview mit D.*

D. nimmt an mehreren Sportangeboten regelmäßig teil. Sie hat unserem Eindruck nach große *Lust auf Struktur und Form*. Diese Vorliebe äußert sich vor allem in der folgenden Interviewpassage:

> D.: "Ich wollte früher auch schnellere Tänze [machen] oder modernere, und da war ich dann auch mal, aber das war dann so komisch, das hat mir irgendwie keinen Spaß gemacht. Und jetzt kommt halt Tanzkurs. Das sind ja andere Tänze. Da möchte ich dann auch ... ziemlich weiter machen, also nicht nur den Grundkurs, sondern weiter."

Nur am Grundkurs teilzunehmen, würde D. wahrscheinlich deshalb nicht genügen, weil sie - wie bereits dargestellt - viel Freude am Können und am Erfolg hat. Aus eben diesem Grund empfindet sie die 'moderneren Tänze' - bei denen vermutlich der spontane Ausdruck im Vordergrund stand - als "nicht so richtig" und als "halb".

D. geht es nicht wie A., der meist die FreundInnen fehlen, um sich einer sportlichen Betätigung regelmäßig zu widmen:

> D.: "Im Schwimmen bin ich alleine, da kannte ich niemanden. Das habe ich einfach gemacht, weil ich gerne schwimme."

Auch ist für D. ihre Stimmung nicht so ausschlaggebend wie für B.. Wahrscheinlich kennt sie solche Stimmungsschwankungen, wie B. sie beschreibt, nicht. Zudem ist D. unserem Eindruck nach sehr entscheidungsfreudig in bezug auf ihre sportlichen Aktivitäten, denn sie hat klare und konkrete Vorstellungen von ihren Bewegungswünschen:

D.: "Ich würde auch noch gerne ziemlich gut tanzen können. Das möchte ich jetzt vielleicht auch anfangen, aber das stelle ich mir nicht so als Traum für später vor, das möchte ich dann auch jetzt machen. Das möchte ich dann gleich in Wirklichkeit umsetzen oder halt jetzt dann machen."

Neben ihrer Lust auf Struktur und Form kommt in D.'s Äußerungen auch ihr Bedürfnis nach Spontaneität zum Ausdruck, vor allem, wenn sie von den Spaziergängen mit ihrem Hund erzählt. In diesem Bedürfnis scheint sie jedoch weniger bestätigt und anerkannt zu werden. Dies vermuten wir, weil D. - wie bereits erwähnt - mit etwas Zurückhaltung von ihren Spaziergängen erzählt.

Es wird deutlich, daß regelmäßige Sportangebote für Mädchen wie D. wichtig sind. Möglicherweise sind besonders solche Angebote geeignet, bei denen immer wieder *Erfolge* sichtbar werden, wie z.B. bei Ballspielen durch die erzielten Tore oder Punkte. Darüberhinaus sollte dem spontanen Ausdruck von Mädchen - wenn sie das Bedürfnis danach äußern - Raum gegeben werden. Dadurch könnte der möglichen Annahme, daß dies zu 'kindisch' sei, etwas entgegengesetzt werden.

IV.5.5. Zusammenfassung

Das Interesse der Mädchen an einem Bewegungsangebot hängt entscheidend von der Organisationsform des Angebots ab. Die Bevorzugung offener Angebote geht einher mit einer Vorliebe für spontanen Ausdruck in der Bewegung, während das Interesse an kontinuierlichen Angeboten mit einer größeren Lust auf Struktur verbunden ist. Diese Parallelen zeigen sich besonders deutlich bei B. und D.. B. bevorzugt die offene Angebotsform und den spontanen Ausdruck, während D. kontinuierlich Sport treibt und Freude am Können und an der 'gelungenen Form' als wichtige Bewegungsmotive zum Ausdruck bringt. A. und C. äußern Bedürfnisse hinsichtlich beider Inhalte und Organisationsformen. Vor allem A. - andeutungsweise aber auch C. - erlebt ihre Bedürfnisse zwischen Spontaneität und Kontinuität/Struktur als sehr widersprüchlich.

Die Gründe, aus denen die Mädchen entweder spontane oder kontinuierliche/ formbildende Bewegungsweisen und -angebote bevorzugen bzw. im Widerspruch zwischen beiden leben, sind unserem Eindruck nach vielfältig: Mädchen mit geringeren *Berufsaussichten* - vor allem B. und in ihrem Zwiespalt auch A. - zeigen eine Vorliebe für spontane Bewegungsweisen. Vielleicht suchen sie insbesondere nach intensivem Erleben in der spontanen Bewegung, weil sie ihr Berufsleben als eintönig empfinden. Es wäre auch möglich, daß sie in der Vorliebe für spontane Bewegungserlebnisse Widerstand *und* Akzeptanz ausdrücken in bezug auf einen *(Berufs-)Alltag*, der *sowohl* von Eintönigkeit *als auch* von Überlastung und immer wieder von 'Unvorhersehbarem' geprägt ist.

Sowohl B. als auch A. fühlen sich - gerade als Auszubildende - in ihrem Berufsalltag sehr unter Druck gesetzt und wollen sich vielleicht deshalb in ihrer Freizeit auch *von Fremdbestimmung* durch Erwachsene *befreien*. Es wäre daher denkbar, daß sie in der spontanen Bewegung ihren Wunsch nach *Aktivität* und nach *Selbstbestimmung* zum Ausdruck bringen, das Bedürfnis, sich Vorgegebenem nicht unterwerfen zu müssen. Die Präferenz für Spontaneität kann aber auch auf die Übernahme einer eher passiven Rolle hindeuten, dann nämlich, wenn sich diese Vorliebe aus dem Wunsch begründet, offen zu bleiben für die Angebote der FreundInnen, sich selbst nicht festzulegen und Entscheidungen anderen zu überlassen. Unseres Erachtens zeigt sich diese *'Passivität in der Spontaneität'* besonders deutlich bei A., teilweise aber auch bei B. Wir meinen also, daß sich in der Vorliebe für offene Angebote und für spontanen Ausdruck sowohl ein Widerstand gegen die Übernahme einer passiven Rolle als auch deren Akzeptanz äußern kann.

Für Kontinuität und Struktur interessiert sich vor allem D.. A. äußert den Wunsch, an solchen Angeboten teilzunehmen, setzt ihn aber gegenwärtig noch nicht bzw. nicht mehr um. Daß beide auf diese Organisationsform und entsprechende Angebote hin orientiert sind, mag damit zusammenhängen, daß beider Eltern eher der Mittelschicht angehören. Sie haben jedoch unterschiedliche Schulbildungen: A. besuchte die Realschule, D. das Gymnasium. D. hat möglicherweise bereits eine Vorstellung davon, daß kontinuierliche Bemühungen für sie lohnend sein können. Denn wenn sie das Gymnasium mit dem Abitur abschließt, hat sie mehr Chancen als die anderen Mädchen, einen Beruf zu wählen, der mit sozialer und finanzieller Anerkennung verbunden ist und eventuell auch mit mehr Möglichkeiten, sich selbst zu verwirklichen. Allerdings sollte bedacht werden, daß bei D. die 'Phase' des Widerstands gegen berufliche Kontinuitätserwartungen vielleicht noch aussteht, weil sie jünger ist als die anderen Mädchen.

Wir sind der Meinung, daß auch die Hinwendung zu kontinuierlichen/formbilden-
den Bewegungsformen - genauso wie die Vorliebe für spontane Bewegungsformen
- *sowohl* mit Selbstbestimmung *als auch* mit Fremdbestimmung einhergehen kann.
Diese Annahme können wir jedoch mit unserem Interviewmaterial nicht hinrei-
chend belegen. Es wäre interessant, dieser Frage im Rahmen weiterer Forschung
nachzugehen. Zusammenfassend können wir sagen, daß die Bevorzugung der einen
oder anderen Bewegungsform unseres Erachtens damit zusammenhängt, aus welcher sozialen Schicht ein Mädchen kommt, welche *Berufsaussichten* sie hat, ob sie
eher aktive oder passive Rollen in sozialen Zusammenhängen einnimmt, und wie
alt sie ist. Die Zusammenhänge sind demnach vielschichtig. Dementsprechend sind
auch die Wünsche und Erfahrungen der Mädchen zwischen Kontinuität/Struktur
und Spontaneität in der Regel vielschichtig, oft auch - wie sich dies bei A. und C.
zeigt - widersprüchlich.

IV.6.   FreundInnen

IV.6.1.   Das Interview mit A.

Freundinnen spielen in A.'s Leben eine wichtige Rolle. Ähnlich wie bei B. zeigt
sich bei A. in bezug auf Bewegungsaktivitäten eine Abhängigkeit von ihren Freund-
Innen. A. möchte zusammen mit anderen, ihr bekannten Personen etwas unternehmen:

> A.: "Seit drei Jahren kenne ich die Leute, mit denen ich *jetzt* zusammen bin. Davor
> habe ich halt immer Freundinnen gehabt, die genau dieselben Interessen gehabt
> haben wie ich. Also die haben zum Beispiel mittags dasselbe gemacht, weil wir sind
> ins Ballett gegangen. Die haben aber auch alle zum Beispiel ein Instrument gespielt
> und so, aber das macht hier niemand."

Da A. jedoch nichts ohne FreundInnen unternehmen will, gab sie alle kontinuierlichen Bewegungsaktivitäten auf, als sie ihren 'FreundInnenkreis' wechselte.[99] Den Ballettunterricht beendete sie, als ihre beste Freundin ebenfalls mit dem Tanzen aufhörte:

> A.: "Und dann ist auch meine beste Freundin weggezogen. Die war mit mir im Ballett, und das war auch ein Grund, warum ich aufgehört hab', weil ich dann immer alleine war."

Ähnlich war es für A. beim Handballspielen:

> A.: "Dann wollte ich, als das [die 'Null-Bock-Phase'] vorbei war mit Handball anfangen. Und dann habe ich Handball ein paar Mal gemacht. Dort kannte ich niemanden und alle waren schon voll die Gruppe. Und dann habe ich da auch keine Lust mehr gehabt. Ich bin da nicht mehr hingegangen, weil da wollte ich mit einer Freundin hingehen, und die hat immer gesagt: 'Ich komm, ich komm, ich komm', und die ist dann nie gekommen. Und da hatte ich sowieso keine Lust mehr, dann hat es mir schon gereicht."

An anderer Stelle sagt A.:

> A.: "Da sind wir mit dem Mädchentreff so mal ins Y [zum Badminton spielen] gegangen und haben uns da Plätze gemietet. Und das war natürlich ganz anders, das waren halt *meine* Freundinnen!"

A. macht Sport und Bewegung also Spaß, wenn *ihre* Freundinnen (und Freunde) mit dabei sind. Ein Grund, weshalb A. ungern etwas alleine unternimmt, ist möglicherweise ihre Angst, etwas 'zu verpassen':

> A.: "Die Clique macht das [z.B. Ballettanzen und Flötespielen] eben nicht. Weil ich dann ganz alleine bin, denk ich immer: '*Wää, jetzt sind alle irgendwo und ich bin da und da'* ... Ich würde es gerne mit einer Freundin zusammen machen."

---

99   A. 'mußte' sich neue FreundInnen suchen, da ihre früheren FreundInnen nach der Grundschule auf eine andere Schule wechselten als sie.
Auf andere Gründe für das Beenden ihrer Hobbys sind wir früher bereits eingegangen.

Aus Angst, von ihren heutigen FreundInnen nicht mehr akzeptiert zu werden, nimmt A. es hin, daß es ihr mit ihnen des öfteren langweilig ist. Sie wird weder aktiv, wie beispielsweise B., noch spornt sie ihre FreundInnen an, etwas zu unternehmen:

> A.: "Ja, das [Leute zum Sporttreiben] fehlt mir wirklich, aber wenn man das natürlich sagt, das kommt natürlich nicht so gut. Ich sag' dann auch nix. Zu meinen Freunden sag ich nix. Ich sage nicht, ja, ihr seid langweilig oder was weiß ich. Also das ist halt - ich mein', das stört mich wirklich, wenn man wirklich nur rumsitzt."

Für A. ist es wohl wichtig, einen festen 'FreundInnenkreis' zu haben, der ihr Halt und Sicherheit geben kann. Vielleicht erleichtert ihr diese Bindung an FreundInnen auch die Loslösung von ihren Eltern und deren teilweise sehr leistungsorientierten Wertvorstellungen. Dennoch ist A. mit ihrer momentanen Situation unzufrieden. Sie muß aufgrund der Abhängigkeit von ihren FreundInnen auf vieles, was sie sich wünscht, verzichten.

Es zeigt sich ein Konflikt, der sich aus dem Wunsch nach Unternehmungen, Bewegung und sportlichen Aktivitäten einerseits und dem Bedürfnis nach Anerkennung durch ihre FreundInnen andererseits ergibt. A. hat sich nicht ganz der Jugendkultur ihrer heutigen FreundInnen angepaßt, denn ihre 'alten' Interessen leben in Form von (teilweise gewandelten) Wünschen weiter. Dieses 'nicht ganz Aufgeben' von (Bewegungs-)Wünschen ist unseres Erachtens als eine Stärke zu sehen. An den Bewegungswünschen und dem genannten Konflikt könnte bewegungspädagogische Arbeit ansetzen.

IV.6.2.   Das Interview mit B.

B. verweist mehrmals darauf, daß sie "ungern was allein" unternimmt:

> B.: "Ich brauche einfach Leute um mich herum. Sonst werde ich wahnsinnig. Wenn ich alleine daheim bin, ich - ich gucke, daß ich irgend jemanden finde, mit - der einfach da ist, das, also allein sein ist 'wää', das habe ich drei Jahre lang gemacht, das kann ich jetzt nicht mehr. Ich war alleine, kann man sagen. Es war halt niemand da. Es war schon hart, aber herzlich."

Die Anwesenheit von FreundInnen oder Bekannten ist auch eine Voraussetzung dafür, daß B. Sport treibt bzw. ihren Bewegungsbedürfnissen nachgeht. Sie erzählt, daß sie ein Jahr lang - wann, ist unklar - mit einer Freundin zusammen Jazztanz gemacht hat. Als es dann zu einem Streit mit dieser Freundin kam und auch niemand anderes Lust hatte mitzumachen, hat sie den Jazztanz wieder aufgegeben:

B.: "Alleine macht es irgendwie keinen Spaß."

Ähnlich spricht sie anschließend über das Schwimmen:

B.: "Schwimmen tu' ich halt gerne, wenn es das Wetter zuläßt. Also im Freibad war ich dieses Jahr ehrlich gesagt nur zweimal, weil ich - *alleine hingehen macht auch keinen Spaß.*"

B. ist in ihrem Bewegungsverhalten also häufig *abhängig* von anderen. Auch sind es immer wieder andere - vor allem ihr Freund -, die sie zur Bewegung animieren. Ihr Freund hat sie "auf das Basketball gebracht", und wenn B. beim Tanzen nicht recht in Stimmung kommt, versucht ihr Freund, das zu ändern:

B.: "Dann gehe ich auf die Tanzfläche und merke, es läuft nicht; es geht nicht. Dann sitze ich da und dann vergeht mir eigentlich der Abend schon. Und dann kommt mein Freund, der eigentlich nicht gerne tanzt: *'Geh jetzt tanzen, geh jetzt tanzen!',* sagt er dann. 'Ja; okay.' Dann gehe ich wieder und dann stehe ich einfach nur so da und höre zu und dann kommt er und meint und schüttelt mich halt: 'Jetzt tanz' endlich!' (Lachen)."

Zwar ist B. bei der Umsetzung ihrer (Bewegungs-)Wünsche weitgehend auf FreundInnen angewiesen, jedoch will sie sich von anderen nicht unter *Druck* setzen lassen und bringt dies auch deutlich zum Ausdruck:

B.: "Es kommt auch öfter mal zum Streit. Gerade mit einem Typ, der meint, er wäre der Beste im Basketball hier in der Gegend. Da rege ich mich halt voll auf, weil der mich ständig kritisiert. Erstens, weil ich ein Mädchen bin, auf jeden Fall, ja! Und zweitens, ja, welches Mädchen spielt schon Basketball?! Da war ich halt brutal sauer, und da denke ich mir: 'So, jetzt zeige ich's dir!'"

Wir hatten aufgezeigt, daß B. sich in ihrem Bewegungsverhalten in mancher Hinsicht nach anderen richtet. Jedoch ist Bewegung für sie auch zu einem Mittel geworden, um eine *aktive* Rolle ihren FreundInnen gegenüber zu spielen. So beschreibt sie sich beispielsweise immer wieder als Stimmungsmacherin in der Disco:

> B.: "Ab und zu lache ich mich tot, liege ich mitten in der Disco auf dem Boden und lache, weil ich nicht mehr kann, *weil viele mögen es halt auch an mir, weil ich halt echt gute Laune verbreiten will.*"

Auch ihre Freundin versucht sie durchs Tanzen in gute Stimmung zu versetzen:

> B.: "Meine Freundin, wenn die schlechte Laune hat, wir sind in einer Disco, ich kann die nicht sehen, ich werde wahnsinnig, wenn die da hockt und schmort. Dann ziehe ich sie an die Tanzfläche, und wenn die an der Tanzfläche dasteht, dann schüttle ich sie und sage: 'Wenn du jetzt nicht tanzt, ja, dann schmeiße ich dich durch die Box, ja!' *(lachend gesagt)*. Die guckt dann: 'Ja, ich tanze ja schon', und die ist dann auch gut drauf, und dann tanze ich, und sie sieht, ich bin gut drauf. Dann kommt das automatisch. *Also Tanzen, das tu' ich halt auch, um gute Stimmung zu machen.*"

Tanzen ist für B. auch eine Betätigung, bei der sie sich auf sich selbst beziehen und ganz *bei sich sein* kann. Dabei kann es schon auch vorkommen, daß sie anderen weniger Beachtung schenkt:

> B.: "Da kam echt das geilste Lied, das es überhaupt gibt heutzutage, und ich habe natürlich voll abgetanzt. Wir haben so diskutiert, ich weiß gar nicht mehr über was, mitten im Gespräch sage ich: 'Warte! Ich komme gleich wieder.' Und er [B.'s Freund] guckt mich an: 'Was ist mit dir los?' Ich sage: 'Ich muß, ich muß, ich kann nicht ruhig stehen bleiben!' *(Lachen)*. 'Dann geh' doch, dann geh' doch!' Dann gehe ich, komme wieder, sage: 'Wo waren wir stehen geblieben?' Sagt er: 'So, jetzt gehe ich tanzen!'*(Lachen)*. Da hat er einfach ganz blöd geguckt, als ich gesagt habe: 'Jetzt mach' mal einen Punkt hier, ich komme gleich wieder!' Dann hat er so ganz dumm geguckt: 'Was ist mit der los? Jetzt, voll in der Diskussion, Gottesernstes Gespräch, und die geht tanzen.' *Aber ich bin so.* Ich kann dann nicht mit dem in Ruhe weiterreden."

B. ist aber in der Bewegung nicht nur auf sich selbst bezogen, sondern sie genießt auch sehr das *Gemeinschaftsgefühl*, vor allem in der Disco:

B.: "Wenn man in der Gruppe hingeht, dann macht es noch mehr action. Weil jeder ist anders drauf, jeder, jede ist ein anderer Charakter *und wenn das zusammenkommt, na echt!*"

Vor allem mit Ihrer Freundin kann sie sich beim Tanzen sehr *verbunden fühlen*:

B.: "Meine beste Freundin, die kennt das. Wenn die Musik hört, egal, was für Musik es ist, die muß mitwippen! Die macht immer mit dem Fuß mit, die muß ständig mitwippen. Die kann da auch nicht ruhig halten, die tanzt auch ganz arg gerne. Und mit der auch, wenn wir in der Disco sind, klar, ihr Freund ist dabei, mein Freund ist dabei, *aber wir zwei, wir sind echt nur am tanzen!* Und die sitzen da und gucken zu und denken sich: 'Die haben sich, die haben sie nicht mehr alle, echt.'"

Die beiden Mädchen nehmen sich hier ihren eigenen Raum; sie genießen das Zusammensein, können sich in der anderen (wieder)erkennen, sich gegenseitig verstehen. Dennoch ist dabei jede auch bei sich. Diese Form der *gegenseitigen Anerkennung* ist für B. zwischen Jungen (vielleicht auch zwischen einem Mädchen und einem Jungen) vielleicht kaum vorstellbar. Denn B. sagt, daß die Jungen zugucken und denken: "*Die* haben sich...". In dieser Aussage schwingt unserem Eindruck nach Stolz darüber mit, den Jungen eine Erfahrung voraus zu haben.

Zusammenfassend läßt sich sagen: B. fühlt sich in ihrem Bewegungsverhalten, vor allem beim Discotanz, von anderen anerkannt und kompetent. Sie genießt das Gemeinschaftsgefühl, übernimmt immer wieder aktive Rollen ihren FreundInnen gegenüber, und es kommt auch schon vor, daß sie ihre sozialen Interessen wegen ihrer Bewegungsbedürfnisse hintanstellt. Jedoch bedeutet die beschriebene Abhängigkeit von B. auch einen Verzicht und eine weitreichende Rücknahme ihrer Interessen. Für Mädchen wie B. sind Bewegungsräume wichtig, in denen sie Gemeinschaft erleben können. Daß ein solches Erleben unter Mädchen besondere Qualitäten haben kann, ist deutlich hervorgetreten. Den Mädchen dies bewußt zu machen bzw. sie in ihrem Stolz darüber zu bestätigen, ist unseres Erachtens ein zentrales bewegungspädagogisches Ziel. B. sollte bei der Bewegungsarbeit aber auch die Möglichkeit haben, sich in Gemeinschaft *eigenen* Impulsen hinzugeben. Dies wäre beispielsweise bei einer Tanzchoreographie denkbar, innerhalb derer sie einen eigenen Part entwickeln könnte.

IV.6.3.   Das Interview mit C.

C. braucht ihre FreundInnen. Zum einen ist es für sie wie auch für B. interessanter, zusammen mit ihnen etwas zu unternehmen als alleine. Zum anderen bieten sie C. Schutz vor (sexueller) Belästigung. Besonders in öffentlichen Discos ist ihr dieser Schutz wichtig:

> C.: "Aber es sollte halt schon immer jemand dabei sein [beim Tanzen], weil alleine ist es wirklich langweilig. Und vor allem in Discos - wenn man da allein ist, wird man schnell angemacht, und wenn da jemand weiß: 'oh, die ist alleine', dann - mm - ich bekomme da schon ein bissel Angst. *Ich würde nie alleine weggehn!*"
>
> N.A.: "Suchst du dir immer jemanden, der mitkommt?"
>
> C.: "Ja - und vor allem, ich gehe auch nicht bloß mit zwei Leuten weg, da kommen schon einige mit. Also da ist dann schon eine größere Gruppe da."
>
> N.A.: "Und auf der Tanzfläche bist du dort dann auch lieber mit anderen zusammen, also so zusammen tanzen, oder?"
>
> C.: "Ja. Vor allen Dingen gerade zum Beispiel im XX. Wenn ich da an der Tanzfläche bin und alleine tanze, da kommen einige Jungs und machen einen halt von hinten an und dann ziehen sie dir an den Haaren und so. Das ist die Anmache, und da *gehe ich nicht alleine tanzen.*"

C.'s Angst, 'angemacht' zu werden, ist so groß, daß sie von ihren FreundInnen abhängig zu sein scheint, und daß diese Angst und Abhängigkeit ihre Bewegungsautonomie ziemlich einschränken. Feministische Bewegungspädagogik könnte hier ansetzen, beispielsweise mit Hilfe von Selbstverteidigungskursen. In diesen werden im allgemeinen nicht nur Schlagtechniken vermittelt, sondern auch Rollenspiele angeboten. Die in einem früheren Abschnitt bereits thematisierten Ängste C.'s, sich nicht 'Mädchen entsprechend' zu verhalten, könnten in solchen Kursen leichter thematisiert werden als z.B. in reinen Kampfsportangeboten. C. könnte mit Hilfe von Rollenspielen ausprobieren, wie sie sich in Situationen, die für sie unangenehm, bedrohlich und Angst einjagend sind, verhalten möchte. Zudem werden feministische Selbstverteidigungskurse nur für Mädchen und Frauen angeboten. C. müßte dort also nicht mit Zudringlichkeiten von Jungen und Männern rechnen.

Ein weiterer Grund, weshalb C. selten alleine auf die Tanzfläche geht, scheint ihr Freund und dessen Eifersucht zu sein:

> C.: "Vor allen Dingen halt, wenn mein Freund das sieht, daß da jemand versucht, mich anzumachen, dann geht's los. Also, da ist er nicht ruhig. So was mag er nämlich nicht. Das ist verständlich. Deshalb gehe ich auch selten alleine an die Tanzfläche."

C.'s Freund bietet ihr einerseits Schutz vor Zudringlichkeiten. Dadurch vergrößert sich ihre Bewegungsfreiheit, denn sie kann angstfrei in Discos gehen. Andererseits scheint er durch Eifersucht C.'s Bewegungsmöglichkeiten einzuschränken. Wir haben bereits in einem früheren Kapitel auf den größeren und gleichzeitig kleineren Freiraum hingewiesen, der sich Mädchen durch eine Beziehung zu einem Jungen auftun kann. Wir möchten an dieser Stelle noch hinzufügen, daß auch Freundinnen - wie in C.'s Fall - Schutz bieten und somit eine Vergrößerung des Bewegungsraumes ermöglichen können.

IV.6.4.   Das Interview mit D.

D. unternimmt häufig etwas mit ihren FreundInnen. Gleich zu Anfang des Interviews erzählt sie, daß sie gerne mit Freundinnen in die Stadt geht. Als sie früher meist den ganzen Tag auf dem Land gespielt hat, traf sie sich mit Nachbarn, "mit Freundinnen oder Freunden". Auch zum Volleyballspielen ist D. mit einer Freundin gegangen:

> D.: "Das ist auch lustiger. Spaß muß ja auch dabei sein."

Und sie verweist darauf, daß sie das Zusammensein mit der Freundin vor Konkurrenzgefühlen oder 'zuviel' Gegeneinander schützt. Für die Schwimm-AG jedoch hat D. sich entschieden, obwohl sie dort anfänglich niemanden kannte:

> D.: "Das habe ich einfach gemacht, weil ich gerne schwimme".

Und beim Spazierengehen genießt sie sogar das Alleinsein. Wir haben bereits darauf hingewiesen, daß es (auch) für D. wichtig ist, eine Balance zu halten zwischen ihrer Lust am Können und dem Bedürfnis nach Gemeinschaftsgefühl. Im Unterschied zu A. und B. scheint es ihr aber weitaus leichter zu fallen, *beiden* Wünschen nachzukommen.

Das mag damit zusammenhängen, daß es in ihrer Bildungsschicht unter den Jugendlichen vielleicht mehr anerkannt ist, wenn Mädchen individuellen Interessen nachgehen. Auch wird D., vor allem beim Schwimmen, von ihrer Lehrerin sehr gefördert, und vielleicht wiegt ja in D.'s Alter die Bestätigung durch Erwachsene noch mehr als die Anerkennung seitens der FreundInnen.

IV.6.5. *Zusammenfassung*

Deutlich wurde, daß bei allen Mädchen die Beziehungen zu ihren FreundInnen eine bedeutende Rolle im Leben spielen. Dies hat auch weitreichende Auswirkungen auf die Bewegungswünsche und das Bewegungsverhalten der Mädchen: Teilweise genießen sie das Zusammensein mit ihren FreundInnen (mit Mädchen häufig in anderer Weise als mit Jungen) gerade beim Sport und in der Bewegung sehr. Sie stehen aber auch in vielfältigen Widersprüchen zwischen ihren sozialen (Bewegungs-)Bedürfnissen und ihren eher selbstbezogenen Bewegungswünschen. Diesen Widerspruch haben wir in seiner Vielschichtigkeit bereits an anderer Stelle dargelegt.

IV.7. Koedukation

IV.7.1. *Das Interview mit A.*

A. erzählt in ihrem Interview viel über ihren Schulsport, sowohl über den koedukativen (bis zur 7. Klasse) wie auch über den reinen Mädchensport. A.'s Aussagen erscheinen auf den ersten Blick widersprüchlich. Einerseits berichtet sie:

> A.: "Also ich würde lieber mit Mädchen Sport machen. Ja, ich finde das auch besser, daß es in der Schule getrennt ist."

Andererseits hat ihr der Mädchensport, den sie zu Schulzeiten erlebt hat, nicht gefallen. Sie teilt uns mit, daß sie lieber bei einem Vertretungslehrer zusammen mit den Jungen Unterricht hatte als bei ihrer Sportlehrerin. A. mochte die Lehrinhalte, die ihre Sportlehrerin vermittelte, nicht:

> A.: "Also bei uns Mädchen war es in den letzten zwei Jahren, wie als wenn (als ob) wir im Kindergarten wären. Wir haben dann mit so Tüchern immer so gemacht, und das war es dann. Das fand ich halt langweilig. Wie Mädchen, wie so Lehrerinnen auch oft machen, mit so Bändern und so, das mag ich nicht. Wenn man dann immer nur so Kreise machen muß und so Schlangen da, dann finde ich das einfach *langweilig*. Und ich finde es einfach *kindisch*, das in der zehnten Klasse zu machen."

Vielleicht beurteilt A. solche Lehrinhalte negativ, weil sie durch das Ballettanzen in diesen Bewegungsformen geübt ist. Die ästhetischen Inhalte des Mädchensports forderten sie wohl nur noch wenig. Zudem hat A., eventuell vermittelt durch ihren heutigen 'FreundInnenkreis', unseres Erachtens einen hierarchischen Blick, der sogenannte 'männliche' Sportarten eher aufwertet, während 'weibliche' Sportarten abgewertet werden. Der Sportunterricht bei dem Vertretungslehrer gefiel A. besser als bei ihrer Lehrerin. Seine Methoden sagten A. zu. Dieser Lehrer war strenger und er forderte seine Schüler und Schülerinnen:

> A.: "Da hat es uns auch viel, viel mehr Spaß gemacht bei dem Mann. ... Dann [wenn die Lehrerin krank war] sind wir immer automatisch zu den Jungen [gekommen] und die Jungen haben viel strengeren Schulsport als wir gehabt, weil die mußten zehn Minuten durchlaufen am Anfang. Und ich mein, das ist schon anstrengend und das mußten wir dann halt auch machen. Und wir sind [im Mädchensport] immer nur zwei Minuten gelaufen oder so, und wir waren das auch überhaupt nicht gewohnt. Wir waren immer total fertig und dann dreimal um den Sportplatz rum rennen und - ah - wir waren immer *gut* fertig."

A. konnte hier sowohl ihre Leistungsfähigkeit als auch ihre körperlichen Grenzen spüren, was sie in dem Satz wir "waren immer *gut* fertig" zum Ausdruck bringt. Anderes berichtet A. aus der Zeit, als sie noch stetig mit Jungen zusammen Sportunterricht hatte:

> A.: "Und wenn das ein Mann ist, der wirklich nur Jungs unterrichtet hat, der weiß auch überhaupt nicht, wie weit das dann bei Mädchen geht. Und das habe ich auch in der fünften und sechsten Klasse gemerkt, weil da hat man ja noch mit Jungen zusammen. Und da war das auch alles immer so vorgeschrieben und so schnell mußt

du rennen und dann wirst du halt auch - ich weiß nicht - irgendwie sind die Jungs dann immer besser und immer werfen sie weiter und dann fühlen sie sich immer so toll."

A. erfuhr sich in dieser Zeit leistungsmäßig schlechter als die meisten Jungen. Der Lehrplan war an den Jungen und deren Können orientiert. Es wurden Bewegungsinhalte (Rennen und Werfen) vermittelt, in denen Jungen aufgrund ihrer Bewegungssozialisation meist geübter sind. Am unangenehmsten empfand A. nicht die bessere Leistung der Jungen, sondern daß diese sich "dann ... immer so toll" fühlten. Manchmal fühlte sie sich durch die Jungen im Sportunterricht auch beobachtet und hatte Angst, ausgelacht zu werden. In bezug auf ein Fußballturnier sagt sie:

A.: "Ich konnte überhaupt nicht Fußballspielen. Aber na ja, dann kamen halt auch alle Jungs und es war mir schon ein bißchen peinlich. Weil ich das dann auch nicht so konnte und so habe ich immer gedacht - habe immer nach oben geguckt, ob sie jetzt lachen oder so."

An anderer Stelle:

A.: "Also, wir haben nicht gerne irgendwas *vor Jungen gezeigt*, oder irgendwas *gemacht vor Jungen*. Oder auch wenn die dann oben standen, oben am Geländer und wir mußten irgendwas turnen oder so, dann haben wir auch gesagt: 'Wegschicken, wegschicken, oder wir machen nix mehr'! ... Wenn man was konnte, dann hat man das halt gemacht und da war es einem auch egal, ob jemand zugeguckt hat. Aber wenn man eben was vielleicht nicht so gut konnte oder was neu für einen war, dann lieber nicht."

Wenn Jungen A. beim Sportunterricht zuschauten, konnte A. nicht mehr für sich Sport treiben, sondern sie spricht in diesem Zusammenhang von 'zeigen' und 'etwas vor Jungen machen'. Es wird deutlich, daß A. einen für sie unangenehmen Druck spürte. Ob dieser Druck sich ausschließlich auf die sportliche Leistung der Mädchen bezog oder auch auf deren Aussehen, Körperbau und Bewegungsweise usw., können wir dem Interview nicht entnehmen.

Der anfänglich benannte Widerspruch löst sich. Am koedukativen Sportunterricht gefällt A. nicht das Koedukative an sich, ihr gefallen vielmehr die Lehrinhalte und die Methoden der Unterrichtsvermittlung. A. möchte allerdings nicht den eventuell abwertenden und herabwürdigenden Blicken der Jungen ausgesetzt sein, so daß sie den Sport in reinen Mädchengruppen meist vorzieht. Ein vielseitiger Mädchen-Sportunterricht, der die Wünsche der Mädchen berücksichtigt - vielleicht auch unter Bildung von Interessensgruppen, hätte A. wahrscheinlich besser gefallen. Ein Sportangebot für Mädchen, das zudem auch Gegenerfahrungen zum herkömmlichen Mädchenschulsport ermöglicht, wäre sicherlich auch für A. spannend gewesen.

IV.7.2.   Das Interview mit B.

B. äußert sich nur an einer Stelle direkt zum Thema Koedukation. Nachdem sie von dem "Typ" erzählt hat, der sie beim Basketballspielen ständig kritisierte (sie sagt: "... weil ich ein Mädchen bin. ... und welches Mädchen spielt schon Basketball?"), entspann sich das folgende Gespräch:

> K.G.: "Spielst du lieber mit Mädchen oder mit Jungen, oder ist dir das..."
>
> B.: "Das ist mir eigentlich egal."
>
> K.G.: "...ganz egal?"
>
> B.: "*Ich kämpf' mich halt durch.* Also meine Mutter zum Beispiel - wir haben mal mit der Clique ein eigenes Basketballspiel veranstaltet. Meine Mutter ist eigentlich auch nicht so für Sport. Die hat da irgendwie kein Interesse dran. Aber da, also die wollte echt zugucken, weil *ich* im Basketball... dann hat sie echt mal zugeguckt und war voll begeistert."

Sport mit Jungen scheint für B. - wie auch in ähnlicher Weise für D. - damit verbunden zu sein, sich in höherem Maße durchsetzen und durchkämpfen zu müssen. B. erfüllt es unserem Eindruck nach mit *Stolz,* einem 'Jungensport' nachzugehen - besonders ihrer Mutter gegenüber. Vielleicht möchte sie mit der - recht unvermittelten - Erwähnung ihrer Mutter betonen, daß es für sie etwas Besonderes ist, einen 'Jungensport' zu betreiben - und zwar möglicherweise gerade deshalb, weil ihre Mutter kein Interesse an Sport hat und ihr vielleicht ein Frauenbild vermittelt hat, das weitgehend auf Zurücknahme des eigenen Selbst ausgerichtet war.

Letzteres sind natürlich nur vage Vermutungen. Gesagt werden kann aber, daß B. sich durch ihre Teilnahme am Streetball auch *von 'traditionellen' geschlechtsspezifischen Rollenerwartungen an Mädchen abgrenzen* möchte, weil sie ihr nicht zusagen und sie sich in ihnen nicht wiederfinden kann. Immerhin spürt und zeigt sie ja oft ihre Wut. Das geschieht zwar in der Regel auf weniger konfrontative Weise als gegenüber dem "Typ" beim Basketballspielen, dennoch paßt ihre Wut nicht zu Erwartungen, die 'traditionellerweise' an Mädchen herangetragen werden. Soviel zum 'Durchkämpfen' beim Jungensport. Demgegenüber genießt B. das Gemeinschaftsgefühl beim Tanzen vor allem mit einem Mädchen, ihrer besten Freundin.

B. möchte *beides: Gemeinschaftsgefühl und Durchsetzungsvermögen.* Daß sie ersteres vor allem unter Jungen erlebt, hängt unseres Erachtens damit zusammen, daß es z.b. kaum offene Ballsportangebote speziell für Mädchen gibt, und daß sich manche Mädchen vielleicht wirklich von einer eher konfrontativen Spielweise unter Jungen abschrecken lassen bzw. keine Lust darauf haben. Dies zeigt deutlich, wie wichtig es ist, speziell für Mädchen (offene) Sportangebote zu machen, bei denen es (unter anderem) auch um Durchsetzungsvermögen geht. Nicht nur, um der geschlechtsstereotypen Rollenverteilung beim Sport etwas entgegenzusetzen, sondern auch, um Mädchen wie beispielsweise B. Orte zu bieten, an denen sie ihrem Widerstand gegen die traditionelle Mädchenrolle Ausdruck geben könnten, ohne sich dabei - wie sich das bei B. nur andeutet - von anderen Mädchen in ihrer Geschlechtsrolle abgrenzen zu müssen, ohne auch - in extremen Fällen - deshalb die eigene Identität als Mädchen in Frage stellen zu müssen. Mädchen wie B., die Lust auf konfrontative Spiele haben, hätten dabei möglicherweise weniger das Gefühl, sich wehren zu müssen - denn das klingt unserem Eindruck nach an, wenn B. vom 'Durchkämpfen' redet -, sondern sie könnten ihre Durchsetzungskraft vielleicht noch mehr genießen.

IV.7.3.   Das Interview mit C.

Erfahrungen mit Jungen beim Sport oder bei Bewegungsaktivitäten sind für C. von Bedeutung. Sie berichtet in diesem Zusammenhang fast ausschließlich von negativen Erlebnissen. Bezüglich des Schulsports bis zur 7. Klasse berichtet C. von ähnlichen Erfahrungen wie A.:

C.: "Also es war mir egal [ob mit oder ohne Jungen], weil ab und zu mal, wenn wir Sport mit Jungs hatten und man was nicht konnte, dann haben sie einen gehänselt und so, weil die Jungs meinten, sie wären was besseres. Deshalb war mir das egal, ob ohne oder mit Jungs, das war mir egal."

N.A.: "Hat dir das nicht so viel ausgemacht mit dem Hänseln?"

C.: "Haja, nicht nur mich haben sie gehänselt, auch einige andere, sobald sie merken, die können nix. Die haben sich halt immer stark gefühlt."

N.A.: "Bei so Spielen oder wie?"

C.: "Ja. Oder halt, wenn man was am Reck machen mußte, und die Jungs haben es geschafft und die Mädchen nicht, [dann] meinen sie halt immer gleich: 'Öh, die können nix, die sind Flaschen', und so was. Das war - schon bissle blöd."

N.A.: "Haben die dann gedacht, daß sie stärker sind?"

C.: "Ja! So sin' se halt."

Die Jungen aus C.'s Klasse fühlten sich nach C. "stark" und als "was besseres". C. und einige andere Mädchen wurden von ihnen "gehänselt" und als "Flaschen" bezeichnet. Diese Jungen übten verbale Gewalt aus, vielleicht, um sich noch besser und stärker fühlen zu können, und demütigten sogenannte 'weniger sportliche' Mädchen. C. verurteilt jedoch die Äußerungen dieser Jungen nicht, sondern sie entschuldigt diese beinahe, indem sie sagt: "So sin' se halt". Sie scheint es hinzunehmen und vielleicht sogar als selbstverständlich anzusehen, daß Jungen sich auf solche Weise behaupten.

Auffallend ist, daß C. sagt, daß es ihr 'egal' war, ob sie mit oder ohne Jungen Sportunterricht hatte. Gleichzeitig berichtet sie aber nur von negativen Erlebnissen aus dem koedukativen Schulsport. Wir vermuten, daß C. im Interview davon ausging, daß wir Interviewerinnen koedukativen Sportunterricht in den niedrigen Schulklassen als selbstverständlich ansehen oder diesen sogar bevorzugen würden. Heidi Scheffel benennt in diesem Zusammenhang auch einen interessanten Widerspruch bei Mädchen. Sie schreibt, daß viele Mädchen einerseits Vorteile von reinen Mädchensportgruppen erkennen würden, daraus aber trotzdem nicht die Konsequenz zögen, Mädchenräume für sich zu fordern. Als eine Begründung führt sie an, daß für Mädchen koedukativer Sportunterricht zu einer Selbstverständlichkeit geworden sei. Sie schreibt: Mädchen "haben sich in diesen [koedukativen Sportunterricht] eingefunden und Strategien und Erklärungsmuster entwickelt, um darin zurechtzukommen" *(Scheffel 1991, S.94).* Als weitere Begründung, weshalb manche Mädchen koedukativen Sportunterricht vorziehen, nennt sie die Orientierung von Mädchen in Richtung Jungen ab der Pubertät.

C. hat auch heute noch beim Sport Angst, von Jungen ausgelacht zu werden. Wir vermuten, daß C.'s Erfahrungen im koedukativen Schulsport - und gegebenenfalls weitere - sie nachhaltig beeinflußt haben. Die Angst C.'s kann so groß sein, daß sie sogar auf Bewegungsmöglichkeiten ganz verzichtet:

> C.: "Und ganz am Anfang [beim Kampfsport im Jugendzentrum], da kam so eine Art Lehrer, so ein Trainer. Da habe ich aber nicht mitgemacht, weil da nur Jungs dabei waren und keine Mädchen. Das mag ich dann nicht, weil gerade das Auslachen dann, wenn man was nicht kann. Aber dann, wo die zwei Jungs das gemacht haben, wo der Lehrer da nicht mehr hier war, da habe ich mitgemacht, weil da noch einige Mädchen mitgemacht haben."

Die Teilnahme einiger Mädchen bietet C. vermutlich größeren Schutz. Vielleicht treffen sie Spott und Erniedrigungen in der Gruppe nicht so sehr, und eine Verteidigung oder Abwehr ist zu mehreren einfacher.[100] Auch auf die Gefahr, ihre Identität als Mädchen bzw. Frau abgesprochen zu bekommen, läßt C. sich vermutlich weniger ein, wenn sie nicht das einzige Mädchen in der Kampfsportgruppe des Jugendzentrums ist. Unseres Erachtens hätte C. in einem reinen Mädchen-Sportangebot größere Chancen, sich unbeobachtet und (angst-)frei zu bewegen. In einem Mädchen-Sportangebot könnte C. auch erkennen, daß sie es nicht als selbstverständlich hinnehmen muß, wenn Jungen sie auslachen und 'hänseln'. Dabei könnte sie erfahren, daß sie ein Recht hat, sich gegen Demütigungen zu wehren.

---

100 Es muß jedoch beachtet werden, daß auch Mädchen nicht immer zueinander halten. Wir vermuten, daß die anderen Mädchen, die an diesem Angebot teilnahmen, Freundinnen von C. waren.

IV.7.4. Das Interview mit D.

D. antwortet auf die Frage, ob sie lieber mit Jungen oder mit Mädchen Sport treibe:

D.: "Also ich habe früher auch viel Fußball mit Jungs oder so gespielt und so was - jetzt, ja, also ich verstehe mich mehr mit Jungs."

K.G.: "Hattet ihr schon immer getrennt Schulsport?"

D.: "Seit der 7. Klasse. ... Mir hat es mehr Spaß gemacht mit Jungs."

K.G.: "Kannst du sagen, wieso?"

D.: "Das ist einfach lustiger. Ich weiß nicht, vielleicht macht man auch andere Sportarten dann mehr bei Mädchen oder es ist irgendwie ein bißchen auch verschieden im Lehrplan; das weiß ich aber nicht genau. Ich kann auch nicht genau sagen, warum, aber ich finde es irgendwie lustiger. Es macht mehr Spaß, auch gemischte Gruppen und so was."

Das Zusammensein mit Jungen bei Sport und Bewegung macht D. besonderen Spaß. Die Gründe, aus denen D. lieber Sport mit Jungen treibt, treten für uns in dieser kurzen Passage allerdings nicht klar hervor. Wir vermuten aber, daß sie zum einen *generell* Interesse und Lust hat, mit Jungen zusammen etwas zu unternehmen. Zum anderen spricht aus ihrem Spaß am Fußball- und Basketballspielen mit Jungen - ähnlich wie bei B. - vielleicht auch die Lust an konfrontativer Auseinandersetzung.

IV.7.5. Zusammenfassung

Werden die Interviews betrachtet, so fällt auf, daß die Einstellungen der Mädchen gegenüber koedukativem Sport(-Unterricht) variieren und teilweise widersprüchlich sind. Zwei Einstellungen treten hervor: A. und warscheinlich auch C. möchten lieber ohne Jungen, bzw. nicht ohne Mädchen Sport treiben. B. und D. sind eher stolz darauf, gemeinsam mit Jungen Sport zu treiben.

Wie kann es zu diesen unterschiedlichen Einstellungen kommen? A. und auch C. erzählen vorwiegend vom Schulsport. Im koedukativen Schulsport kann es sein, daß Jungen sich gegen Mädchen wehren, ihren meist höherrangigen Platz verteidigen wollen und deshalb Mädchen durch 'Hänseleien' und dergleichen erniedrigen.

Für A. und C. scheinen diese Herabwürdigungen in den Vordergrund zu treten, und zumindest C. beeinflussen sie nachhaltig. B. und D. dagegen berichten von sportlichen Aktivitäten, die eher dem 'Jungensport' zuzuordnen sind, und an denen sie als eines von wenigen Mädchen in einer Jungen(sport)gruppe teilgenommen haben. In einer heterosexuell hierarchisch orientierten Gesellschaft können nach Aussagen Heidi Scheffels sowohl 'Jungensport' als auch Jungen durch ihre zumeist höhergestellte Position Mädchen aufwerten *(vgl. Scheffel 1991, S.92ff; Scheffel 1992a, S.119)*. Wenn B. und D. nun im 'richtigen Maß' mit Jungen 'Jungensport' treiben, kann dies für sie ein Plus an Anerkennung bedeuten und sie zudem mit Stolz erfüllen.

Mit 'richtigem Maß' meinen wir, daß Mädchen einerseits oft Können und Selbstbehauptung zeigen sollen, andererseits dürfen sie meist nicht 'zu gut' und 'zu selbstbewußt' sein, denn sonst könnten sie die Position vieler Jungen in Frage stellen. Unseres Erachtens ist es wichtig, daß die häufig höhere Bewertung von Jungen und deren Sportbereich kritisch hinterfragt wird. Dies geschieht jedoch beim gemischtgeschlechtlichen Sporttreiben viel zu selten.

V. ZUSAMMENFASSUNG UND SCHLUßBETRACHTUNG

Wir wollen im folgenden die *Bewegungswünsche der von uns interviewten Mädchen, ihren Umgang mit diesen Wünschen* und unsere *Vorschläge für eine bewegungspädagogische Arbeit mit Mädchen* zusammenfassend darstellen.

Was suchen die von uns befragten *Mädchen* - unabhängig davon, ob und wie sie diese *Wünsche* verwirklichen - in Bewegung?

Sowohl *selbstbezogene* als auch *soziale* Erfahrungen in Bewegung sind für die Mädchen von Bedeutung, wobei die beiden Ebenen in der Praxis meistens ineinander verwoben sind. Dennoch scheint uns eine analytische Trennung sinnvoll, da sich die Mädchen häufig im Widerspruch zwischen selbstbezogenen und sozialen Wünschen bewegen.

Bei den selbstbezogenen Erfahrungen steht zum einen das Bedürfnis nach instrumenteller Bewegung, die Lust am Können und am Üben im Vordergrund; so beispielsweise beim Volleyball, beim Schwimmen oder beim Segeln, einer Herausforderung durch die Natur. Zum anderen äußerten fast alle Mädchen den Wunsch nach Selbstausdruck in der Bewegung. Dessen Erfüllung suchen sie insbesondere im Tanz - sei es in der Disco oder in modernen und klassischen Tanzformen. Die Mädchen wollen auf diese Weise Gefühle wie Wut und Frust, aber auch Freude und ihre Sehnsucht nach Hingabe zum Ausdruck bringen. Dies bestätigt die Annahme Christine Bernds, daß Bewegung ein in besonderer Weise geeignetes Medium darstellt, um Gefühlen Ausdruck zu verleihen. Die ästhetische Erfahrung, die Freude an schönen, ausgeformten Bewegungen ist für die Mädchen ebenfalls von wesentlicher Bedeutung. Vor allem eines der Mädchen betonte ihre Freude an der leiblichen Erfahrung, insbesondere in Grenzsituationen, in denen sie die Kraft und Zähigkeit ihres Körpers spüren kann.

Auch die sozialen Erlebnisse, die die Mädchen in Bewegung suchen, sind vielfältig. Über Bewegung wollen sie Gemeinschaft mit anderen erfahren, aber auch Widerstand, Grenzen und Selbstbehauptung. Das Gemeinschaftsgefühl steht beispielsweise bei Ballspielen und beim Segeln im Vordergrund - ebenso beim Discotanz, allerdings in einer anderen Form, denn dabei geht es weniger um die gemeinsame Aktivität als vielmehr um die gemeinsame Hingabe. Selbstbehauptung, Widerstand und Grenzen suchen die Mädchen vor allem bei Ballspielen, beim Kampfsport, aber auch beim Tanzen und in Bewegungsformen des Alltags.

Ein Wunsch, der sowohl auf der sozialen als auch auf der selbstbezogenen Ebene liegt, ist der nach intensivem Erleben. Die Mädchen suchen häufig Grenzerfahrungen: in der Natur, in der instrumentellen Herausforderung innerhalb der Gemeinschaft und in der körperlichen Verausgabung. Wir vermuten, daß dieses Bedürfnis nach Intensität vor allem mit einer gleichzeitigen Akzeptanz und Abwehr gesellschaftlicher Zeit- und Wahrnehmungsstrukturen, wie sie Treptow beschreibt, zusammenhängt.

Die Wünsche der Mädchen sind also mannigfaltig. Natürlich liegen die Prioritäten bei den verschiedenen Mädchen in unterschiedlichen Bereichen. Wir haben aufgezeigt, daß dies unserem Eindruck nach mit der Schichtzugehörigkeit (der Eltern), mit den beruflichen Aussichten wie auch mit dem 'FreundInnenkreis' und der Lebensgeschichte eines jeden Mädchens zusammenhängt. Aufgrund der dargestellten Vielfalt in den Bewegungswünschen und der Unterschiede zwischen den einzelnen Mädchen können wir nicht bestätigen, daß Mädchen - wie dies in der von uns bearbeiteten Literatur zum Thema 'Mädchen in Bewegung' immer wieder dargestellt wird - vorwiegend ästhetische Erfahrungen und das verbindende Gemeinschaftsgefühl in Bewegung suchen. Auch wenn wir betrachten, wie die Mädchen ihre Wünsche umsetzen, bestätigt sich diese Annahme nicht. Allerdings treten bezüglich der *Umsetzung* zwei gemeinsame Tendenzen in den Vordergrund:

1. Unserem Eindruck nach stehen die befragten Mädchen alle in einem - mehr oder weniger großen - *Widerspruch* zwischen ihren 'allgemeinen' sozialen Bedürfnissen und ihren Bewegungsbedürfnissen, oder auch zwischen dem Wunsch nach selbstbezogener und dem nach sozialer Erfahrung in der Bewegung. Dieser Widerspruch äußert sich in verschiedener Weise: erstens darin, daß die Mädchen mit ihrer Clique zusammen sein wollen, diesen Wunsch aber schwer mit ihren Bewegungsbedürfnissen vereinbaren können; zweitens, daß die Mädchen sich für bestimmte Sport- und Bewegungsarten interessieren, z.B.

Ballett und Kampfsport, deren Ausübung ihrem Wunsch nach Anerkennung entgegensteht; und schließlich drittens, daß sie ihren Wunsch nach Selbstbehauptung im Sport einschränken, weil dieser Wunsch mit ihrem Bedürfnis nach Gemeinschaftserlebnis beim Sport kollidiert.

Auch die Lösungen, die Mädchen im Umgang mit diesem Widerspruch finden, sind je nach Person und je nach Situation unterschiedlich. So fühlen sie sich hin- und hergerissen zwischen den Wünschen, entscheiden sich eher für eine der beiden Seiten, oder aber sie vollführen einen Balanceakt.

2. Der Beginn der *Pubertät* ging bei allen Mädchen mit einer - mehr oder weniger weitreichenden - Veränderung ihres Bewegungsverhaltens einher. Besonders fällt auf, daß drei der Mädchen in der Phase der Pubertät (die vierte steht zum Zeitpunkt des Interviews gerade am Anfang der Pubertät) ihre Bewegungsaktivitäten weitgehend einschränkten. Diese Einschränkungen betreffen bei zwei der Mädchen vor allem den Alltag, die dritte gab alle zuvor besuchten Sport-AGs und ihren Ballettunterricht auf. Bewegungs*wünsche* scheinen die Mädchen in der Phase der Pubertät noch gehegt zu haben, sie nahmen sie allerdings weitgehend zurück. Damit einhergehend zogen sie sich auch in anderen - gerade auch in sozialen - Bereichen zurück oder sie stellten ihre sozialen Bedürfnisse sehr in den Vordergrund.

Auch nach der Pubertät traten bei zwei der Mädchen deutliche Veränderungen ein: Ein Mädchen bewegte sich aus ihrer Zurückgezogenheit heraus; sie begann, in Discos zu tanzen und Streetball zu spielen. Die andere plante, manche der zuvor aufgegebenen Bewegungsaktivitäten wieder aufzunehmen.

In der Phase der Pubertät stellen sich also die Lösungen bezüglich des Konflikts Autonomie/Bindung im Bewegungsverhalten anders dar als *davor* und *danach*. Dies hängt unseres Erachtens damit zusammen, daß in dieser Phase die widersprüchlichen Anforderungen an Mädchen wachsen - nicht nur die Anforderungen bezüglich Autonomie und Bindung, sondern auch die verschiedenen Anforderungen zwischen Inszenierung des eigenen Körpers und dessen Zurücknahme.

Zu den *bewegungspädagogischen Konsequenzen:*

Wir wollen uns zunächst mit den *strukturellen Ramenbedingungen* und mit den *Voraussetzungen* einer bewegungspädagogischen Arbeit mit Mädchen befassen.

1. Wir denken, daß es notwendig ist, eine Bewegungsarbeit zu fördern, die sich *ausschließlich* an Mädchen richtet.

Zum einen klingt in unserer Interviewauswertung an, daß den Bewegungswünschen der Jungen in koedukativen Angeboten mehr Raum gegeben wird als denen der Mädchen. Zum anderen geht deutlich daraus hervor, daß manche Mädchen ihr Bewegungsverhalten unter dem Blick von Jungen einschränken, sich immer wieder von ihnen gestört, in die Enge getrieben und unter Druck gesetzt fühlen. Das hängt sicherlich damit zusammen, daß Mädchen sich häufig - gerade in der Pubertät - bezüglich ihres Körpers in sehr widersprüchlichen Anforderungen bewegen, die an sie sowohl 'von innen' als auch 'von außen' gestellt werden. In unserer Interviewauswertung zeigte sich, daß die Mädchen auf diese Anforderungen in unterschiedlicher, oft widersprüchlicher Weise reagieren: sei es, daß sie ihren Körper zurücknehmen, ihn inszenieren oder auch ihren Widerstand gegen die Anforderungen über ihren Körper ausdrücken.

Aufgrunddessen denken wir, daß den Mädchen die Möglichkeit gegeben werden sollte, ihre (widersprüchlichen) Gefühle bezüglich ihres Körpers zu thematisieren - dies scheint aber gerade bei koedukativen Angeboten kaum möglich zu sein. Außerdem deutet sich bei unserer Auswertung an, daß Mädchen, die sich im gemischtgeschlechtlichen Sport behaupten wollen, ihren Wunsch nach Gemeinschaftsgefühl eher zurücknehmen müssen, statt daß es ihnen ermöglicht wäre, das Bedürfnis nach Selbstbehauptung und das nach Gemeinschaftsgefühl miteinander zu verbinden.

2. Der geeignete Ort für eine bewegungspädagogische Arbeit mit Mädchen ist unseres Erachtens ein eigenes bewegungspädagogisches Zentrum für Mädchen. Dort haben sie die größte Chance, *ihren* Raum einzunehmen, sich *ihrer* Bewegungswünsche bewußt zu werden und sie umzusetzen. Zudem wäre es wichtig,

von einem solchen Ort ausgehend die Mädchen in ihrem Alltag aufzusuchen. Denn in unserer Interviewauswertung hat sich gezeigt, daß Mädchen manchmal Schwellenängste haben in bezug auf Angebote, die *nicht* in ihrem gewohnten (sozialen) Umfeld, beispielsweise in Jugendhäusern, stattfinden. In verschiedene pädagogische Räume zu gehen, öffentliche Einrichtungen, Gebäude, Flächen und Strukturen in Anspruch zu nehmen, kann zudem bedeuten, den sozialen Raum von Mädchen zu erweitern. Dabei müssen allerdings auch die Grenzen ihrer Bereitschaft, sich in öffentlichen (möglicherweise fremden) Räumen zu bewegen, geachtet werden.

3. Deutlich ging aus unserer Interviewauswertung hervor, daß manche Mädchen offene Angebote bevorzugen, andere eher kontinuierlich stattfindende. Dies hängt unseres Erachtens mit den unterschiedlichen Erfahrungen, die Mädchen in Bewegung suchen, mit ihrem Alltag und ihrem Umgang mit Leistungsdruck und Herausforderung zusammen.

Daher ist es wichtig, in die Bewegungsarbeit solche Angebote zu integrieren, bei denen sich die Mädchen je nach Wunsch dazugesellen können und - insbesondere in der Pubertät - Rückzugsmöglichkeiten haben. Zudem sollten außerhalb des Alltags Bewegungsaktivitäten angeboten werden (wie beispielsweise in der Erlebnispädagogik), denn im erstmaligen Erleben, im Ungewohnten kann eher jene Intensität erfahren werden, die einige der von uns interviewten Mädchen nachdrücklich in Bewegung suchen. Genauso wichtig ist aber auch das Angebot kontinuierlich stattfindender Kurse. Hier ist es eher möglich, in einer Gruppe Vertrauen aufzubauen und außerdem der Lust am Können und an der geformten (ästhetischen) Bewegung nachzugehen. Wenn an einem Ort sowohl offene als auch kontinuierliche Angebote stattfinden würden, fiele es den Mädchen unseres Erachtens leichter, auch Differenzerfahrungen zum Gewohnten zu machen. Sie könnten sich beispielsweise - nachdem sie in offenen Angeboten Vertrauen zu den Pädagoginnen und zu einer Einrichtung gefaßt haben - auf stetige Angebote einlassen, oder auch in kontinuierlich stattfindenden Kursen die Lust am Undisziplinierten, 'Querliegenden' entdecken.

Wir gehen nun über zu den *konkreten Inhalten und Methoden* einer bewegungspädagogischen Arbeit mit Mädchen:

1. Zunächst einmal sollte in der inhaltlichen Konzeption einer Einrichtung die
   Vielfalt der Bewegungswünsche von Mädchen zwischen Instrumentalität, Ästhetik, Expression und sinnlicher Erfahrung sowie zwischen Selbstbehauptung
   und Gemeinschaftserlebnis im Mittelpunkt stehen. Dies könnte bedeuten, daß
   eine Einrichtung unterschiedliche Kurse bzw. Trainings anbieten sollte, in
   denen je verschiedene Dimensionen von Erfahrung zur Geltung kommen.

   Darüber hinaus könnte es auch solche Angebote geben, bei denen die Mädchen
   zu Beginn eines Kurses erst einmal die unterschiedlichen Erfahrungsmöglichkeiten, die in Bewegung liegen, und ihre spezifischen Wünsche diesbezüglich
   kennenlernen könnten. Im Laufe eines Angebots könnten die Mädchen dann -
   wenn sie es wollen - ihre Wünsche konkretisieren.

   An den Wünschen der Mädchen anknüpfend sollten auch Differenzerfahrungen
   ermöglicht werden. Beispielsweise könnte einem Mädchen, das insbesondere
   das Gefühl der Hingabe beim Tanzen zum Ausdruck bringt, auch die Möglichkeit gegeben werden, dieses Gefühl gestaltbildend zu verarbeiten oder Tanzformen kennenzulernen, in denen zudem Selbstbehauptung gelebt werden
   kann. Bei den Differenzerfahrungen sollten allerdings immer die Grenzen der
   Mädchen geachtet werden.

2. Mädchen leben, wie dies auch in unseren Interviews immer wieder deutlich
   wurde, in vielschichtigen Widersprüchen zwischen Autonomie und Bindung.
   Die Thematisierung von Widersprüchen wäre zum einen in einem Bewegungsangebot möglich, bei dem sowohl Selbstbehauptung und Abgrenzung als auch
   Gemeinschaftsgefühl erlebt werden können. Dazu würde es sich anbieten, in
   einen Kurs verschiedene Bewegungselemente - etwa aus Kampfsport und Tanz
   - zu integrieren. Wir denken also an ein bezüglich der traditionellen Metiers
   übergreifendes Angebot. Die Mädchen sollten dabei auch die Möglichkeit haben, über ihre Erfahrungen beim Ausüben der verschiedenen Bewegungsformen zu sprechen und diesbezüglich eigene und fremde widersprüchliche Anforderungen zu erkennen. Zum anderen wäre es möglich, die Widersprüche in
   Bewegung *gestaltbildend* zu thematisieren, so vor allem in Ausdrucksbewegungen in Tanz und Bewegungstheater.

Außerdem meinen wir, daß die Mädchen in Gesprächen die Möglichkeit haben sollten, Widersprüche zwischen ihren 'allgemeinen' sozialen Bedürfnissen und ihren Bewegungswünschen zu äußern. Dies setzt eine Atmosphäre des Vertrauens voraus.

Mädchen sollten also in einer bewegungspädagogischen Arbeit die Möglichkeit haben, Widersprüche in Bewegung zu erfahren und auszudrücken, sie aber auch sprachlich zu äußern und zu reflektieren, also: Widersprüche in Bewegung zu bringen.

VI. LITERATURVERZEICHNIS

BASS, ELLEN/DAVIS LAURA (1993): Trotz allem. Wege zur Selbstheilung für sexuell mißbrauchte Frauen, Berlin

BAUER, JÜRGEN (1988): Über die geschlechtstypische Sozialisation des Körpers. Ein Literaturüberblick, in: Zeitschrift für Sozialisationsforschung und Erziehungssoziologie (ZSE),
8. Jahrgang, Heft 2, S.152-160

BECK, ULRICH (1983): Jenseits von Klasse und Stand? Soziale Ungleichheit, gesellschaftliche
Individualisierungsprozesse und die Entstehung neuer sozialer Formationen und Identitäten,
in: Kreckel, Reinhard (Hg.): Soziale Ungleichheiten, Göttingen, S.35-74

BECK, ULRICH (1986): Risikogesellschaft. Auf dem Weg in eine andere Moderne, Frankfurt a. M.

BECKER, PETER (1991): Mädchen in Bewegung. Körper- und bewegungsbezogene Sozialarbeit
für und mit Mädchen aus sozialen Brennpunkten. Projektantrag, Marburg

BECKER-SCHMIDT, REGINA (1987): Die doppelte Vergesellschaftung - die doppelte Unterdrückung: Besonderheiten der Frauenforschung in den Sozialwissenschaften, in: Unterkirch-
ner, Lilo/Wagner, Ina (Hg.innen): Die andere Hälfte der Gesellschaft, Wien, S.10-25

BECKER-SCHMIDT, REGINA/BILDEN, HELGA (1991): Impulse für die qualitative Sozialforschung aus der Frauenforschung, in: Flick, Uwe u.a. (Hg.): Handbuch qualitative Sozialforschung, München, S.23-30

BECK-GERNSHEIM, ELISABETH (1979): Männerrolle, Frauenrolle - Aber was steht dahinter?
In: Eckert, Roland (Hg.): Geschlechtsrollen und Arbeitsteilung, München, S.165-201

BECK-GERNSHEIM, ELISABETH (1983): Vom 'Dasein für andere' zum Anspruch auf ein Stück
'eigenes Leben': Individualisierungsprozesse im weiblichen Lebenszusammenhang, in: Soziale Welt; Jahrgang 34, Heft 3, S.307-340

BENJAMIN, JESSICA (1993): Die Fesseln der Liebe. Psychoanalyse, Feminismus und das Problem der Macht, Frankfurt a. M. Erscheinen der amerikanischen Originalausgabe: 1988

BERLINER PÄDAGOGINNENGRUPPE (1979): Feministische Mädchenarbeit, in: Sozialwissenschaftliche Forschung und Praxis für Frauen e.V. (Hg.): Beiträge zur feministischen Theorie
und Praxis 2, Berichte vom Kölner Kongreß (Nov. 1978): "Feministische Theorie und Praxis
in sozialen und pädagogischen Berufsfeldern", München, S.87-96

BERND, CHRISTINE (1988): Bewegung und Theater. Lernen durch Verkörpern, 1. Auflage,
Frankfurt a. M.

BERTLING, VERENA MARIA (1993): Inhalte und Ziele aktueller Frauenforschung in der Sportwissenschaft (in der BRD), unveröffentlichte schriftliche Hausarbeit im Rahmen der ersten
Staatsprüfung, Bochum

BILDEN, HELGA (Hg.in) (1992): Das Frauentherapie Handbuch, München

BILDEN, HELGA (1989): Geschlechterverhältnis und Individualität im gesellschaftlichen Umbruch, in: Keupp, Heiner/Bilden, Helga (Hg.Innen): Verunsicherungen. Das Subjekt im gesellschaftlichen Wandel, Göttingen, S.19-46

BILDEN, HELGA (1980): Geschlechtsspezifische Sozialisation, in: Hurrelmann. Klaus/Ulrich,
Dieter (Hg.): Handbuch der Sozialisationsforschung, Weinheim und Basel, S.777-812

BILDEN, HELGA (1991): Geschlechtsspezifische Sozialisation, in: Hurrelmann, Klaus/Ulrich, Dieter (Hg.): Neues Handbuch der Sozialisationsforschung, 4., völlig neubearbeitete Auflage, Weinheim und Basel, S.279-301

BILDEN, HELGA/DIEZINGER, ANGELIKA (1984): Individualisierte Jugendbiographie? In: Zeitschrift für Pädagogik, 30. Jahrgang, S.191-207

BILDEN, HELGA/DIEZINGER, ANGELIKA (1988): Historische Konstitution und besondere Gestalt weiblicher Jugend - Mädchen im Blick der Jugendforschung, in: Krüger, Heinz-Hermann (Hg.): Handbuch der Jugendforschung, Opladen, S.135-155

BIELEFELD, JÜRGEN (Hg.) (1986): Körpererfahrung. Grundlagen menschlichen Bewegungsverhaltens, Göttingen

BISCHOFF, SUSANNE (Hg.in) (1993): ...auf Bäume klettern ist politisch. Texte aus der feministischen Bewegungs- und Sportkultur, Hamburg

BITZAN, MARIA (1993): Parteilichkeit zwischen Politik und Professionalität. Zum Entstehungszusammenhang und Praxisverständnis eines zentralen Prinzips in der feministischen Mädchenarbeit, in: Heiliger, Anita/Kuhne, Tina (Hg.innen): Feministische Mädchenpolitik, München, S.196-206

BLASCHKE, EVA (1992): Feministische Tanzpädagogik - ein Konzept für die Frauenbildungsarbeit, unveröffentlichte Diplomarbeit am Institut für Erziehungswissenschaften, Tübingen

BURGER, ANGELIKA/SEIDENSPINNER, GERLINDE (1982): Ein vergessenes Thema: Die Mädchen und die Jugenddebatte, in: Deutsches Jugendinstitut (Hg.): Die neue Jugenddebatte, Juventa, München, S.141-158

BUSCHMANN, MECHTHILD/KRÖNER, SABINE (1988): Frauen in Bewegung. Der feministische Blick auf Sporttheorie, Sportpraxis und Sportpolitik, Ahrensburg bei Hamburg

CHESLER, PHYLLIS (1974): Frauen - das verrückte Geschlecht? Reinbek bei Hamburg

CHODOROW, NANCY (1985): Das Erbe der Mütter: Psychoanalyse und Soziologie der Geschlechter, München. Erscheinen der amerikanischen Originalausgabe: 1978

CHOPRA, INGRID/SCHELLER, GITTA (1992): 'Die neue Unbeständigkeit', in: Soziale Welt, Jahrgang 43, Heft 1, S.48-69

DIEZINGER, ANGELIKA (1991): Frauen: Arbeit und Individualisierung. Chancen und Risiken. Eine empirische Untersuchung anhand von Fallgeschichten. Opladen, S.1-71, S.159-168, S.173-180

DITHMAR, UTE (1993): Wenn Hände und Füße zu tanzen beginnen..., in: Zeitschrift für Motopädagogik und Mototherapie, 16. Jahrgang, S.62-65

DRÜKE, BEATE/JÖRIßEN, GUDRUN/UNLAND, GISELA (1990): 'Creadiva'. Eine Mädchen- und Frauenveranstaltung der KSJ, in: deutsche jugend, 38. Jahrgang, Weinheim und München, S.249-260

ELIAS, NORBERT (1992): Über den Prozeß der Zivilisation. Soziogenetische und psychogenetische Untersuchungen, Bd. 1u.2, Frankfurt a. M., 17. Auflage

ENDERS, URSULA (Hg.in) (1990): Zart war ich, bitter war's. Sexueller Mißbrauch an Mädchen und Jungen, Köln

ENGELHARDT, ANNE (1993): Bewegungs- und Kommunikationszentrum für Mädchen und Frauen, Tecklenburg-Brochterbeck. 'Mädchen stärken'. Ein Mädchen-Förderungskonzept über Bewegung und Kommunikation, in: Zentralstelle zur Förderung der Mädchenarbeit (Hg.in): Betrifft Mädchen, Heft 3, Münster, S.14-17

EVENS, MARJA L. (1993): Konkrete Erfahrungen mit feministischer Mädchenarbeit aus der Sicht der 'Dollen Deerns', Hamburg, in: Heiliger, Anita/Kuhne, Tina (Hg.innen): Feministische Mädchenpolitik, München, S.48-58

FAULSTICH-WIELAND, HANNELORE (1985): Mädchen - die vergessene Hälfte der Jugend, in: Zeitschrift für Sozialisationsforschung und Erziehungssoziologie (ZSE), Jahrgang 5, Heft 1, S.145-150

FEND, HELMUT/VON FRIEDEBURG, LUDWIG (1985): Zur Einführung: Jugend im sozialen Wandel, in: Zeitschrift für Sozialisationsforschung und Erziehungssoziologie (ZSE), Jahrgang 5, Heft 1, S.1-3

FLAAKE, KARIN (1992): Zur Frau werden, in: Psychologie Heute, Spezial: Frauen, Schönheit, Heft 4, Weinheim, S.98-101

FLAAKE, KARIN/KING, VERA (Hg.innen) (1992): Weibliche Adoleszenz. Zur Sozialisation junger Frauen, Frankfurt a. M.

FLADE, ANTJE/KUSTOR-HÜTTEL, BEATRICE (Hg.innen) (1993): Mädchen in der Stadtplanung. Bolzplätze - und was sonst? Weinheim

FUNK, HEIDE (1993a): Jugendhilfeplanung und Mädchenförderung, in: Landesjugendring Niedersachsen e.V. (Hg.): KJHG mädchenspezifisch, Hannover, S.14-20

FUNK, HEIDE (1993b): Mädchen in ländlichen Regionen, Weinheim und München, S.68-81

FUNK, HEIDE/HEILIGER, ANITA (1988): Mädchenarbeit. Schritte zur Verwirklichung der Chancengleichheit, München

GILDEMEISTER, REGINE (1988): Geschlechtsspezifische Sozialisation, in: Soziale Welt, Jahrgang 39, Heft 4, S.486-503

GILLES, CHRISTOPH/KRÜCKEN-PASCH, GISELA (1993): Das Schönste ist das Kribbeln im Bauch. Abenteuersport mit Mädchen in der offenen Jugendarbeit, in: Sozialmagazin, 18. Jahrgang, Heft 1, S.30-36

GRUPE, OMMO (1968): Anthropologisch-pädagogische Grundlagen der Leibeserziehung, in: Grupe, Ommo (Hg.): Einführung in die Theorie der Leibeserziehung, Schorndorf, S.13-38

GRUPE, OMMO (1982): Bewegung, Spiel und Leistung im Sport. Grundthemen der Sportanthropologie, Schorndorf

GRUPE, OMMO (1976): Was ist und was bedeutet Bewegung? In: Hahn, Erwin/ Preising, Wulf (Red.): Die menschliche Bewegung - Human Movement, Bericht des wissenschaftlichen Kongresses der 6. Gymnaestrada Berlin, Schorndorf, S.3-19

HABERMAS, JÜRGEN (1984): Vorstudien und Ergänzungen zur Theorie des kommunikativen Handelns, Frankfurt a. M.

HAGEMANN-WHITE, CAROL (1984): Sozialisation: Weiblich - männlich?, Opladen

HALL, M. ANN (1992): Geschlecht, Körperpraktiken und Macht, in: Kröner, Sabine/ Pfister, Gertrud (Hg.innen): Frauen-Räume. Körper und Identität im Sport, Pfaffenweiler, S.18-29

HAUG, FRIGGA (Hg.in) (1991): Sexualisierung der Körper, Berlin, Hamburg, 3. Auflage. Copyright: 1983

HAUSEN, KARIN (1978): Die Polarisierung der 'Geschlechtscharaktere' - Eine Spiegelung der Dissoziation von Erwerbs- und Familienleben, in: Rosenbaum, Heidi (Hg.in): Seminar: Familie und Gesellschaftsstruktur, Frankfurt a. M., S.161-191

HEILIGER, ANITA (1993a): Freiräume für Mädchen zur Entwicklung neuer Lebensperspektiven, in: Flade, Antje/Kustor-Hüttel, Beatrice (Hg.innen): Mädchen in der Stadtplanung, Weinheim, S.161-170

HEILIGER, ANITA (1993b): Grundsätze feministischer Mädchenpolitik, in: Heiliger, Anita/ Kuhne, Tina (Hg.innen): Feministische Mädchenpolitik, München, S.20-31

HEILIGER, ANITA (1993c): Wo stehen wir in der Mädchenpolitik? In: Heiliger, Anita/Kuhne, Tina (Hg.innen): Feministische Mädchenpolitik, München, S.9-17

HEILIGER, ANITA/FUNK, HEIDE (1987): Feministische Mädchenarbeit als Antwort auf die gesellschaftliche Ausgrenzung/Funktionalisierung von Mädchen und Frauen und die alltägliche Gewalt, in: Neubauer Georg/Olk, Thomas (Hg.): Clique - Mädchen - Arbeit, Weinheim und München, S.57-72

HEILIGER, ANITA/FUNK, HEIDE (1990): Neue Aspekte der Mädchenförderung, Weinheim und München

HEILIGER, ANITA/KUHNE, TINA (Hg.innen) (1993): Feministische Mädchenpolitik, München

HEINRICH, MONIKA (1988): Die Suche nach Liebe. Lebensentwürfe depressiver Frauen, unveröffentlichte Diplomarbeit am Institut für Erziehungswissenschaften, Tübingen

HELFFERICH, CORNELIA (1994): Jugend, Körper und Geschlecht. Die Suche nach sexueller Identität, Opladen

HELFFERICH, CORNELIA/WALTER, MELITTA/FRANZKOWIAK, PETER (1986): Mädchen-Gesundheit. Risikoaffinitäten und Gesundheitsverhalten in der Sozialisation weiblicher Jugendlicher, Bundeszentrale für gesundheitliche Aufklärung, Freiburg i. Br., S.126-154

HERLYN, INGRID/VOGEL, ULRIKE (1989): Individualisierung, eine neue Perspektive auf die Lebenssituation von Frauen, in: Zeitschrift für Sozialisationsforschung und Erziehungssoziologie (ZSE), 9. Jahrgang, Heft 3, S.162-178

HERRMANN, ULRICH (1982): Was heißt 'Jugend'? In: Herrmann, Ulrich u.a.: Jugend, Jugendprobleme, Jugendprotest, Stuttgart, S.11-27

HILDEBRANDT, DOROTHEE/SCHIMANSKI, GISELA (1993): Selbstverteidigung für Frauen e.V., Bielefeld. Mädchen stärken - Sebstbehauptung und -verteidigung für Mädchen, in: Zentralstelle zur Förderung der Mädchenarbeit (Hg.in): Betrifft Mädchen, Heft 3, Münster, S.9-11

HURRELMANN, KLAUS (1986): Einführung in die Sozialisationstheorie. Über den Zusammenhang von Sozialstruktur und Persönlichkeit, Weinheim u. Basel

HURRELMANN, KLAUS (1989): Entwicklung, Sozialisation und Gesundheit. Überlegungen zu einer integrativen Theoriebildung, in: Brettschneider, Wolf-Dietrich/Baur, Jürgen/Bräutigam, Michael (Red): Bewegungswelt von Kindern und Jugendlichen. Bericht über den 8. Sportwissenschaftlichen Hochschultag der Deutschen Vereinigung für Sportwissenschaft, Schorndorf

HURRELMANN, KLAUS (1994): Lebensphase Jugend. Eine Einführung in die Sozialwissenschaftliche Jugendforschung, 3. Auflage, Weinheim und München

JÖRIßEN, GUDRUN (1990): Kritik an erlebnispädagogisch verkürzter Mädchenarbeit, in: deutsche jugend, 38. Jahrgang, S.266-268

JOHNSTONE, KEITH (1993): Improvisation und Theater, Berlin. Erscheinen der Originalausgabe: 1979

6. JUGENDBERICHT (1984): Verbesserung der Chancengleichheit von Mädchen in der Bundesrepublik Deutschland, Deutscher Bundestag, 10. Wahlperiode, Drucksache 10/1007, Bonn

KAMPSHOFF, MARITA (1992): "Wenn ich ein Junge wär, wär ich gern ein Junge und so bin ich gern ein Mädchen". Beiträge zur Frauenforschung Dortmunder Examensarbeiten, Band 7, Dortmund

KAVEMANN, BARBARA/LOHSTÖTER, INGRID (1989): Väter als Täter. Sexuelle Gewalt gegen Mädchen, Hamburg

KLEES, RENATE/MARBURGER, HELGA/SCHUMACHER, MICHAELA (1992): Mädchenarbeit. Praxishandbuch für die Jugendarbeit, Teil 1, Weinheim und München

KLEIN, GABRIELE (1992): Weiblichkeit und Tanzkunst, in: Kröner, Sabine/Pfister, Gertrud (Hg.innen): Frauen-Räume. Körper und Identität im Sport, Pfaffenweiler, S.61-71

KNETSCH, HEIDI/KUGELMANN, CLAUDIA/PASTUSZYK, MARTINA (1989): "Und dann bin ich wie ein Sack herumgehangen...". Über feminine und maskuline Erfahrungen im Sportunterricht, in: Sportpädagogik, 13. Jahrgang, Heft 4, S.7-11

KRÖNER, SABINE (Hg.in) (1993): Annäherungen an eine andere Bewegungskultur, Pfaffenweiler

KRÖNER, SABINE (1992): Ein Kultur- und Bildungszentrum für Körper, Bewegung und Sport von Mädchen und Frauen. Konzeption und erste Ergebnisse, in: Kröner, Sabine/Pfister Gertrud (Hg.innen): Frauen-Räume. Körper und Identität im Sport, Pfaffenweiler, S.160-169

KRÖNER, SABINE/PFISTER GERTRUD (Hg.innen) (1992): Frauen-Räume. Körper und Identität im Sport, Pfaffenweiler

KRÜGER, HELGA (1985a): Der 6. Jugendbericht: "Verbesserungen der Chancengleichheit von Mädchen in der Bundesrepublik Deutschland" - nicht nur ein Mädchenthema! In: Neue Praxis. Zeitschrift für Sozialarbeit, Sozialpädagogik und Sozialpolitik, 16. Jahrgang, S.142-151

KRÜGER, HELGA (1985b): Weibliche Körperkonzepte - ein Problem für die Jugendarbeit, in: deutsche jugend, 33. Jahrgang, Weinheim und München, S.479-488

KUGELMANN, CLAUDIA (1992): Ballspiele, Sportspiele - Spiele für Mädchen, in: Zeitschrift für Motopädagogik und Mototherapie, 16. Jahrgang, Schorndorf, S.66-70

KUHNE, TINA (1993): Feministische Mädchenpolitik am Beispiel der Initiative Münchner Mädchenarbeit, in: Heiliger, Anita/Kuhne, Tina (Hg.innen): Feministische Mädchenpolitik, München, S.41-47

LANGE, HELGARD/LEIST, KARL-HEINZ/LOIBL, JÜRGEN (1986): Zur Bedeutung der Körpererfahrung für das motorische Lernen, in: Bielefeld, Jürgen (Hg.): Körpererfahrung. Grundlage menschlichen Bewegungsverhaltens, Göttingen, S.59-81

LAMNEK, SIEGFRIED (1989): Qualitative Sozialforschung. Band 2, Methoden und Techniken, München

LEIST, KARL-HEINZ/LOIBL, JÜRGEN (1986): Zur bewegungspädagogischen Bedeutung der Körpererfahrung, in: Bielefeld, Jürgen (Hg.): Körpererfahrung. Grundlage menschlichen Bewegungsverhaltens, Göttingen, S.36-56

MÄDCHENTREFF BIELEFELD/STEIN-HILBERS, MARLENE (1988): "Marlene hatte andre Pläne...". Feministische Mädchenarbeit, Bielefeld

MAYR-KLEFFEL, VERENA (1985): Mädchen - endlich ein Gegenstand der Jugendforschung, in: Neue Praxis, Zeitschrift für Sozialarbeit, Sozialpädagogik und Sozialpolitik, 15. Jahrgang, S.133-141

MÖHLKE, GABRIELE/REITER, GABI (1995): Feministische Mädchenarbeit : gegen den Strom, Münster

OERTER, ROLF (1989): Die Rolle der Motorik in der Entwicklung des Kindes, in: Brettschneider, Wolf-Dietrich (Red.): Bewegungswelt von Kindern und Jugendlichen. Bericht über den 8. sportwissenschaftlichen Hochschultag der Deutschen Vereinigung für Sportwissenschaft, Paderborn 1987, Schorndorf, S.44-57

OPITZ, ULRIKE (1990): "Mädchen - Marlboro", Alternative Ansätze der Mädchenbildungsarbeit, in: deutsche jugend, 38. Jahrgang, Weinheim und München, S.261-265

OSTNER, ILONA (1986): Die Entdeckung der Mädchen, in: Kölner Zeitschrift für Soziologie und Sozialpsychologie, 38. Jahrgang, S.352-371

PALZKILL, BIRGIT (1991a): 'Ich war Sportler, so wirklich, so ohne Geschlecht'. Identitätskonflikte von Frauen in der Männerdomäne Sport, in: Palzkill, Birgit/Scheffel, Heidi/Sobiech, Gabriele (Hg.innen): Bewegungs(t)räume. Frauen, Körper, Sport, München, S.112-122

PALZKILL, BIRGIT (1992): Lesbische Frauen im Sport, in: Kröner, Sabine/Pfister Gertrud (Hg.innen): Frauen-Räume. Körper und Identität im Sport, Pfaffenweiler, S.97-113

PALZKILL, BIRGIT (1991b): Was hat sexuelle Gewalt mit Sport(abstinenz) zu tun? Körper- und Bewegungsentwicklung in Gewaltverhältnissen, in: Palzkill, Birgit/Scheffel, Heidi/Sobiech, Gabriele (Hg.innen): Bewegungs(t)räume. Frauen, Körper, Sport, München, S.62-74

PALZKILL, BIRGIT (1990): Zwischen Turnschuh und Stöckelschuh. Die Entwicklung lesbischer Identität im Sport, Bielefeld

PALZKILL, BIRGIT/SCHEFFEL, HEIDI/SOBIECH, GABRIELE (Hg.innen) (1991): Bewegungs-(t)räume. Frauen, Körper, Sport, München

PFISTER, GERTRUD (1991): Mädchenspiele - zum Zusammenhang von Raumaneignung, Körperlichkeit und Bewegungskultur, in: Sportunterricht, Heft 5, S.165-175

PFISTER, GERTRUD (1993): Spiel- und Bewegungserfahrungen von Mädchen. Zum Zusammenhang von Körperkarrieren, Raumaneignung und Persönlichkeitsentwicklung, in: Flade, Antje/Kustor-Hüttel, Beatrice (Hg.innen): Mädchen in der Stadtplanung, Weinheim, S.41-70

PSYCHOLOGIE HEUTE, SPEZIAL (1992): Frauen, Schönheit, Heft 4, Weinheim

PSYCHOLOGINNENGRUPPE MÜNCHEN (1978): Spezifische Probleme von Frauen und ein Selbsthilfe-Ansatz, in: Keupp, Heinrich/Zaumseil, Manfred (Hg.): Die gesellschaftliche Organisierung psychischen Leidens, Frankfurt a. M., S.221-265

RENTMEISTER, CILLIE (1985): Frauenwelten - Männerwelten, Opladen, S.211-270

RITTNER, VOLKER (1986): Körper und Körpererfahrung in kulturhistorisch-gesellschaftlicher Sicht, in: Bielefeld, Jürgen (Hg.): Körpererfahrung. Grundlage menschlichen Bewegungsverhaltens, Göttingen, S.125-155

RITTNER, VOLKER (1983): Zur Soziologie körperbetonter sozialer Systeme, in: Neidhardt, Friedhelm (Hg.): Gruppensoziologie: Perspektiven und Materialien. Kölner Zeitschrift für Soziologie und Sozialpsychologie: Sonderheft 25, Opladen, S.233-255

ROSE, LOTTE (1993a): Bewegungsräume für Mädchen. Ein neuer Ansatz in der Mädchenarbeit, in: Flade, Antje/Kustor-Hüttel, Beatrice (Hg.innen): Mädchen in der Stadtplanung, Weinheim, S.171-182

ROSE, LOTTE (1993b):Bewegungsräume für Mädchen, in: Zeitschrift für Motopädagogik und Mototherapie, 16. Jahrgang, Schorndorf, S.50-54

ROSE LOTTE (1991): "Es war schon ein Reiz, die eigene Angst zu überwinden." Die Lust am Risiko im weiblichen Kunstturnen, in: Palzkill, Birgit/Scheffel, Heidi/Sobiech, Gabriele (Hg.innen): Bewegungs(t)räume. Frauen, Körper, Sport, München, S.123-132.

ROSE, LOTTE (1992a): Flach, straff, nicht vorhanden. Der Bauch - geschmähter Nabel unserer Körperwelt, in: Psychologie Heute, Spezial: Frauen, Schönheit, Heft 4, Weinheim, S.86-91

ROSE, LOTTE (1993): Die Olympionikin - Fragwürdigkeiten eines neuen Schönheitsideals, in: Sportpädagogik, Heft 1, S.10-13

ROSE, LOTTE (1992b): Körper ohne Raum. Zur Vernachlässigung weiblicher Bewegungs- und Sportwelten in der feministischen Körper-Debatte, in: Feministische Studien, 10. Jahrgang, Heft 1, S.113-120

ROSE, LOTTE (1993c): Körper und Raum. Zur Programmatik einer bewegungs- und sportorientierten Mädchensozialarbeit, in: Zentralstelle zur Förderung der Mädchenarbeit (Hg.in): Betrifft Mädchen, Heft 3, Münster, S.2-4

ROSE, LOTTE (1992c): Sportwissenschaften und feministische Körper-Debatte, in: Sportwissenschaft, Heft 1, S.46-59

ROSE, LOTTE (1993d): Suchen Mädchen Abenteuer? Zur Bedeutung des Abenteuers in der weiblichen Sozialisation, in: Sozialmagazin, Heft 1, S.18-29

ROSE, LOTTE/WOLLBOLD, JUDITH (1993): Schlitten-Abenteuer: Mädchen bauen sich Wintersportgeräte, in: Zeitschrift für Motopädagogik und Mototherapie, 16. Jahrgang, Schorndorf, S.71-74

RUSTEMEYER, RUTH (1988): Geschlechtsstereotype und ihre Auswirkungen auf das Sozial- und Leistungsverhalten, in: Zeitschrift für Sozialisationsforschung und Erziehungssoziologie (ZSE), 8. Jahrgang, Heft 2, S.115-129

SCHEFFEL, HEIDI (1992a): Koedukation im Wandel - Wie erleben Mädchen den koedukativen Sportunterricht? In: Kröner, Sabine/Pfister Gertrud (Hg.innen): Frauen-Räume. Körper und Identität im Sport, Pfaffenweiler, S.114-127

SCHEFFEL, HEIDI (1991): 'MädchenJungenSpiel'. Was ist das Gemeinsame im gemeinsamen Spiel von Jungen und Mädchen? In: Palzkill, Birgit/Scheffel, Heidi/Sobiech, Gabriele (Hg.innen): Bewegungs(t)räume. Frauen, Körper, Sport, München, S.86-95

SCHEFFEL, HEIDI (1992b): Nebeneinander - Füreinander - Gegeneinander - Miteinander - oder: Wie wird die 'Sicht von unten' konkret umgesetzt? In: Kröner, Sabine/Pfister, Gertrud (Hg.innen): Frauen-Räume. Körper und Identität im Sport, Pfaffenweiler, S.170-176

SCHEFFEL, HEIDI/SOBIECH, GABRIELE (1991): 'Ene, mene, muh, aus bist du?' Die Raumaneignung von Mädchen und Frauen durch Körper und Bewegung, in: Palzkill, Birgit/Scheffel, Heidi/Sobiech, Gabriele (Hg.innen): Bewegungs(t)räume. Frauen, Körper, Sport, München, S.31-46

SCHEFFEL, HEIDI/THIES, WILTRUD (1990): Parteilichkeit im koedukativen Sportunterricht: Schritte zur Selbstbestimmung von Mädchen! In: Enders-Dragässer, Uta/Fuchs, Claudia (Hg.innen): Frauensache Schule. Aus dem deutschen Schulalltag: Erfahrungen, Analysen, Alternativen, Frankfurt a. M., S.353-366

SCHERLER, KARLHEINZ (1976): Bewegung und Erfahrung, in: Hahn, Erwin/Preising, Wulf (Red.): Die menschliche Bewegung - Human Movement. Bericht des wissenschaftlichen Kongresses der 6. Gymnaestrada Berlin, Schorndorf, S.93-104

SCHLOSSER-DEIß, ANDREA/HENKEL, DAGMAR (1993): Individualisierung und weibliche Identität - Suchbewegungen in Widersprüchen, unveröffentlichte Diplomarbeit am Institut für Erziehungswissenschaften, Tübingen

SCHMIDT, DORIS (1993): Langweilig war es nie. Der Schwerpunkt 'Frauenkurse' im Hochschulsport der TU Berlin, in: Bischoff, Susanne (Hg.in): ...auf Bäume klettern ist politisch. Texte aus der feministischen Bewegungs- und Sportkultur, Hamburg, S.76-98

SCHMIDT, DORIS (1991): 'Schöner - Schlanker - Straffer'. Überlegungen zu Gesundheit und Fitness, in: Palzkill, Birgit/Scheffel, Heidi/Sobiech, Gabriele (Hg.innen): Bewegungs(t)räume. Frauen, Körper, Sport, München, S.75-85

SCHMIES, GABRIELE (1991): 'einsprunginsich'. Ein möglicher Weg zur Tanzwirklichkeit von Frauen, in: Palzkill, Birgit/Scheffel, Heidi/Sobiech, Gabriele (Hg.innen): Bewegungs(t)räume. Frauen, Körper, Sport, München, S.164-176

SCHMUTZ, ELISABETH (1990): "Wegen Jungs sich streiten lohnt sich nicht!" Unveröffentlichte Diplomarbeit am Institut für Erziehungswissenschaften, Tübingen

SCHULZE, GERHARD (1992): Die Erlebnisgesellschaft. Kultursoziologie der Gegenwart, Frankfurt a. M.; New York. 2. Auflage

SOBIECH, GABRIELE (1991a): Die gesellschaftliche Disziplinierung des Frauenkörpers zwischen Gesundheit und Krankheit, in: Stahr, Ingeborg/Jungk, Sabine/ Schulz, Elke (Hg.innen): Frauengesundheitsbildung, Weinheim und München, S.74-89

SOBIECH, GABRIELE (1991b): 'Ich hatte das Gefühl, irgend etwas ist jetzt vorbei!' Die Pubertät - Brüche und Ambivalenzen in der Körper- und Bewegungsentwicklung von Mädchen, in: Palzkill, Birgit/Scheffel, Heidi/Sobiech, Gabriele (Hg.innen): Bewegungs(t)räume. Frauen, Körper, Sport, München, S.47-61

SPITTHÖVER, MARIA (1989): Frauen in städtischen Freiräumen, Köln, S.63-98, S.153-192, S.243-286

STAHR, INGEBORG/JUNGK, SABINE/SCHULZ, ELKE (Hg.innen) (1991): Frauengesundheitsbildung, Weinheim und München

THIES, WILTRUD (1992): An Widersprüchen lernen und verändern. Mädchen, Körper und Bewegung in der offenen Jugendarbeit, in: Kröner, Sabine/Pfister Gertrud (Hg.innen): Frauen-Räume. Körper und Identität im Sport, Pfaffenweiler, S.128-145

TILLMANN, KLAUS-JÜRGEN (1992): 'Spielbubis' und 'eingebildete Weiber' - 13- bis 16jährige in Schule und peer-group, in: Tillmann, Klaus-Jürgen (Hg.): Jugend weiblich - Jugend männlich. Sozialisation, Geschlecht, Identität, Opladen, S.13-27

TREPTOW, RAINER (1993): Bewegung als Erlebnis und Gestaltung: Zum Wandel jugendlicher Selbstbehauptung und Prinzipien moderner Jugendkulturarbeit, Weinheim und München

ULMER, REGINE (1993): Das Lachen im Körper wieder hören. Sexuelle Gewalt und Sport/ Bewegung, in: Bischoff, Susanne (Hg.in): ...auf Bäume klettern ist politisch. Texte aus der feministischen Bewegungs- und Sportkultur, Hamburg, S.52-64

WALTHES, RENATE (1991): Bewegung als Gestaltungsprinzip. Grundzüge einer bewegungsorientierten Frühpädagogik, in: Trost, Rainer/Walthes, Renate (Hg.Innen): Frühe Hilfen für entwicklungsgefährdete Kinder. Wege und Möglichkeiten der Frühförderung aus interdisziplinärer Sicht, Frankfurt a. M. und New York, S.35-54

WEBER-KELLERMANN, INGEBORG (1974): Die deutsche Familie, Versuch einer Sozialgeschichte, Frankfurt a. M.

WIPPERMANN, BIRGIT (1990): Mädchenarbeit - aus dem Konzept? Beiträge zur Frauenforschung Dortmunder Examensarbeiten, Band 2, Dortmund

WITTEL, BARBARA (1993): 'Affidamento'. Die Bedeutung von gleichgeschlechtlichen Freundschaften im Leben von Mädchen und Frauen, unveröffentlichte Diplomarbeit am Institut für Erziehungswissenschaften, Tübingen, S.32-88

ZEITSCHRIFT FÜR MOTOPÄDAGOGIK UND MOTOTHERAPIE (1993): Schwerpunktthema: Bewegung und Sport mit Mädchen, 16. Jahrgang, Schorndorf

ZENTRALSTELLE ZUR FÖRDERUNG DER MÄDCHENARBEIT (Hg.in) (1993): Betrifft Mädchen, Heft 3, Münster

ZIEHE, THOMAS (1984): Pubertät und Narzißmus: Sind Jugendliche entpolitisiert? Frankfurt a. M., Köln. Copyright: 1975

NACHWORT

Das vorliegende Buch ist die gekürzte und überarbeitete Version unserer Diplomarbeit. Auf dem langen Weg von den ersten Ideen bis zur Veröffentlichung haben viele Menschen bewußt und unbewußt zum Gelingen dieses Buches beigetragen. Ihnen allen möchten wir ganz herzlich danken, auch wenn wir an dieser Stelle nicht alle namentlich nennen können.

Unser ganz besonderer Dank gilt Dr. Susanne Maurer. Sie hat uns in allen Phasen dieser Arbeit unterstützt, ermutigt und bestärkt. Ihre Denkanstöße waren eine hervorragende Motivation. Sie war uns ein Vorbild in ihrem wissenschaftlichen Denken und Handeln sowie darin, als feministische Wissenschaftlerin eigene Wege zu suchen.

Danken möchten wir auch den Interview-Gesprächspartnerinnen für ihren Mut und ihr Interesse.

Ein ganz herzliches Dankeschön an Alexander Frey. Obwohl er selbst mitten in den Prüfungsvorbereitungen stand, schenkte er uns viel Zeit. Er half uns in allen computertechnischen Fragen, beim Formatieren und Layout. Bedanken möchten wir uns bei unseren zahlreichen KorrekturleserInnen für ihre zuverlässige Hilfe, selbst wenn die Zeit drängte. Insbesondere danken wir Michaela Augustin, Rochus Augustin, Ruth Frey, Christoph Heisel und Jens Keil. Daß unser Manuskript dann ganz zuletzt in 'Laserqualität' dem Verlag zugesandt werden konnte dafür danken wir Martin Schuler. Zudem gestaltete er den Text Bettine von Arnims graphisch.

Allen möchten wir danken, mit denen wir denken und lachen, wütend und traurig sein konnten, die uns den Rücken stärkten und geduldig mit uns waren. Danken möchte ich (Karoline) vor allem Christine Freitag, Alexander Frey, Jutta Gscheidel, Marion Rosenkranz, Margarete Zeuner und meiner WG, und ich (Nicole) ganz besonders Ana Beckord, Magdalena Dech, Christoph Heisel, Anette Hoffmann-Kuhnt und Kerstin Rabenstein. Unseren Eltern danken wir für die uns stets gewährte großzügige Unterstützung sowohl materieller wie ideeller Natur. Ohne sie wäre das alles gar nicht möglich gewesen.

Für die unzähligen Diskussionen, liebevollen Umarmungen und und und danken wir uns gegenseitig.

Zeitfracht Medien GmbH
Ferdinand-Jühlke-Straße 7
99095 Erfurt, Deutschland
produktsicherheit@kolibri360.de